障害が重い子どもの

わかる力を育てる
初期学習

すべての学びの はじめのはじめ

宮城武久・宇川和子 著
つばき教育研究所

Gakken

もくじ

はじめに
つばき教育研究所 理事長 宮城 武久 …… 5

第1章 初期学習の考え方 …… 7

1 子どもの成長を信じて …… 8

2 視覚認知の発達をめざして …… 9

3 考える力を育てる3段階の働きかけ …… 10
　1. 初期学習 …… 12
　2. 基礎学習 …… 12
　3. 記号操作の学習 …… 13

4 指導の基本となる6つのポイント …… 14
　（1）教材・教具 …… 14
　（2）ことばかけ …… 14
　（3）考える力を育てる学習とスモールステップ …… 16
　（4）「できる」と「わかる」は違う …… 17
　（5）常に子どもの視線に注目する …… 18
　（6）学習環境を整える …… 18

第2章 初期学習の学習内容 …… 19

1 見る学習 …… 20
　●教材 …… 20　　●方法とことばかけ …… 21

2 対象物を見て、持ったり放したりすることがわかる学習 …… 28
　●教材 …… 28　　●方法とことばかけ …… 29

　机上面に置いたものを見るのが難しい場合 …… 39
　視覚に障害がある場合 …… 42

3 絵本の読み聞かせ …… 44
　●方法とことばかけ …… 47

4 ツリーチャイムを鳴らすことがわかる学習 …… 50
　●教材 …… 50　　●方法とことばかけ …… 51

5 ステンレスボウルの中を動くゴルフボールを見る学習 …… 54
　●教材 …… 54　　●方法とことばかけ …… 55

6 筒にゴルフボールを放すことがわかる学習 …… 62
　●教材 …… 62　　●方法とことばかけ …… 63

7 パスタケースの上や中を動くゴルフボールを見る学習 …… 68
　●教材 …… 68　　●方法とことばかけ …… 69

8 方向の学習 ―スライドの方法― …… 78
　●教材 …… 78　　●学習のステップ …… 82　　●方法とことばかけ …… 84

　視覚に障害がある場合 …… 96
　●学習のステップ …… 97　　●方法とことばかけ …… 98

9 方向の学習 ―輪抜きの方法― …… 106
　●教材 …… 106　　●学習のステップ …… 107　　●方法とことばかけ …… 109

　視覚に障害がある場合 …… 121
　●学習のステップ …… 121　　●方法とことばかけ …… 122

10 プリンカップに順番にゴルフボールを入れる学習 …… 130
　●教材 …… 130　　●方法とことばかけ …… 131

- **11** 筒に乾電池を順番に入れる学習 …… 140
  - ●教材 …… 140　●方法とことばかけ …… 141
- **12** 棒から順番に筒を抜く学習 …… 148
  - ●教材 …… 148　●方法とことばかけ …… 149
- **13** コイン入れの学習 …… 156
  - ●教材 …… 156　●学習のステップ …… 157　●方法とことばかけ …… 161
- **14** 好きな方を選ぶ学習 …… 164
  - ●教材 …… 164　●選択肢の呈示のステップ …… 165
  - ●方法とことばかけ …… 169

  視覚に障害がある場合 …… 176
  おもちゃがある方の手を動かして取る学習 …… 177
  - ●選択肢の提示のステップ …… 177　●方法とことばかけ …… 180

  好きな方を選ぶ学習 …… 188
  - ●選択肢の呈示のステップ …… 188　●方法とことばかけ …… 191

第3章 「延滞」の学習と「形の弁別」の学習 …… 201

- **1** 「延滞」の学習 …… 203
  - ●教材 …… 203　●選択肢の呈示のステップ …… 206
  - ●方法とことばかけ …… 211

  机上面に置いた箱を見るのが難しい場合 …… 239
  視覚に障害がある場合 …… 242
  - ●教材 …… 242　●選択肢の呈示のステップ …… 243
  - ●方法とことばかけ …… 248

- **2** 「形の弁別」の学習 …… 264
  - ●教材 …… 264　●選択肢の呈示のステップ …… 266
  - ●方法とことばかけ …… 271

  視覚に障害がある場合 …… 298
  - ●教材 …… 298　●選択肢の呈示のステップ …… 299
  - ●方法とことばかけ …… 306

おわりに
多摩つばき教育研究所 所長 **宇川 和子** …… 335

はじめに

　人が成長するということは、「考える力」が育つということです。
　「考える」ということは、何かについて「考える」ということだけでなく、「おなかがすいたから何か食べたい」「今日は何をしてあそぼうかな」と思うことも「考える」ことです。赤ちゃんが目の前に差し出されたガラガラに手を伸ばして握る行動も、「考える」ということです。障害があり発達がゆっくりな子どもの、外界の刺激を受容し反応する行動も「考える」ことです。
　つまり、「考える」とは人間の行動そのものであり、人として生まれた初期段階から「考える」ことが始まっています。

　「考える力」は、認知と密接に関連して高まっていきます。「考える力」を育てるには、認識できるものごとを増やしていくことが必要となります。それはどのような障害であっても、どんなに障害が重くても同じです。
　本書は、認知の力をつけていくための教材や指導方法について解説しています。「考える」ことのもとになる、すべての学びの「はじめのはじめ」です。

　障害がある子どもの指導に役立ち、子どもの成長の一助になれば幸いに思います。

つばき教育研究所 理事長
宮城 武久

第1章 初期学習の考え方

1 子どもの成長を信じて

　子どもは誰でも成長します。子どもは誰でも伸びる芽をもっています。どんなに重い障害がある子どもでも、必ず成長します。

　どんなことで、どのように伸びるか、それは様々で、一人ひとり違うでしょう。しかし、どんな子どもも、ひとりでいろいろなことができるようになっていくわけではありません。育てる人がいて成長していきます。

　そして、育てる人の働きかけ次第で、子どもの伸びる様子が変わってきます。

　人が育つということは、人間らしく成長するということです。人間らしく成長するということは、「考える力」が育つということです。「考える」ということを、刺激に対する反応や、環境への適応といったことを含めて、広い意味でとらえています。したがって、人を育てるということは、「考える力」をより高めるということです。これは障害があってもなくても同じです。

　重い障害があって、できないことがいっぱいあるように見える子どもも、伸びる芽をたくさんもっています。そして、適切な働きかけがあれば必ず成長します。「あれができない」「これもできない」ととらえるのではなく、「これができる」ととらえることが大切です。泣いている子どもを見て「泣いてばかりいて何もできない」と思うか、「泣くことができる」と思うかでは、働きかけが大きく異なってきます。

　「より豊かに考える力を育てる」という視点で、今できることを次の段階に高めるには、今の子どもの現状を把握し、何をどのように学習すればよいのかを考えることが大切です。

　障害があることを悲しいと思うことがあるでしょう。つらいと思うこともあるでしょう。しかし、嘆いてばかりでは何も生まれません。前に進めません。子どもに働きかけてみましょう。どんなに重い障害があっても、何か反応があります。毎日の働きかけで、その反応が変化してきます。その変化が、より人間らしく成長していく始まりです。

2 視覚認知の発達をめざして

視覚認知ということばから何を思いうかべますか。視力の低い子どもに関わることばだと思われがちです。知的障害・肢体不自由や発達障害のある子どもたちには関係ないと考えるかもしれません。しかし、そうではありません。発達に関する研究が進み、障害の有無に関わらず、視覚認知が人の発達に大きく関わる重要なことであることがわかってきました。障害の種類や程度によらず、外界（環境）を認識し「考える力」を育てるためには、視覚認知の発達を促す働きかけが大切です。視覚認知の発達がより人間らしく成長することにつながります。

外界から得る情報の多くが視覚によるものであることはよく知られています。情報を受け入れる感覚の中で、視覚が最も大きな役割をはたしています。

視機能とは、一般的には「見る働き・見る力」のことをいいます。内容としては、視力・視野・色覚・明暗順応・眼球運動・両眼の協調運動・調節機能（ピント合わせ）などがあります。このような観点から見る働きを把握します。「見る」活動で一般的なものは、追視と注視です。

視機能が十分でないのは、通常は、眼になんらかの疾患があり、視覚に障害があるからです。視覚に障害がある場合、弱視であれば拡大教材や補助具を使って見えやすくして学習します。また、全盲であれば触覚や聴覚などの他の感覚を十分に活用して学習することになります。ところで、医学的には眼の構造に器質的な疾患がないにもかかわらず、視機能が十分に働いていないように思われる子どもがいます。これは、視覚認知が大きく関わっていると考えられます。

「認知」は、考えること・わかることなど、知的な活動の全てを指しています。情報を感覚で受け入れ、何であるかを知覚し、その情報を記憶にとどめ、それに基づいて判断し行動する、そしてこれらを手がかりに課題を解決していくという、情報を処理する活動です。簡単にいうと「知ること、外界（環境）がわかること」です。

視覚認知は、見たものを認知することです。つまり、これまでに蓄えられた知識と、様々な場面やいろいろな状況で養われた経験による記憶を手がかりに、見たものが何であるかがわかるということです。追視・注視などの視機能に加え、「見比べる」「見分ける」という働きも視覚認知には必要です。視覚認知はひとことでいうと、「見たものが何であるかわかること」です。

　眼に器質的な疾患がないのに視機能が十分でなく、よく見ることができないのは、視覚認知のしかたが未発達であったり、情報処理がうまくできないことによったりすると考えられます。このような子どもの学習活動においては、目の使い方、つまり視機能の向上を図り、視覚認知を高めていく工夫が大切です。子どもの視線の動きに注意し、教材の呈示のしかたやことばのかけかたなどを十分配慮する必要があります。

3 考える力を育てる3段階での働きかけ

　「考える力」を高めるための学習は、11ページの図のように、「初期学習」「基礎学習」「記号操作の学習」の3段階で、系統的に行います。

　私たちはこれまでに、障害がある子どもの考える力を育てることを目的とした書籍シリーズとして、6冊出版しています。本書は、それらを含めたすべての学びの土台となる、「初期学習」にあたります。まわりを認識すること、記憶することが、「考える力」を育てるはじめのはじめです。

第1章 初期学習の考え方

記号操作の学習

障害がある子どもの
時計・お金の基礎学習
時計を読む／お金を数える／
絵の向きや位置を理解する

時刻と時間の概念を理解する。
買い物ができるようになる

障害がある子どもの
文・文章の理解の基礎学習
文をつくる／文章の内容がわかる

文を読んで意味がわかる、文章を読んで
内容がわかるようになる

障害がある子どもの
文字を書く基礎学習
ひらがな・漢字の書字指導

目と手の協応、手の動きを身につけ、
文字を書く空間を理解する

新装版 障害がある子どもの
数の基礎学習
量の理解から繰り下がりの計算まで

数の基礎概念、特に合成・分解に関する
つまずきを解消する

新装版 障害がある子どもの
文字を読む基礎学習
導入から単語構成の指導

1文字ずつ確実に読めるようにして、
単語の表す内容を理解する

基礎学習

新装版 障害がある子どもの
考える力を育てる基礎学習
形を見分ける／大きさを見比べる／
衣服を着る・脱ぐ／よく見て覚える

見る、記憶する、見比べる、見分けるなど、
考える力を育てる

初期学習

障害が重い子どもの
わかる力を育てる初期学習
すべての学びの はじめのはじめ

外界の刺激を受け止め、認知する力を
高める

↑ 考える力を育てる

1. 初期学習
～手や目の働きを向上させて「わかる力」を育てる～

　外界の刺激によって起きる生体の変化を「反応」、同じ刺激が繰り返されることで起きる反応の変化を「順応」、望ましい反応を「適応」といいます。反応・順応・適応を繰り返しながら、人は成長していきます。外界の変化に反応することが考える力の始まりです。

　触る・握る・放すなどの活動を通して、触感覚（触ったときの皮膚の感覚）を向上させ、触運動（触ったり持ったりするときの手の動き）をコントロールし、触空間（位置や方向がわかって手で物を操作する空間）を形成する基礎的な力を養います。それと同時に、追視する・注視するなどのよく見る活動を通して、視感覚（見る力）を向上させ、視運動（見るための目の動き）をコントロールし、視空間（見ることができる空間）を形成する基礎的な力を養います。

　外界の刺激（対象）を、触る、聞く、見るなどして認知し、もっと触りたい、もっと聞きたい、もっとよく見たいという欲求により、外界に対して自発の運動が起きます。これが行動の始まりです。

　こうした思考と行動の初期段階において、外界の刺激を受容し認知する力を高めるには、受容器（感覚器）の機能と、感覚の向上を図ることが必要で、そのための学習を「初期学習」とよんでいます。

　動く物を追視したり、静止している物を注視したりすることで、見る働きが高まります。見た物に関心をもち、手を伸ばして触る・握る・振る・投げるなどの行動を通して、手の働きが向上します。そして、手と手・目と手の協応動作が発達していきます。手や目の働きが向上するにつれ、人や物への働きかけが多くなり、興味・関心を示す対象が広がります。人や物とのかかわりが豊かになっていきます。

　このような段階に至ると、次の「基礎学習」の学習に入ります。

2. 基礎学習
～より広く深く外界を認知して豊かに外界に働きかける力を養う～

　「基礎学習」では、触空間と視空間を形成し、より広く深く外界を認知して豊かに外界に働きかける力を養います。人間行動の高次化を図る学習で、次のような内容です。

①「延滞反応」による学習
　記憶（記銘・記憶の保持・想起）・推測の基礎的な力を養います。

②形の弁別
　はめ板を用いて、○△□を見比べる・見分ける学習です。

③未測量の理解
　大小・長短・多少など、相対的な二つを見比べる・見分ける学習です。
　また、大中小など、三つを見比べる・見分ける学習です。

④「同じ」の概念形成
　具体物・絵カードなどを用いて、見本と同じものを見分ける学習です。

⑤空間概念の形成
　方向・順序・位置（上下・左右・定位）などを理解する学習です。

※上記のような学習を行いながら、「はい」「いいえ」のサインの確立を図ります。うなずく・まばたきをする・口を動かす・手を動かすなどでもよいです。

3. 記号操作の学習
〜文字・数の学習〜

基礎学習の次に、文字や数などの導入期の学習である「記号操作の学習」に入ります。

①文字の学習
　意思の疎通を図るために体系化された媒体の一つが言語です。言語を表記するための記号が文字です。文字の学習は、単に読んだり書いたりすることができるだけでなく、単語や文を読んで意味や内容がわかる、つまり、抽象的な記号で表現されたものの概念を理解することが重要です。
　文字は次のような内容や順序で学習します。
・単語構成（ひらがなを１文字ずつ読めるようにする学習。１文字の単語→２文字の単語→３文字の単語……と進める）
・文の構成（単語を並べ替えて文を構成する学習。２語文→３語文……と進める）
・文・文章の理解（文や文章の内容を理解する学習。１文→２文→３文……と進める）
・書字（ひらがな→カタカナ→漢字）

②数の学習
　数の学習は、数の基礎的な概念の形成を十分に行ってから、たし算・ひき算の学習に入ることが大切です。数の基礎的な概念の形成とは、順序数と量がわかり、合成・分解ができるようにすることです。
　数は次のような内容や順序で学習します。

・数の基礎的な概念形成：数唱、順序数、量（数字と量の一致）
・5までの合成・分解
・10までの合成・分解
・10までの数のたし算・ひき算
・繰り上がり・繰り下がり

4 指導の基本となる6つのポイント

(1) 教材・教具

　指導者が教材を呈示し、子どもが課題に向かい、いろいろな反応をする、そして課題のねらいを達成できることはとても嬉しいことです。以下のようなことに配慮して教材を準備することで、こうしてほしいという願いが子どもに伝わり、子どもはそれに応えて行動を起こし、ねらいを達成するようになります。
・見えやすい色、持ちやすく操作しやすい大きさ、手触り（材質）
・教材を呈示する位置、順序、呈示のしかた、移動のしかた
・呈示した教材を撤去する方法・タイミング

　これらによって難易度が違ってきます。気づかないまま難しい課題を行い、子どもが誤反応をして学習意欲をなくしてしまわないように、子どもが「できる」「わかる」を実感し、自信をもてるようにして学習を積み重ねることが大切です。

　課題達成の結果だけでなく、学習に取り組む過程が大事です。教材に向かうときの子どもの目や手の動きは、子どもが何を考え、何をしようとしているのかを知らせています。教材を媒体として子どもと会話する心を大切にして、学習しましょう。

(2) ことばかけ

●使うことば・声のトーン

　学習活動を進めるときに使うことばやトーンは、学習意欲を高め、心理的な安定を得られるものを心がけます。禁止や命令、否定的なことばは使いません。

　不適切なことばかけで、追視をやめてしまったり、伸ばしかけた手を引っ込めたり、誤った選択肢を選択したりなどの反応を起こさないようにします。

●タイミング・回数・話す速さ・声の大きさ

　子どもの視線や手の動きをよく見て、早すぎず、遅すぎず、最もよいタイミングでことばかけをします。例えば、子どもが呈示された教材を見て「これかな？」と迷っているとき、「そうだね」ということばかけがあれば、「これでいいんだ」と安心して手を伸ばすことができます。もしなければ、「ちがうのかな」と視線を誤った選択肢に移してしまうかもしれません。「それでいいの？」「本当？」などの迷わせるようなことばかけもしないようにします。

　ことばかけは、適応的な反応を強化します。例えば、「ここ、見て」と視線を誘導して子どもが見たとき、「今、見てるね」「上手に見てるね」とことばかけをすると、「これが見ることなんだ」「こうやって見るといいんだ」とわかり、「見る」ことが強化され、視機能が向上します。

●いつも同じ、短いことばを使う

　ことばかけはいつも同じにし、日によって変えたり、指導者によって変えたりしないようにします。できるだけ短いことばにしたほうがわかりやすく、例えば、「おもちゃはどこにありますか？」より、「おもちゃ、どこ？」のほうが、何を聞かれているのかが明確に子どもに伝わります。

●よくほめる

　がんばったという充足感、できたという成功感や成就感を子どもがもてるように、十分にほめることが大切です。ほめられる満足感と自信が、次の学習に向かう意欲につながります。できた瞬間にすぐほめます。また、一動作ごと、目標達成ごと、一つの課題のまとまりごとなど、たくさんほめます。

　間違えたとき、しかったり、がっかりしたしぐさや表情を見せたりしないようにします。教材を速やかに撤去し、まちがえさせない工夫をしてもう一度呈示しましょう。

　ことばでほめることはもちろんですが、表情豊かに、アクションも付けるとよいでしょう。指導者の一番よい表情、よい声でほめるようにします。頭を優しくなでたり、拍手したり、子どもと一緒に両手を合わせて「で・き・た！」と言ったりするなど、子どもが喜ぶほめ方をいろいろ工夫しましょう。よくほめ、ともに喜ぶことで、子どもは学習する楽しさとわかったときの喜びを、体いっぱい表現することでしょう。

第1章　初期学習の考え方

（3）考える力を育てる学習とスモールステップ

　課題を理解し解決する方法を習得する、基礎的な力を養う段階では、間違えさせない工夫が大切です。成功体験を積み重ねることで課題を解決する力を養い、「考える力」を育てます。

　「間違えたことを通して学ぶ」という考えがあります。それも一つの考え方でしょう。「間違えたことを通して学ぶ」ということは、間違えたことがわかるということです。どこを間違えたのか、なぜ間違えたのかがわかり、よく考えて正しい答えを出す力があるということです。そうであれば、間違えたことが成長の糧となるでしょう。

　しかし、間違えたことがわからず、どこを間違えたのか、なぜ間違えたのかがわからない子どもには、正しい答えを自ら導きだすことは難しいです。失敗体験をさせるよりも、はじめから正しい答え（行動）を教える方が、どのようにすることが正しいことなのかがわかるようになります。間違えさせないことが大切です。

　「考える」ということは、外界の刺激に対する反応や、環境への適応といった人の初期行動を含んでいます。子どもは、触る・見るなどの行動を通して自発の運動を豊かにしていきます。これは理解力を高め「考える力」を育てる最初の過程です。この段階では、間違えさせると、呈示した教材に手が伸びなくなったり、見ようとしなくなったりして、課題を理解し解決する方法の習得が難しくなります。

　また、教材の呈示のしかたが少し変わるだけで、できていたはずのことができなくなったり、よく見ないで反応してしまったりといった誤反応を誘発してしまいます。誤反応を繰り返していては、学習意欲を高め考える力を育てることはできません。

　望ましい反応を積み重ねるためのスモールステップが、「考える力」を育てるのです。

　課題ができなかったとき、子どもは、教材をたたいたり、なめたり、投げたり、立って歩いたり……といろいろな動きをして自分の気持ちを表現します。子どもが話しかけているのです。実は、子どもは、課題ができたときよりも、できないときの方がもっとたくさん話しかけています。

　子どもがわからないとき、迷っているとき、考えるための手がかりを呈示します。その手がかりに基づいて子どもがよく考え、正反応をします。正反応ができたときの手がかりが、考えるための適切なスモールステップとなります。子どもの実態によって、スモールステップの設定のしかたが異なってきます。

　子どもの小さな反応を見逃さないということは、子どもの「考える」活動を大事にするということです。自発の運動を豊かにし、適応的な反応を導くために、スモールステップをどう設定するか、工夫が求められます。

　したがって、間違えさせない工夫をして、スモールステップで正反応を積み重ねることが、子どもの「考える力」を育てることになります。

（4）「できる」と「わかる」は違う

認知の力を伸ばすには、「できる」に視点を当てるのではなく、「わかる」に視点を当てて指導することが大切です。

例えば、肢体不自由で手が思うように動かせない子どもに、「棒スイッチを倒すとサルのぬいぐるみがシンバルをたたく」という因果関係の学習を行うとします。そのとき、次のような場面をよく見かけます。

> サルのおもちゃと棒スイッチを机の上に置きます。
> 子どもの手を援助して棒スイッチを握らせます。
> 指導者の手は放します。
> 「はい、棒スイッチを倒してください」とことばかけし、
> 指導者は子どもの手が動くのをずっと待っています。
> 子どもの手がほんの少し動きました。
> でも棒を倒すほどは動きません。
> 「惜しい、もうちょっとだね。頑張って」と励まします。
> 何度もそれを繰り返します。
> 指導者は、何とかして子どもの手で倒してほしいと思い、棒スイッチと子どもの手をじっと見つめています。

この棒を倒すとおもちゃが動く

このとき、指導者は「何とかして子どもが手を動かしてほしい」「手を動かしたときが、この課題ができたときだ」と考えています。

しかし、子どもの立場に立ってみると、どうでしょう。「わたしは、動かそうとしている。でも、手がうまく動かない」と感じているかもしれません。「（動かすことが）できない」けれども「（動かすことが）わかっている」のです。

指導者が「がんばって、がんばって」と言うたびに、子どもには「できない感」が生まれ、すっかりやる気をなくしてしまうでしょう。

認知の力を育てるということは、「わかる」力を育てるということです。手が動かなくても、棒スイッチや棒スイッチを握っている自分の手のほうをじっと見ていれば、「動かそうとしている」ととらえることが大切なのです。

したがって、子どもが自力で棒スイッチを倒すことができなくても、「動かそうとしている」「動かすことがわかっている」と感じたら、すぐに援助して一緒に棒スイッチを倒します。そして「よくできたね」とほめます。

子どもは、達成感や成就感を得ることでしょう。

これが「わかる」ということです。

(5) 常に子どもの視線に注目する

　指導場面で、指導者が子どもの横や後ろにいたのでは、子どもがどこを見ているのかを正しくとらえることができません。指導者は、必ず子どもと対面し、子どもと同じ目の高さで、子どもの目を見て、子どもの視線を正確に把握しながら学習します。

　また、前述したサルのおもちゃと棒スイッチを使った指導場面では、指導者は正面に座っていましたが、棒スイッチや子どもの手を見ていました。教材や子どもの手を見るのではなく、子どもの目を見て、子どもの視線をいつも把握しながら指導することが大切です。そのことが、子どもの心を読み取ることになります。

(6) 学習環境を整える

　学習空間は、余計なものが子どもの目に入らないように、すっきりさせておきます。教室の壁、ホワイトボード、床、机上面に、これから行う学習には必要のないものが貼ってあったり置いてあったりしないでしょうか。このようなものは刺激となり、子どもの集中を妨げます。

　余計なものが目に入らないようにする配慮が必要です。ものを撤去する、あるいは、カーテンなどを付けて、見えなくするなどして工夫しましょう。指導者の服装も、学習空間の一部になります。呈示したものが見えやすいような落ち着いた色のものを着用することなどにも配慮しましょう。

第2章 初期学習の学習内容

見る学習

　人は、情報の多くの部分を、「見る」ことから得ています。

　「見る」力は、生まれてから、お母さんの顔を見たり、哺乳瓶を見たり、好きな玩具を見たりしながら自然に育っていきます。このような日常の活動が、見る力を向上させる学習となっているのです。

　しかし、障害がある子どもは、「見る」ことにも困難がある様子がよくみられます。

　「見る（見ているものを認識する）」ということと、視力のよしあしとは違います。視力は悪くないのに、物を注視できない、物を追視できない、どこを見ているのかわからない、などの様子が見られる場合があります。

　肢体不自由の子どもが、手や足の動かし方を学習していくように、「見る」ことにも学習が必要です。

　「見る」力をつけていくことが、認知の力の向上を図るうえで大変重要です。

　注視や追視ができるようになることが、物を認識し、考える力を育てるために大切です。視線を止めてじっと見る学習や、左右や上下へ目を動かして見る学習を行いましょう。下方向に視線を動かすことができ、机上面のものを見られるようになったら、机上面に教材を呈示して学習ができる準備ができたと考えられます。

　視機能の向上を図るための、「見る」学習について説明します。

教材　**光るおもちゃ**
光る部分が5cm程度の大きさのものがよいです。光る部分が大きすぎるものは、この学習に適当ではありません。

- スティックタイプのライトで、スティック全体が光るものは、光る部分を5cmほど残して、紙で覆います。その方が見る部分がはっきりし、子どもの目の動きがわかりやすいです。

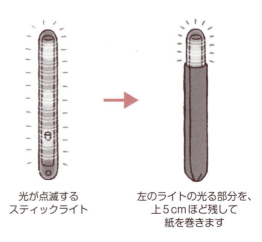

光が点滅する
スティックライト

左のライトの光る部分を、
上5cmほど残して
紙を巻きます

- 光る部分がつきっぱなしになっているものより、点滅したり回ったりしているものの方が、認識しやすいです。

光が点滅する玩具

羽が光りながら回る扇風機型の玩具

- 光だけではなかなか見ようとしない子どもには、光とともに音楽など音が鳴るものを使うとよいでしょう。

光が点滅しながら音が鳴る玩具

　光が強すぎるものや、光源が大きすぎるものは目を傷めることがあります。指導者が手をまっすぐ伸ばして教材を持ち、光の強さや光の大きさが適切かどうかを自分で見てみましょう。子どもに用いる前に必ず確認するようにしましょう。

方法とことばかけ　指導者は、子どもと対面し、常に子どもの目を見ながら学習します。追視には、左右の追視と上下の追視がありますが、一般的には左右の追視の方がやさしいので、左右の追視から行います。

左右の追視

① 玩具のスイッチを入れ、光らせて、子どもの正面、目の高さに呈示します。

　視距離(子どもの目から、見る対象物までの距離)は40～50cm程度のところがよいです。目に近づけすぎないように注意します。
　「見て」と言い、見たら「見てるね」とことばかけします。見ないときは、「ここ見て」と言いながら光る玩具をポインティングして視線を誘導します。

※ポインティング：この本では、対象物を指でたたいてトントンと音を出して視線を誘導することを言います。

第2章　初期学習の学習内容

1 見る学習

point 教材を目に近づけないことが大切

　子どもが教材を見ないと、見てほしいという気持ちから、どんどん子どもの目に近づけていってしまいがちです。
　目に近づけても見るようにはなりません。
　物を見る焦点距離は、30～40cmと言われています。
　しかし、対象物が光るものなのか、そうでないのか、また、対象物の大きさがどれくらいなのかによって、見えやすい距離は変わります。光るものは、かなり離しても見えます。光度にもよりますが、光が強いものを目に近づけていると目を傷めることもあります。
　直径や長さがおおよそ6cm以上あるものは注視や追視の学習の教材としては、ふさわしくありません。
　子どもが見ないときは、教材を近づけるのではなく、40～50cmのところに呈示して、「見て」とことばかけをしたり、対象物をトントンたたいて音を出したりして、「見る」ことを促すようにします。

　視力が0.1未満であっても、光るものは目からの距離が40～50cmでも見えるので、近づけないで学習しましょう。
　指導者は、まず、光る教材を持った手を自分の目から近づけたり遠ざけたりして、どのくらいの距離が最も見えやすいかを試してみるとよいでしょう。最も見えやすいと感じた距離で、子どもにも呈示しましょう。

2 **子どもの正面から、光る玩具を子どもの利き手方向へ弧を描くようにゆっくり動かします。**

※利き手側の方が、視空間も優位の場合が多いので、利き手方向から行います。
「見て」と言い、見たとき「見てるね」と言います。視線が離れたときは動きを止め、「ここ見て」と言いながらポインティングをし、視線を誘導します。
見たら「見てるね」とことばかけして、再び動かします。子どもが見ていたら、何度でも「見てるね」と言うようにします。

3 **対象物をゆっくり動かしていき、追視が止まった位置の少し先まで動かします。**

※追視が止まった位置の少し先まで動かすことで、徐々に追視のできる範囲を広げていきます。
利き手側の方向に動かし終えたら、そこで電源を切ります。光がついたまま、もとの位置に戻したり、違う方向に動かしたりはしません。

4 **再び正面に呈示し、今度は反利き手方向に弧を描くようにゆっくり動かします。**

「見て」と言い、見たとき「見てるね」と言います。視線が離れたときは動きを止めて「ここ見て」と言いながらポインティングをし、視線を誘導します。
見たら「見てるね」と言い、再び動かします。

5 **対象物をゆっくり動かしていき、追視が止まった位置の少し先まで動かします。**

反利き手側の方向に動かし終えたら、そこで電源を切ります。
光がついたまま、もとの位置に戻したり、違う方向に動かしたりはしません。

子どもの目から等距離に弧を描くようにゆっくり動かします。

point 対象物は、一方向に動かす

　この学習を行うとき、対象物を連続していろいろな方向へ動かすのではなく、一方向のみへ動かすようにします。
　中央に呈示して右方向へ動かす。電源を切る。→中央に呈示して左方向へ動かす。電源を切る。というように行います。その方が、子どもにとって目を動かす方向がわかりやすいです。

第2章　初期学習の学習内容

6 「上手にできたね」などとことばかけをして、心からほめます。

7 「『で・き・た』するよ」と言いながら、目の前で指導者が両手を3回合わせてみせます。
それから子どもの手を取って一緒に「で・き・た」と言って両手を3回合わせます。

point 課題が終わるごとによくほめる

　学習が1つ終わるごとによくほめることが大切です。「よくできたね」「じょうずにできたね」と言うなど、ほめかたにはいろいろあります。最も大切なのは、指導者が笑顔で、心からほめることです。先生が喜んでいること、ほめてくれていることは、子どもに必ず伝わります。ほめられることが「課題ができた」「がんばった」という成就感につながり、もっと学習をしたいと思うようになります。

　初期学習が課題の子どもたちは、ことばかけだけでなく、動作も伴ってほめると、ほめられたことがよりよくわかります。

　「『で・き・た』するよ」と言いながら、指導者が目の前で両手を3回合わせてみせます。

　それから子どもの手を取って一緒に「で・き・た」と言って両手を3回合わせます。はじめに指導者が見本を見せることが、何をするのかわかることになります。子どもによっては、見本を見ると、自分から指導者の方へ手をさし出したり、自分で手をたたこうとしたりするようになります。

　子どもの年齢に応じて、「で・き・た」を「できました」にかえて言うようにしてもよいでしょう。子どもの年齢や発達段階などを考え、実態に応じて、ほめ方を工夫しましょう。

目の動きの範囲を広げるには

　対象物を動かしていると、あるところまで来たら子どもの目がそれたり、中央の方に戻ったりすることがあります。いつもそこまででやめていると、子どもの目の動きの範囲が広がっていきません。視線がついてこなくなった位置で、対象物をトントン軽くたたいて音を出しながら、再度「見て」と言います。さらに数センチ動かしてみましょう。続けていると、目を動かす幅が広がっていきます。

　左右の目の動きに差がある場合は、動きが少ない方の目に対して特にこのような学習をするとよいでしょう。

　目を動かすようにするためには、学習が必要です。

本来は、顔は動かさずに、黒目だけを動かして追視をすることが、より、目を動かす学習になるのですが、子どもにそれを求めるのは難しいです。顔を動かしても、目も必ず動きます。顔が一緒に動いても、十分にこの学習のねらいは達成できます。逆に、目がなかなか動かなくても、顔を対象物の方に向けてきたら、物がある方を見ようとしているのです。顔が動いてきただけでも、よくほめましょう。

対象物に合わせて目を動かすことができない場合には

　対象物に焦点を合わせて見ることができない場合には、音や音楽が鳴る教材を使って、物がどこにあるかに気づかせます。

　目が対象物をきちんととらえていなくても、顔や目が対象物のある方向に動くようになったら、対象物を意識し、物がどこにあるかわかるようになってきたといえます。

　このような学習を通して、話しかけた人の声がする方向に顔や目を向けるようになります。声がする方に顔や目を向けることは、人とのコミュニケーションを図るうえで大切です。

第**2**章

初期学習の学習内容

25

1 見る学習

上下の追視

① 玩具のスイッチを入れ、光らせて、子どもの正面、目の高さに呈示します。

視距離（子どもの目から、見る対象物までの距離）は40〜50cm程度のところが
よいです。目に近づけすぎないように注意します。
「見て」と言い、見たら「見てるね」とことばかけします。見ないときは、「ここ
見て」と言いながら光る玩具をポインティングをして視線を誘導します。

② 子どもの正面から、光る玩具を上方向へゆっくり動かします。

「見て」と言い、見た時「見てるね」と言います。視線が離れた時は動きを止め、
「ここ見て」と言いながらポインティングをし、視線を誘導します。
見たら「見てるね」とことばかけして、再び動かします。子どもが見ていたら、
何度でも「見てるね」と言うようにします。

③ 対象物をゆっくり動かしていき、追視が止まった位置の少し先まで動かします。

※追視が止まった位置の少し先まで動かすことで、徐々に追視のできる範囲を広げていきます。
※ヘッドレストなどの関係で、顔をあまり上に向けられない場合もあります。子どもの状況を見て、
　どこまで動かすかを判断しましょう。

上方向に動かし終えたら、そこで電源を切ります。光がついたまま、もとの位置
に戻したり、違う方向に動かしたりはしません。

④ 再び正面に呈示し、今度は下方向にゆっくり動かします。

「見て」と言い、見たとき「見てるね」と言います。視線が離れたときは動きを止
めて「ここ見て」と言いながらポインティングをし、視線を誘導します。
見たら「見てるね」と言い、再び動かします。

⑤ 対象物をゆっくり動かしていき、追視が止まった位置の少し先まで動かします。

下方向に動かし終えたら、そこで電源を切ります。光がついたまま、もとの位置
に戻したり、違う方向に動かしたりはしません。

※下方向は、最終的には、机の下に玩具が隠れるところまで動かします。
　目を机上面まで動かすことができたら、机上での学習ができる準備が整ったということです。

point 対象物は、一方向に動かす

　この学習を行うとき、対象物を連続していろいろな方向へ動かすのではなく、
一方向のみへ動かすようにします。
　中央に呈示して上方向へ動かす。電源を切る。→中央に呈示して下方向へ動
かす。電源を切る。というように行います。その方が、子どもにとって目を動
かす方向がわかりやすいです。

6 「上手にできたね」などとことばかけをして、心からほめます。

7 「『で・き・た』するよ」と言いながら、目の前で指導者が両手を3回合わせてみせます。それから子どもの手を取って一緒に「で・き・た」と言って両手を3回合わせます。

point **「見る」学習の教材について**

見る力の向上の様子によって、次のように教材を変えていきましょう。

（1）音と光が出るもの
（2）光が出るもの
（3）音が出るもの
（4）キラキラするもの
（5）光ったり音が出たりしないもの

部屋を暗くして学習する方法

「見て」と言って教材を呈示しても、教材があることになかなか気づかない子どもには、部屋の電気を消し、暗いところで光る教材を呈示してみると、気づくことがあります。

光は、つきっぱなしになっているものより、点滅したり回ったりしているものの方が気づきやすいです。点滅の間隔も、あまり短いとつきっぱなしと同じように見えてしまいますので、適度な間隔で点滅するものがよいです。

電気を消すときには「暗くなるよ」、電気をつけるときには「明るくなるよ」と、前もってことばかけをすることも大切です。

毎日短時間の学習を

このような「見る学習」は、長い時間行っていると目が疲れます。また、飽きてきて見なくなることもあります。

週に一度長時間行うよりも、5分以内で毎日学習を行った方が効果的です。

対象物を見て、持ったり放したりすることがわかる学習

　私たちは、物に手を触れたり持ったりするときに、まずその対象物を見て、手を伸ばして触れたり持ったりします。

　しかし、見ることを十分に学習していない子どもたちの様子を見ると、対象物をよく見ないで手を出していることが多く見られます。

　指導者は、「持つことができたかどうか」のみに着目していることが多く、「見ながら持とうとしたかどうか」については、ほとんど意識していません。

　また、上肢にまひ等があって自分で手を伸ばして持つことができない子どもたちに物を持たせるときには、指導者が子どもの手のところに物を持っていき、握らせることが多いです。このとき、子どもは対象物を見ていません。急に手の方に何かがやってきたような感覚かもしれません。

　「手に持たされる」のと「対象物を見ながら、自分の手を伸ばして持つ」のとでは、「持つことを認識する」という面でまったく違います。

　この学習は、「対象物を見ながら、自分の手を伸ばして持つ」ことを通して「持つことを認識する（持つことがわかる）」力を育てることをねらっています。

　「見てから手を伸ばして持つ」力を育てることを通して、子どもの行動にも変容が現れると考えています。すなわち、見てから、考えて行動を起こすようになるということです。

教材　**電動ハブラシの柄の部分**（ブラシの部分は取り外します）

　握りやすく、振動しているので、手のひらを適度に刺激します。電源スイッチが持ち手の側面についているものは、子どもが握っているとON・OFFの操作がやりにくいため、電源スイッチが底面についているタイプのものを選ぶとよいでしょう（下図中央）。呈示皿に置いたときに見えやすい色のものが望ましいです。

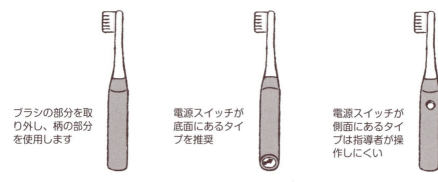

ブラシの部分を取り外し、柄の部分を使用します

電源スイッチが底面にあるタイプを推奨

電源スイッチが側面にあるタイプは指導者が操作しにくい

振動するものを持つことが苦手な場合は、鈴付きお手玉、鈴付きヘアカーラー、マイク形のおもちゃなど、子どもが好きで持ちやすいものを工夫するとよいでしょう。

他の教材例

鈴付きお手玉
丸いお手玉より、俵型の方が、握りやすいです。鈴を付けると、鳴らして遊べます。

鈴付きヘアカーラー
ヘアカーラーは、ざらざらしているので、手のひらを刺激します。鈴を付けると、鳴らして遊べます。

マイク型の玩具
音楽や光が好きな子どもは、興味を示します。呈示皿にのるサイズのものがよいです。

● **呈示皿**
呈示皿に教材をのせて呈示することで、物がある位置がはっきりします。
20cm×15cm程度のもので、ヘリが低く、斜めになっているものが望ましいです。

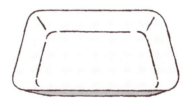

方法とことばかけ
指導者は、子どもと対面し、常に子どもの目を見ながら学習します。
この学習は、利き手でも反利き手でも行います。
利き手から学習し、その後、反利き手で学習します。
ここでは、利き手を右として、右手を使う学習から説明します。
教材は、「電動ハブラシの柄」(以下、「電動ハブラシ」と表記)を使用します。

右手で行う

① 電動ハブラシの電源スイッチを入れ、呈示皿に置きます。

「見て」と言いながら、子どもから見て右側の、子どもが手をまっすぐ伸ばしても指先が触れないくらい遠い位置に呈示します(呈示位置は、中央ではなく、右側です)。
子どもが見たらすぐに「見てるね」とことばかけします。見ないときは、「ここ見て」と言いながら、電動ハブラシをポインティングして視線を誘導します。

2 対象物を見て、持ったり放したりすることがわかる学習

point 呈示のことばかけと動作は同時に行う

　「見て」のことばかけと、教材を呈示する動作は、同時に行います。
　教材を呈示してから「見て」と言うより、動作とことばかけを同時に行う方が、視線が向きやすいです。
　この段階の子どもたちは、チラッとしか見ないことが多いです。
　チラッと見た視線を見逃さないで、すぐに「見てるね」と言うことが大切です。
　そのことが「見る」と言うことを理解することにつながります。

教材は机上面の遠くに呈示することが大切

　教材は、子どもの目の高さに呈示するのではなく、机上面に呈示したものを見る力をつけていきましょう。
　子どもが手をまっすぐ伸ばしても指先が触れないくらい遠い位置に電動ハブラシを呈示することが大切です。
　子どもが教材を見ないと、見てほしいという気持ちから、子どもに近いところに呈示してしまいがちです。
　しかし、机上面で、身体に近いところは、子どもにとってとても見えにくい位置です。
　この学習を行う段階の子どもたちは、物に気づき、物を見ようとして意識的に顔や目を動かすことが難しいです。

手を伸ばしても届かないくらい遠い位置に呈示することで、見えやすくなります。
　　教材を手が届くところに呈示すると、子どもは見ないで触ってしまいます。
　　手を伸ばしても届かない位置に呈示することによって、「見てから手を伸ばす」、すなわち、「物をよく認識してから触る」という力を育てることができます。
　　教材は、机上面の遠くに呈示することがとても大切です。
　　机上面を広くするための工夫のしかたについては、後に述べます。

> ❷ **子どもの右ひじのあたりをトントンとタッピングして、「こっちの手で持つよ」とことばかけをします。**

このことばかけが、使う方の手を意識することにつながります。
※タッピング：この本では、身体の一部をトントンと軽くたたいて、意識させることを言います。

> ❸ **子どもの右手を指導者の左手で援助して電動ハブラシの方へ伸ばしていきます。**

ひじが伸びきってから呈示皿ごと電動ハブラシを手の方へ近づけ、触れさせます。
電動ハブラシを近づけるのではなく、手を電動ハブラシに向かって伸ばしていくことがポイントです。
手を伸ばしていく途中でも電動ハブラシを見ていることが大切です。見ていたら何度でも「よく見てるね」とことばかけします。

第2章 初期学習の学習内容

2 対象物を見て、持ったり放したりすることがわかる学習

❹「持つよ」と言って、援助して一緒に握ります。

握ったら呈示皿を撤去します。電動ハブラシを持った子どもの右手を指導者の左手で包みこむようにしっかり握ります。指導者の左手は子どもの右手を握ったままにしておきます。
子どものひじを軽く曲げて、「上手に持ってるね」「ブルブルしてるね」などと言いながら少し遊びます。子どもが電動ハブラシの方を見たら「見てるね」と言います。

❺「とめるよ」と言って指導者の右手で電動ハブラシの電源スイッチを切ります。

援助して子どものひじを伸ばし、「ちょうだい」「『ぱっ』って言ったら放してね」とことばかけします。子どもの手の下に指導者の右の手のひらを当てて、「ぱっ」とことばかけをしてから指を開くように援助して受け取ります。「ぱっ」のことばかけ1回で受け取ります。

point 教材の受け取り方

●電動ハブラシの電源スイッチを切ってから、「ちょうだい」とことばかけをして受け取ります。こうすることが、「振動が止まったら渡す」ということを理解することにつながります。

●「ぱっ」ということばかけ1回で受け取ります。「一人で放すことができる」ことがねらいではなく、「放すことがわかる」ことがねらいです。何度も「ぱっ」「ぱっ」と言って放すことを促すのではなく、1回の「ぱっ」で、すぐに援助して指を開いて受け取ることが「放すことがわかる」ようになるポイントです。

●「ぱっ」のことばかけと同時に受け取るのではなく、ことばかけしたあと0.5秒くらいたってから受け取るようにします。この「間」が、「ぱっ」ということばを聞いたら「放す」ということを理解することにつながります。

第**2**章

初期学習の学習内容

⑥ 「上手にできたね」などとことばかけをして、心からほめます。

⑦ 「『で・き・た』するよ」と言いながら、目の前で指導者が両手を3回合わせてみせます。それから子どもの手を取って一緒に「で・き・た」と言って両手を3回合わせます。

※子どもの右手で3回続けて行います。同じ手で続けて行うことが課題を理解していくことにつながります。

33

2　対象物を見て、持ったり放したりすることがわかる学習

左手で行う

❶ 電動ハブラシの電源スイッチを入れ、呈示皿に置きます。

「見て」と言いながら、子どもから見て左側の、子どもが手をまっすぐ伸ばしても指先が触れないくらい遠い位置に呈示します（呈示位置は、中央ではなく、左側にします）。子どもが見たらすぐに「見てるね」とことばかけします。見ないときは、「ここ見て」と言いながら、電動ハブラシをポインティングして視線を誘導します。

※ ❷～❼は、「右手で行う」の「方法とことばかけ」に準じて、左手で行います。

point 指導者の手の使い方について

　指導者が、教材を呈示したり、子どもの手を援助したりするときは、指導者のどちらの手を使って行うのが適切なのかを考えることが大切です。

　例えば、子どもから見て右側に教材を呈示するときや、子どもの右手を援助するときに、指導者の右手を使って行うと、指導者の右手が、子どもの学習空間をさえぎります。指導者の手で教材が見えなくなってしまうこともあります。

　子どもの右側に教材を呈示するときや子どもの右手を援助するときは、指導者の左手で行うようにします。

　子どもの左側に教材を呈示するときや子どもの左手を援助するときは、指導者の右手で行うようにします。

子どもが右手を使うときの援助のしかた

指導者が右手で援助
教材が指導者の手で隠れてしまいます。

指導者が左手で援助
子どもから教材がよく見えます。

2 対象物を見て、持ったり放したりすることがわかる学習

point 机上面を広くするための工夫

　この学習が課題となる子どもたちは、顔や目を下方向に動かして見ることが難しい場合が多いです。つまり、身体に近い机上に対象物を呈示しても、見えにくく、見ていないことが多いのです。そのことに気づかず、教材を、児童机の上や、車いすの天板の上に呈示しているのをよく見かけます。

　机上面の奥行きを広くして、体から60〜70cmくらい離れたところに呈示すると、楽に見ることができます。特に、車いすをリクライニングしているような場合は、遠いところに呈示すると、格段に見えやすくなります。

　また、教材を子どもの手が届かないくらい遠いところに呈示することで、よく見てから手を伸ばそうとするようになります。

　机上面の奥行きを広くするための工夫をいくつか紹介します。

　子どもの身体の大きさ等の実態に応じて考えましょう。

工夫1 同じ高さの児童机を2つつなげて学習する

　同じ高さの児童机を2つつなげます。
　指導者と子どもが対面して座ります。
　教材の呈示を指導者側の机上面に行えば、子どもから見えやすく手が届かないところに呈示することができます。
　指導者の目の高さが、子どもの目の高さと同じになるように、指導者が座る椅子の高さを調整しましょう。

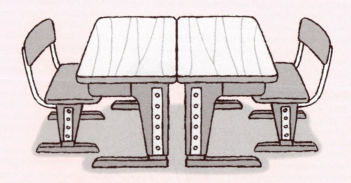

工夫2 丈夫な段ボールで作った板を児童机や車いすの天板の上にのせる

　２層や３層になった丈夫な段ボールを適切なサイズにカットして、児童机や車いすの天板の上にのせて使います。幅は約90cm、奥行きは、子どもの身体から60～70cmあるとよいです。どのような高さの机にものせられるので、大変便利です。

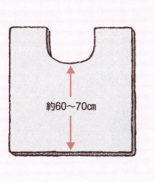
約60～70cm

工夫3 上下の高さが調整できる大きな机を使う

　奥行きが広く、高さが調整できる机です。この机が十分に広い場合は単独で使ってもよいですが、車いす使用の子どもには、机を車いすの天板と同じ高さにして、つなげて使うと、より遠くに教材を呈示できるようになります。

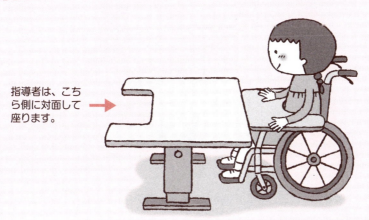
指導者は、こちら側に対面して座ります。

第2章 初期学習の学習内容

2 対象物を見て、持ったり放したりすることがわかる学習

point 車いすがリクライニングしている場合の教材の呈示位置について

前に述べたように、教材は遠くに呈示したほうが見えやすいです。

リクライニングした車いすに座っているような場合、教材を身体の近くに呈示したのでは、ほとんど見えません。車いすがティルト式（背もたれと座面が同時に動くタイプ）の場合は、大きな段ボールの板を車いすの天板の上にのせて、教材を遠くに呈示すると、最も視線を向けやすい位置に呈示することになるので、格段に見えやすくなります。

車いすがティルト式でなく、背もたれだけがリクライニングするタイプの場合は、板に角度をつける工夫をするとよいでしょう。

●近くに呈示すると、呈示したものが見えない

●遠くに呈示すると、呈示したものがよく見える

手が届くところに呈示すると、見ないですぐに触れたり持ったりしてしまいます。

遠くに呈示することによって、すぐに手で触れられないので、見ようとする意識が働きます。見てから手を伸ばすようになります。

机上面に置いたものを見るのが難しい場合

視力に問題がなくても、机上面に呈示したものを見ることが難しい場合は、電動ハブラシを目の高さに呈示して行います。

電動ハブラシは、目に近づけず、40～50cm程度離して呈示します。

電動ハブラシを少しずつ下におろして視線がついてくるようであれば、机上面までおろします。視線がついてこないようであれば、目の高さに呈示したまま、電動ハブラシに手を伸ばして持つようにします。

利き手（右手）で学習してから、反利き手（左手）で学習します。

右手で行う

① 電動ハブラシのスイッチを入れ、子どもの目の高さの斜め右側（目からの距離は40～50cm位）に呈示します。

「見て」と言い、子どもが見たらすぐに「見てるね」とことばかけをします。
見ないときは、「ここ見て」と言いながら、電動ハブラシをポインティングして視線を誘導します。

第2章 初期学習の学習内容

2 対象物を見て、持ったり放したりすることがわかる学習

❷ 子どもが電動ハブラシを見たら、指導者は電動ハブラシを右手に持ちかえます。

子どもの右ひじのあたりを指導者の左手でトントンとタッピングして、「こっちの手で持つよ」とことばかけをします。このことばかけが、使う方の手を意識することにつながります。

❸ 子どもの右手を指導者の左手で援助して電動ハブラシの方へ伸ばしていきます。

ひじが伸びきってから電動ハブラシを手の方へ近づけ、触れさせます。電動ハブラシを近づけるのではなく、手を電動ハブラシに向かって伸ばしていくことがポイントです。
手を伸ばしていく途中でも電動ハブラシを見ていることが大切です。見ていたら何度でも「よく見てるね」とことばかけします。

❹ 「持つよ」と言って、援助して一緒に握ります。

電動ハブラシを持った子どもの右手を指導者の左手で包みこむようにしっかり握ります。指導者の左手は子どもの右手を握ったままにしておきます。
ひじを軽く曲げて、「上手に持ってるね」「ブルブルしてるね」などと言いながら少し遊びます。子どもが電動ハブラシの方を見たら「見てるね」と言います。

机上面に置いたものを見るのが難しい場合

❺「とめるよ」と言って指導者の右手で電動ハブラシのスイッチを切ります。

援助して子どものひじを伸ばし、「ちょうだい」「『ぱっ』って言ったら放してね」とことばかけします。子どもの手の下に指導者の右の手のひらを当てて、「ぱっ」とことばかけをしてから指を開くように援助して受け取ります。「ぱっ」のことばかけ1回で受け取ります。

❻「上手にできたね」などとことばかけをして、心からほめます。

❼「『で・き・た』するよ」と言いながら、目の前で指導者が両手を3回合わせてみせます。それから子どもの手を取って一緒に「で・き・た」と言って両手を3回合わせます。

※子どもの右手で3回続けて行います。同じ手で続けて行うことが課題を理解していくことにつながります。

左手で行う

右手で行う に準じて行います。
電動ハブラシは、子どもの目の高さの斜め左側（目からの距離は、40〜50cm位）に呈示します。

2 対象物を見て、持ったり放したりすることがわかる学習

視覚に障害がある場合

　視覚に障害があり、呈示したものを見ることが難しい場合でも、電動ハブラシの方へ顔や目を向けること、電動ハブラシの方へ手を伸ばしていこうとすることはとても大切です。
　位置や方向がわかるようになるための学習です。
　視覚に障害がある場合は、次のように行います。
　利き手（右手）で学習してから、反利き手（左手）で学習します。

右手で行う

① 電動ハブラシのスイッチを入れ、呈示皿に置きます。

　「ここにあるよ。こっち向いて」と言いながら、子どもの手が届かないくらい遠い位置の右手側に呈示します。
　顔や目を電動ハブラシの方に向ける様子が見られたらすぐに「そうだね、こっちにあるね」とことばかけをします。

② 子どもの右ひじのあたりをタッピングしながら「こっちの手で持つよ」とことばかけをします。

③ 子どもの右手を指導者の左手で援助します。

　子どもの右手の手のひらを下に向けて、机の上をゆっくりすべらせながら、電動ハブラシの方に伸ばしていきます。机の上をすべらせていくことがポイントです。このようにすることにより、位置や方向がわかるようになり、手を動かして探索活動をすることにつながります。 このときも、子どもの顔や目が電動ハブラシを呈示した方向（手を伸ばしていく方向）に向いていることが大切です。
　呈示皿に指先が触れたときに「ここだね」、電動ハブラシに指先が触れたときに「あったね」とことばかけします。

視覚に障害がある場合

④「持つよ」と言って、援助して一緒に握ります。

握ったら呈示皿を撤去します。
電動ハブラシを持った子どもの右手を指導者の左手で包みこむようにしっかり握ります。指導者の左手は子どもの右手を握ったままにしておきます。
ひじを軽く曲げて、「上手に持ってるね」「ブルブルしてるね」などと言いながら少し遊びます。子どもが電動ハブラシの方に顔や目を向けたら、「そうだね、こっちにあるね」と言います。

⑤「とめるよ」と言って指導者の右手で電動ハブラシのスイッチを切ります。

援助して子どものひじを伸ばし、「ちょうだい」「『ぱっ』って言ったら放してね」とことばかけします。子どもの手の下に指導者の右の手のひらを当てて、「ぱっ」とことばかけをしてから指を開くように援助して受け取ります。「ぱっ」のことばかけ1回で受け取ります。

⑥「上手にできたね」などとことばかけをして、心からほめます。

⑦「『で・き・た』するよ」と言いながら、目の前で指導者が両手を3回合わせてみせます。それから子どもの手を取って一緒に「で・き・た」と言って両手を3回合わせます。

※子どもの右手で3回続けて行います。同じ手で続けて行うことが課題を理解していくことにつながります。

左手で行う

右手で行う に準じて行います。
電動ハブラシは、子どもから見て左側の、遠いところに呈示します。
子どもの左手の手のひらを、電動ハブラシに向かって机上面をすべらせていくようにします。

第2章 初期学習の学習内容

43

絵本の読み聞かせ

「絵本の読み聞かせ」は、幅広い発達段階の子どもに行っている活動です。

個別学習の内容として、「絵本の読み聞かせ」を行っている場面をよく見かけます。

「絵本の読み聞かせ」のねらいとしては、一般的に

・指導者とのコミュニケーションを図る。

・心地よさを感じ、心の安定を図る。

・豊かな情緒を育てる。

・想像力や集中力を育てる。

・ことばに対する興味関心を広げる。

などがあげられると思います。これらも、大切な事柄です。

「見る力の向上」が課題の子どもたちには、他にも大きなねらいがあります。「絵本を見る」ことです。

私たちが絵本を見るときには、目を本の端から端まで動かして、何がかいてあるのか、すべての情報を得ようとします。そして、興味のあるところを注視したり、何度も見直したりして、興味関心や知識を広げていきます。

しかし、「見る力の向上」が課題の子どもたちは、「絵本の方を見る」「絵本に描かれている絵に気づくことができる」というところから学習する必要があります。

そのことは、あまり意識されていないように思います。

44

先生方が「絵本の読み聞かせ」をしている様子を見せていただくときに、よく見かけるのは、次のような様子です。

（1）「絵本を読もうね」と言って、先生が、子どもの横に行きます。
（2）絵本を広げます。
（3）先生は、絵本の文を見ながら読んで聞かせます。
（4）次々にページをめくって読み進めます。
（5）全ページ読み終わったら、「おしまい」と言います。

この位置では、子どもがどこを見ているのか把握できません。

3 絵本の読み聞かせ

　先生が子どもの横にいては、子どもの視線がどこを向いているのか把握できません。
　「絵本の読み聞かせ」は、子どもが、絵本の絵を見ることが大切です。
　先生は子どもの横ではなく、対面して座り、子どもの目の動きを把握しながら読み聞かせを行うようにします。
　特に、この本の対象としている「見る力の向上」が課題の子どもたちは、絵本の中に描かれているものに自分からしっかり視線を向けることが十分にはできません。
　指導者が「ここを見てほしい」というところをあらかじめ決めておき、子どもに、そこを見るような働きかけをしながら読み聞かせをするようにしましょう。

point 絵本の選び方について

　どのような絵本を選ぶかは、とても大切です。
　子どもの生活年齢や実態に応じて選ぶようにしましょう。
　「見る力の向上」が課題の子どもたちには、次のようなポイントを押さえて選ぶとよいでしょう。

- 子どもの視野に入りやすい大きさの本・絵のもの。
- 見開きのページまたは、片方のページに絵が1つだけ描いてあるもの。
- 絵が、はっきりとしているもの。
- 絵が、子どもが好みそうなものであるもの。
- 背景の色は1色で、描いてあるものがはっきりと目立つようなもの。
- 読み聞かせの文が、短くわかりやすいもの。

「見る力の向上」が課題の子どもにわかりやすい絵本

「見る力の向上」が課題の子どもにとって、たくさんのものが描いてあったり、輪郭がはっきりしない絵や抽象的な絵が描いてあったりすると、何が描いてあるのかをとらえることや、どこを見てよいのかなどがわかりにくいです。

第 2 章 初期学習の学習内容

方法とことばかけ

「絵本の読み聞かせ」は、次のように行うとよいでしょう。
例として、見開きのページに「くま」の絵が描いてある絵本を使って読み聞かせをする場面を想定して説明します。

① 指導者は、子どもと対面して座ります。

②「絵本を読みましょう」と言って、絵本を子どもの方に向けた状態で、斜めに立てて机上面に置きます。

このとき、絵本を子どもの目に近づけすぎないようにします。絵本の大きさにもよりますが、小さめの絵本であっても、目から30㎝は離すように呈示します。大きめの絵本の場合は、40〜50㎝離したほうがよいでしょう。

※子どもと対面して行うと、無意識に絵本を子どもの目の方に近づけて見せようとすることが多いので注意しましょう。近づけすぎると、見えにくくなります。

③ ページを開きます。そのとき、子どもの視線がどこに向いているかを把握します。

くまの絵を見ていたら「よく見てるね、ここにくまさん（子どもの年齢によって、言い方は考えましょう）がいるね」と言います。子どもの視線が、絵に向いていなかったら、くまの絵を指導者がポインティングしながら「ここ見て」と言います。子どもが見たらすぐに「そうだね、見たね、くまさんがいたね」と言います。

47

3 絵本の読み聞かせ

❹ 書いてある文を読んで聞かせます。

はっきりとした発音で、子どもが聞きやすい声の大きさでゆっくり読みます。
声に強弱や抑揚をつけるなどして、子どもに感情が伝わるように読みます。

※読むときは、指導者の視線が文字の方に向いてしまいがちです。文は暗記するくらいに準備し、子どもの視線を十分に把握して行うようにします。指導者の目は、子どもの目を見るのが8割、本の方を見るのが2割と考えましょう。

❺ 次からのページも、同様にして読み聞かせします。

❻ 子どもの集中度合いに応じて、適切なところで終わりにします。

❼ 「よく見てたね」「たのしかったね」などと言って、よくほめます。

子どもがページをめくるとき

　子どもによっては、ページをめくりたがる場合があります。

　指導者も、子どもが手を使えると、めくる活動をさせたいと考える場合があります。

　子どもにめくらせる場合は、めくるときのみ、子どもの手が届くところに絵本を近づけるようにします。

　常に子どもの手の届くところに絵本を呈示していると、絵本の内容は見ないで、次々にページをめくってしまうことがあります。

　また、子どもの手が届くところに呈示すると、子どもの目に近くなりすぎ、絵本が見えにくくなります。

　「めくること」そのものは「絵本の読み聞かせ」のねらいではありませんので、子どもがめくるときも、時間をかけずに、援助してさっとめくるようにします。絵本に向いた子どもの気持ちが途切れないようにします。

ツリーチャイムを鳴らすことがわかる学習

　ツリーチャイムは、学校でよく使われる楽器で、好きな子どもが多いです。
　軽い力で触れるだけで、きれいな音が鳴ります。また、キラキラしているので、視線を向けやすいです。
　この楽器を使っての学習場面では、よく次のような様子を見かけます。

- 子どもが手を動かすのをずっと待っている。
- 子どもの手がかすかに動いたけれども鳴らなかったときに、「惜しい、もうちょっとだね、頑張って」と声をかけている。
- 指導者は、子どもの視線には注目せず、手が動くかどうかにのみ注目している。

　例えば運動機能障害があり、手を思うように動かすことができない子どもは、本人の頭の中では「鳴らそう、鳴らそう」としているかもしれません。「鳴らしたいけど、手がこれ以上うまく動かないよ」と思っているかもしれません。そんなときに「頑張って、頑張って」と言われたとしたら、どうでしょう。
　子どもは、やろうとしなくなります。
　子どもが、「鳴らそうとしている」様子が見られたときに、指導者は、すぐに援助して一緒に手を大きく動かして鳴らすことが大切です。
　そのことによって、頭の中で「鳴らそうとした」ことと、実際に「鳴らした」ことがつながり、達成感を感じることができます。
　「鳴らすことができる」のを待つのではなく、「鳴らすことがわかる」に着目し、鳴らすことをいつまでも待たないことが大切です。
　「鳴らすことがわかっているかどうか」は、子どもの視線や表情、かすかな動きなどを見て判断します。

教材

ツリーチャイム
スタンドがついているタイプ、手で持つタイプなどがあります。
子どもの実態に応じて用意しましょう。

**方法と
ことばかけ**

指導者は、子どもと対面し、常に子どもの目を見ながら学習します。
この学習は、利き手でも反利き手でも行います。
利き手から学習し、その後、反利き手で学習します。
ここでは、利き手を右として、右手を使う学習から説明します。

右手で行う

■指導者と一緒に鳴らす

1 「見て」と言いながら、ツリーチャイムを正面から少し右側の、
子どもが手をまっすぐ伸ばして届く位置に呈示します。

呈示位置は中央ではなく、右側です。近すぎると見えにくく操作しにくいので、
近づけないようにします。見たら「見てるね」と言います。見ないときは、「ここ
見て」と言いながら、音を鳴らして視線を誘導します。

2 子どもの右ひじのあたりをタッピングし、「こっちの手で鳴らすよ。
先生と一緒に鳴らそうね」とことばかけをします。

3 子どもの右手を指導者の左手で援助して、手を大きく動かして鳴らします。

ひじが伸びている位置で鳴らすことがポイントです。

4 「上手に鳴らせたね」とほめます。

■子どもがひとりで鳴らす

1 子どもの正面から少し右側の、手をまっすぐ伸ばして届くところに呈示した
ツリーチャイムをポインティングして「見て」と言います。

見たら「見てるね」と言います。見ないときは、「ここ見て」と言いながら、音を
鳴らして視線を誘導します。

2 子どもの右手のひじから手首のあたりを、指導者の左手で下から支えるように
援助して、「今度は○○さんがひとりで鳴らしてね」とことばかけをします。

子どもの右ひじのあたりをタッピングし、「こっちの手で鳴らすよ」と言います。

第**2**章

初期学習の学習内容

4 ツリーチャイムを鳴らすことがわかる学習

❸ 子どもの指に力が入ったり、手を動かしたりする様子が見られたらすぐに、「上手だね」などとことばかけをしながら、援助して手を大きく動かして鳴らします。

※手を動かす様子がない場合は、待たずに援助して鳴らすようにします。
　ツリーチャイムの方を見ただけでも、やろうとしているととらえて、「よく見てるね。鳴らそうね」と言って鳴らすようにします。

❹ 「上手にできたね」などとことばかけをして、心からほめます。

❺ 「『で・き・た』するよ」と言いながら、目の前で指導者が両手を3回合わせてみせます。それから子どもの手を取って一緒に「で・き・た」と言って両手を3回合わせます。

※子どもの右手で3回続けて行います。同じ手で続けて行うことが課題を理解していくことにつながります。

●子どもがひとりで鳴らす様子

子どもがひとりで鳴らす場合も、指導者が手を添えて援助します（左手で行う場合も同様）。

左手で行う

■指導者と一緒に鳴らす

❶「見て」と言いながら、ツリーチャイムを正面から少し左側の、子どもが手を
まっすぐ伸ばして届く位置に呈示します。

呈示位置は中央ではなく、左側です。近すぎると見えにくく操作しにくいので、近づけないようにします。見たら「見てるね」と言います。見ないときは、「ここ見て」と言いながら、音を鳴らして視線を誘導します。

※❷〜❹は、「右手で行う」の「方法とことばかけ」に準じて、左手で行います。子どもの左手を指導者の右手で援助します。

■子どもがひとりで鳴らす

❶ 子どもの正面から少し左側の、手をまっすぐ伸ばして届くところに呈示した
ツリーチャイムをポインティングして「見て」と言います。

見たら「見てるね」と言います。見ないときは、「ここ見て」と言いながら、音を鳴らして視線を誘導します。

※❷〜❺は、「右手で行う」の「方法とことばかけ」に準じて、左手で行います。

●子どもがひとりで鳴らす様子

ステンレスボウルの 中を動くゴルフボールを 見る学習

　左右と上方向には目を動かすことができても、下方向にはなかなか動かせない子どもたちがいます。特に、運動機能障害があり、仰臥位で過ごすことが多い子どもたちや、車いすをリクライニングして使用している子どもたちは、下方向に目を動かすのが苦手です。

　これは、「ステンレスボウル」と「ゴルフボール」を使って、目を下方向に動かして、見ることができるようにしていく学習です。

　遠くに呈示したゴルフボールを見て、手を伸ばして持ちます。

　それからステンレスボウルを呈示し、そこにゴルフボールを放します。

　ステンレスボウルをぐるぐる回すと、ゴルフボールの動きにつれ、光がキラキラ乱反射して、子どもの視線を引きつけます。

　下方向に視線を向けることが難しい子どもでも、この学習を続けているうちに、目が下方向に動いて、見ることができるようになった例をたくさん見てきました。

　ゴルフボールを持ったり放したりすることは、すべて援助して行います。

教材

ステンレスボウル
大きさや深さは、子どもの体の大きさに合わせます。
ステンレスの質によって、ゴルフボールを放したときの音が違います。適切なものを選んでください。

ゴルフボール
ボールは、ピンポン玉などの軽いものより、重みがあって持っていることを実感しやすいものが望ましいです。適度な重みがあり、ステンレスボウルに放したときに適度な音がするものとして、ゴルフボールを用います。
オレンジ色のものが、よく反射して視線を引きつけやすいです。

ステンレスボウル

ゴルフボール

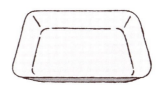
呈示皿
20cm×15cm程度のもの。
ヘリが低く、斜めになっているものが望ましいです。

方法とことばかけ

指導者は、子どもと対面し、常に子どもの目を見ながら学習します。
この学習は、利き手でも反利き手でも行います。
利き手から学習し、その後、反利き手で学習します。
ここでは、利き手を右として、右手を使う学習から説明します。

右手で行う

① ゴルフボールを呈示皿に置きます。

「見て」と言いながら、子どもから見て右側の、子どもが手をまっすぐ伸ばしても指先が触れないくらい遠い位置に呈示します（呈示位置は、中央ではなく、右側です）。
子どもが見たらすぐに「見てるね」とことばかけをします。見ないときは、「ここ見て」と言いながら、ゴルフボールをポインティングして視線を誘導します。

第2章 初期学習の学習内容

55

5 ステンレスボウルの中を動くゴルフボールを見る学習

ゴルフボールは机上面の遠くに呈示することが大切

　教材は、子どもの目の高さに呈示するのではなく、机上面に呈示したものを見る力をつけていきましょう。

　子どもが手をまっすぐ伸ばしても指先が触れないくらい遠い位置にゴルフボールを呈示することが大切です。

　子どもが教材を見ないと、見てほしいという気持ちから、子どもに近いところに呈示してしまいがちです。

　しかし、机上面で、身体に近いところは、子どもにとってとても見えにくい位置です。

　この学習を行う段階の子どもたちは、物に気づき、物を見ようとして意識的に顔や目を動かすことが難しいです。

　手を伸ばしても届かないくらい遠い位置に呈示することで、見えやすくなります。

　教材を手が届くところに呈示すると、子どもは見ないで触ってしまいます。

　手を伸ばしても届かない位置に呈示することによって、「見てから手を伸ばす」、すなわち、「物をよく認識してから触る」という力を育てることができます。

　教材は、机上面の遠くに呈示することがとても大切です。

❷ **子どもの右ひじのあたりをトントンとタッピングして、「こっちの手で持つよ」とことばかけをします。**

　このことばかけが使う方の手を意識することにつながります。

3 子どもの右手を指導者の左手で援助してゴルフボールの方へ伸ばしていきます。

ひじが伸びきってから呈示皿ごとゴルフボールを手の方へ近づけ、触れさせます。
ゴルフボールを近づけるのではなく、手をゴルフボールに向かって伸ばしていく
ことがポイントです。
手を伸ばしていく途中でもゴルフボールを見ていることが大切です。見ていたら
何度でも「よく見てるね」とことばかけします。

4 「持つよ」と言って、援助して一緒に握ります。

握ったら呈示皿を撤去します。
ゴルフボールを持った子どもの右手を指導者の左手で包みこむようにしっかり握
ります。指導者の左手は子どもの右手を握ったままにしておきます。

point ゴルフボールは手渡しせず、手を伸ばして持つ

このような学習では、ゴルフボールを子どもに「はい」と言って手渡しして
いる場面をよく見ます。その場合、子どもはゴルフボールをほとんど見ていま
せん。
手渡しされるのと、自分で手を伸ばして持つのとでは「持つ」という意識に
大きな違いがあると考えています。
ゴルフボールは遠いところに呈示し、よく見て手を伸ばして持つようにしま
す。手を伸ばして持つことが一人でできなくても、援助して手を伸ばして持つ
ようにします。よく見ていれば「(持つことが) わかった」と判断できます。
一人で手を伸ばして持つことができる場合でも、握る力が弱くて手から落と
してしまったり、持った瞬間に投げてしまったりすることがあります。そうな
ると、課題がわからなくなります。
指導者が最後まで手を添えているようにします。

見てほしいものだけを呈示することが大切

ゴルフボールを持つまでは、ステンレスボウルは見えないところに置いてお
きます。ステンレスボウルを机上に置いたり、見えるところに置いておいたり
すると、子どもはそちらに気を取られてしまうことがあるからです。
ここで見てほしいのは、ゴルフボールです。
ゴルフボールを持ってから、ステンレスボウルを呈示します。

5　ステンレスボウルの中を動くゴルフボールを見る学習

❺「見て」と言ってステンレスボウルを呈示します。見たら「見てるね」と言います。

❻「一緒に持つよ。こっちの手で持つよ」と言い、子どもの左手を援助してステンレスボウルに添えます。

❼ 握っているゴルフボールを、ステンレスボウルの上に持っていきます。

「『ぱっ』と言ったら放すよ」ということばかけで、援助して指を開いて放します。「ぱっ」のことばかけ1回で放すようにします。

※ボールを放したときに、よい音がするように、ステンレスボウルは、机上面から少し浮かせておくようにするとよいです。

はなすよ。
ぱっ

見てるね

❽ ゴルフボールが入ったステンレスボウルを子どもと一緒に両手で持ち、ぐるぐる回すように動かします。

振動や音が伝わるようにします。回転しているゴルフボールの方に視線が向いたら、「よく見てるね」とことばかけします。
ステンレスボウルを回すように動かしながら、左右に少しずつ動かすと、左右への追視の学習になります。

※ゴルフボールは遠い方が見えやすいです。子どもの肘をしっかり伸ばして、距離を取って動かすようにします。

⑨ ステンレスボウルとゴルフボールを撤去します。

「上手にできたね」などとことばかけをして、心からほめます。

⑩ 「『で・き・た』するよ」と言いながら、目の前で指導者が両手を3回合わせてみせます。それから子どもの手を取って一緒に「で・き・た」と言って両手を3回合わせます。

はじめに指導者が見本を見せることが、より成就感を高めます。

※子どもの右手で3回続けて行います。同じ手で続けて行うことが課題を理解していくことにつながります。

5 ステンレスボウルの中を動くゴルフボールを見る学習

左手で行う

① ゴルフボールを呈示皿に置きます。

「見て」と言いながら、子どもから見て左側の、子どもが手をまっすぐ伸ばしても指先が触れないくらい遠い位置に呈示します（呈示位置は、中央ではなく、左側です）。

子どもが見たらすぐに「見てるね」とことばかけをします。見ないときは、「ここ見て」と言いながら、ゴルフボールをポインティングして視線を誘導します。

② 子どもの左ひじのあたりをトントンとタッピングして、「こっちの手で持つよ」とことばかけをします。

このことばかけが使う方の手を意識することにつながります。

※ ❸〜❿は、「右手で行う」の「方法とことばかけ」に準じて、左手で行います。
子どもの左手を指導者の右手で援助します。

子どもがステンレスボウルに手を添えられない場合には

　子どもの腕が拘縮していて伸ばせなかったり、何かを持とうとすると筋緊張が強くなってしまったりする場合には、指導者だけがステンレスボウルを持って動かすようにします。小さい子どもでまだ腕が短いため、持たせると、目からの距離を取れない場合にも、指導者だけが持って動かすようにしましょう。目から30〜40cmは離したところで動かすことが望ましいです。

筒にゴルフボールを放すことがわかる学習

　約25cmの筒にゴルフボールを放すことがわかる学習です。

　遠くに呈示したゴルフボールを見て、手を伸ばして持ちます。

　それから透明な筒を呈示し、そこにゴルフボールを放します。

　ボールを放すときに、筒の先端を見たり、落ちていくボールを追視したりします。

　ボールを持ったり放したりするのは、すべて手伝って行います。

教材

透明な筒
筒は、アクリル製が丈夫でよいです。
高さは約25cm、筒の内径は、ゴルフボールがストンと落ちる大きさ（直径約4.5cm）にします。木の台にしっかりと固定します。

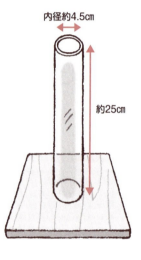

内径約4.5cm

約25cm

ゴルフボール
重みがあって持っていることを実感しやすいものとして、ゴルフボールを用います。

呈示皿
20cm×15cm程度のもの。
ヘリが低く、斜めになっているものが望ましいです。

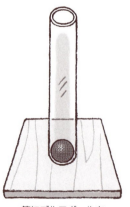

筒にゴルフボールを入れたところ

方法と
ことばかけ

指導者は、子どもと対面し、常に子どもの目を見ながら学習します。
この学習は、利き手でも反利き手でも行います。
利き手から学習し、その後、反利き手で学習します。
ここでは、利き手を右として、右手を使う学習から説明します。

右手で行う

① ゴルフボールを呈示皿に置きます。

「見て」と言いながら、子どもから見て右側の、子どもが手をまっすぐ伸ばしても指先が触れないくらい遠い位置に呈示します（呈示位置は、中央ではなく、右側です）。
子どもが見たらすぐに「見てるね」とことばかけをします。見ないときは、ゴルフボールをポインティングして視線を誘導します。

6 筒にゴルフボールを放すことがわかる学習

> **point** ゴルフボールは机上面の遠くに呈示することが大切
>
> 　教材は、子どもの目の高さに呈示するのではなく、机上面に呈示したものを見る力をつけていきましょう。
> 　子どもが手をまっすぐ伸ばしても指先が触れないくらい遠い位置にゴルフボールを呈示することが大切です。
> 　子どもが教材を見ないと、見てほしいという気持ちから、子どもに近いところに呈示してしまいがちです。
> 　しかし、机上面で、身体に近いところは、子どもにとってとても見えにくい位置です。
> 　この学習を行う段階の子どもたちは、物に気づき、物を見ようとして意識的に顔や目を動かすことが難しいです。
> 　手を伸ばしても届かないくらい遠い位置に呈示することで、見えやすくなります。
> 　教材を手が届くところに呈示すると、子どもは見ないで触ってしまいます。
> 　手を伸ばしても届かない位置に呈示することによって、「見てから手を伸ばす」、すなわち、「物をよく認識してから触る」という力を育てることができます。
> 　教材は、机上面の遠くに呈示することがとても大切です。

❷ 子どもの右ひじのあたりをトントンとタッピングして、「こっちの手で持つよ」とことばかけをします。

このことばかけが使う方の手を意識することにつながります。

❸ 子どもの右手を指導者の左手で援助してゴルフボールの方へ伸ばしていきます。

ひじが伸びきってから呈示皿ごとゴルフボールを手の方へ近づけ、触れさせます。ゴルフボールを近づけるのではなく、手をゴルフボールに向かって伸ばしていくことがポイントです。手を伸ばしていく途中でもゴルフボールを見ていることが大切です。見ていたら何度でも「よく見てるね」とことばかけします。

❹ 「持つよ」と言って、援助して一緒に握ります。

握ったら呈示皿を撤去します。
ゴルフボールを持った子どもの右手を指導者の左手で包みこむようにしっかり握ります。指導者の左手は子どもの右手を握ったままにしておきます。

ゴルフボールは手渡しせず、手を伸ばして持つ

　このような学習では、ゴルフボールを子どもに「はい」と言って手渡ししている場面をよく見ます。しかし、手渡しされるのと、自分で手を伸ばして持つのとでは「持つ」という意識に大きな違いがあると考えています。
　ゴルフボールは遠いところに呈示し、よく見て手を伸ばして持つようにします。手を伸ばして持つことが一人でできなくても、援助して手を伸ばして持つようにします。よく見ていれば「(持つことが) わかった」と判断できます。
　一人で手を伸ばして持つことができる場合でも、握る力が弱くて手から落としてしまったり、持った瞬間に投げてしまったりすることがあります。そうなると、課題がわからなくなります。
　指導者が最後まで手を添えているようにします。

見てほしいものだけを呈示することが大切

　ゴルフボールを持つまでは、筒は見えないところに置いておきます。筒を机上に置いたり、見えるところに置いておいたりすると、子どもはそちらに気を取られてしまうことがあるからです。
　ここで見てほしいのは、ゴルフボールです。
　ゴルフボールを持ってから、筒を呈示します。

⑤「見て」と言って、筒を中央に呈示します。

子どもの手をまっすぐ伸ばして届くあたりの位置に置きます。その方がよく見え、手が使いやすいです。

⑥ 子どもの左手を指導者の右手で援助して、筒の根もとを押さえます。

子どもの左手の上に指導者の右手を置いておきます。

⑦ ゴルフボールを持っている子どもの右手を指導者の左手で援助して、視線を引きつけながら、筒の上まで持っていきます。

「見て」と言い、見たとき「見てるね」と言います。

⑧ 筒の上までゴルフボールを持っていったら、「放すよ、ぱっ」とことばかけをし、援助して指を開いてゴルフボールを放します。

「ぱっ」のことばかけ1回で放すようにします。放すときも、見ていることが大切です。

6　筒にゴルフボールを放すことがわかる学習

⑨ **子どもが筒の中を落ちていくゴルフボールを追視したら、「よく見てたね」と言います。**

筒の中をゴルフボールが落ちるのが速いので、追視は難しい子どもがいます。その場合でも、下に落ちたゴルフボールを見たら、「見てるね」と言います。見ないときは、下に落ちたゴルフボールのあたりをポインティングして「ここ見て」と言い、視線を誘導します。

⑩ **筒とゴルフボールを撤去します。**

「上手にできたね」などとことばかけをして、心からほめます。

⑪ **「『で・き・た』するよ」と言いながら、目の前で指導者が両手を3回合わせてみせます。それから子どもの手を取って一緒に「で・き・た」と言って両手を3回合わせます。**

左手で行う

① **ゴルフボールを呈示皿に置きます。**

「見て」と言いながら、子どもから見て左側の、子どもが手をまっすぐ伸ばしても指先が触れないくらい遠い位置に呈示します（呈示位置は、中央ではなく、左側です）。
子どもが見たらすぐに「見てるね」とことばかけをします。見ないときは、ゴルフボールをポインティングして視線を誘導します。

※❷〜⓫は、「右手で行う」の「方法とことばかけ」に準じて、左手で行います。
子どもの左手を指導者の右手で援助します。

 ボールは1つだけ呈示する

　繰り返して学習する場合でも、呈示皿にはゴルフボールを1つだけ呈示するようにします。
　同じ学習を続けて行う場合に、一度にいくつものゴルフボールを呈示皿に置いて呈示しているのをよく見かけます。いくつものせると、見なくても手に何となく触れたゴルフボールを持つことがあります。
　1つしか置かなければ、よく見ないと持つことができません。
　ゴルフボールは1つだけ呈示し、見る力を高めます。

見るための教材の工夫

　筒の先端をなかなか見ない場合には、筒の先端に幅1cm程度の赤いテープを巻くなどして、視線を引きつける工夫をするとよいでしょう。

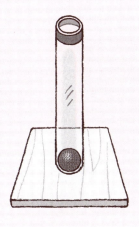

パスタケースの上や中を動く ゴルフボールを見る学習

　追視をする力を高めるための学習です。
　中が透けて見える細長いケースを使い、ゴルフボールを追視することを促します。
　ゴルフボールを、ふたの上を右または左方向にすべらせたり、ケースの中を左右に転がしたりして追視の学習をします。
　ゴルフボールが「ストン」と穴に落ちた後、左右に転がるのが見えるので、興味をもつ子どもが多いです。
　ゴルフボールをもったり放したりすることは、すべて援助して行います。

教材

パスタケース

パスタをストックしたりレンジで調理したりするための容器を利用します。
できるだけ透明で、中が見えやすいものにします。
長さが約30cm、幅が約8cm、高さが7～8cmです。
ふたの片方の端に、ゴルフボールがストンと落ちる大きさ（直径約4.5cm）の穴を開けます。

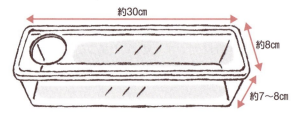

ゴルフボール
重みがあって持っていることを実感しやすいものとして、ゴルフボールを用います。

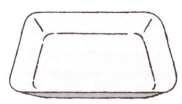

呈示皿
20cm×15cm程度のもの。ヘリが低く、斜めになっているものが望ましいです。

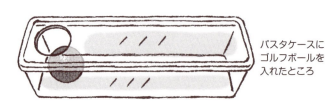

パスタケースにゴルフボールを入れたところ

point 穴は、ゴルフボールがストンと落ちる大きさにする

　タッパーのふたに、あえて窮屈な大きさの穴を開け、「押し込んで入れる（プットイン）」という学習をよく見かけます。
　主に「手指の巧緻性や、指で押す力をつけること」をねらっている学習です。
　ここに書いた学習は、「ひとりでゴルフボールを動かすことが・で・き・る、ひとりで穴に入れることが・で・き・る」ことをねらっているのではありません。
　「穴の方向にゴルフボールを動かすことが・わ・か・る、穴のところに来たら放すことが・わ・か・る」ということをねらっています。
　ゴルフボールをしっかり見ながら手を動かそうとする、穴のところまで来たら放そうとして指を開こうとする、などの様子が見られたら、わかったということです。
　ひとりで穴に落とせなくても、これで課題は達成です。落とそうとしているなと思ったら、すぐに援助してボールを放し、落とすようにします。
　ゴルフボールを放してすぐにストンと落ちた方が、放したことがわかりやすいです。
　そのために、穴の大きさは、押し込まなくてもすぐにボールがストンと落ちる大きさにします。

方法とことばかけ

指導者は、子どもと対面し、常に子どもの目を見ながら学習します。
この学習は、利き手でも反利き手でも行います。
利き手から学習し、その後、反利き手で学習します。
ここでは、利き手を右として、右手を使う学習から説明します。

右手で行う

① ゴルフボールを呈示皿に置きます。

「見て」と言いながら、子どもから見て右側の、子どもが手をまっすぐ伸ばしても指先が触れないくらい遠い位置に呈示します（呈示位置は、中央ではなく、右側です）。
子どもが見たらすぐに「見てるね」とことばかけをします。見ないときは、「ここ見て」と言いながら、ゴルフボールをポインティングして視線を誘導します。

第2章　初期学習の学習内容

7 パスタケースの上や中を動くゴルフボールを見る学習

point ゴルフボールは机上面の遠くに呈示することが大切

　教材は、子どもの目の高さに呈示するのではなく、机上面に呈示したものを見る力をつけていきましょう。
　子どもが手をまっすぐ伸ばしても指先が触れないくらい遠い位置にゴルフボールを呈示することが大切です。
　子どもが教材を見ないと、見てほしいという気持ちから、子どもに近いところに呈示してしまいがちです。
　しかし、机上面で、身体に近いところは、子どもにとってとても見えにくい位置です。
　この学習を行う段階の子どもたちは、物に気づき、物を見ようとして意識的に顔や目を動かすことが難しいです。
　手を伸ばしても届かないくらい遠い位置に呈示することで、見えやすくなります。
　教材を手が届くところに呈示すると、子どもは見ないで触ってしまいます。
　手を伸ばしても届かない位置に呈示することによって、「見てから手を伸ばす」、すなわち、「物をよく認識してから触る」という力を育てることができます。
　教材は、机上面の遠くに呈示することがとても大切です。

② **子どもの右ひじのあたりをトントンとタッピングして、「こっちの手で持つよ」とことばかけをします。**

このことばかけが使う方の手を意識することにつながります。

③ **子どもの右手を指導者の左手で援助してゴルフボールの方へ伸ばしていきます。**

ひじが伸びきってから呈示皿ごとゴルフボールを手の方へ近づけ、触れさせます。ゴルフボールを近づけるのではなく、手をゴルフボールに向かって伸ばしていくことがポイントです。
手を伸ばしていく途中でもゴルフボールを見ていることが大切です。見ていたら何度でも「よく見てるね」とことばかけします。

④ **「持つよ」と言って、援助して一緒に握ります。**

握ったら呈示皿を撤去します。
ゴルフボールを持った子どもの右手を指導者の左手で包み込むようにしっかり握ります。
指導者の左手は子どもの右手を握ったままにしておきます。

point ゴルフボールは手渡しせず、手を伸ばして持つ

このような学習では、ゴルフボールを子どもに「はい」と言って手渡ししている場面をよく見ます。しかし、手渡しされるのと、自分で手を伸ばして持つのとでは「持つ」という意識に大きな違いがあると考えています。

ゴルフボールは遠いところに呈示し、よく見て手を伸ばして持つようにします。手を伸ばして持つことが一人でできなくても、援助して手を伸ばして持つようにします。よく見ていれば「(持つことが) わかった」と判断できます。

一人で手を伸ばして持つことができる場合でも、握る力が弱くて手から落としてしまったり、持った瞬間に投げてしまったりすることがあります。そうなると、課題がわからなくなります。

指導者が最後まで手を添えているようにします。

7 パスタケースの上や中を動くゴルフボールを見る学習

 見てほしいものだけを呈示することが大切

　ゴルフボールを持つまでは、パスタケースは見えないところに置いておきます。パスタケースを机上に置いたり、見えるところに置いておいたりすると、子どもはそちらに気を取られてしまうことがあるからです。
　ここで見てほしいのは、ゴルフボールです。
　ゴルフボールを持ってから、パスタケースを呈示します。

❺「見て」と言って、パスタケースを横長の向きで、穴が左側になるように置きます。

　見たら「見てるね」と言います。子どもの肘を軽く曲げてちょうど届くあたりの位置に置きます。その方が手が使いやすく、よく見えます。

❻ 子どもの左手を援助して、パスタケースの端（穴がある側）を押さえます。

❼ ゴルフボールを持っている子どもの右手を援助して、ゴルフボールをパスタケースのフタの上の右端に置きます。

❽「見て」「シュー」と言いながら、援助してゴルフボールをフタの上を穴に向かってゆっくりすべらせます。

　すべらせているときに視線がゴルフボールに向いていることが大切です。
　見たときは何度でも「見てるね」と言います。
　見ないときは、すべらせるのを止め、「ここ見て」と言いながらゴルフボールを持っている手を上下にトントン動かすなどして視線を誘導します。
　視線が戻ってきたら「見てるね」とことばかけをし、すべらせるのを再開します。

point 穴の方を見る子どもの場合

パスタケースのふたの上をすべらせているとき、左手側にある穴をちらちらと見る子どもがいます。

そのような子どもは、ゴールがどこにあるかを理解しているといえます。

⑨ ゴルフボールを穴のところまですべらせたら、「『ぱっ』と言ったら放すよ」ということばかけで援助して指を開いて放します。

「ぱっ」のことばかけ1回で放すようにします。

⑩ 「上手に放したね」などと言ってほめます。

⑪ 両手を援助してケースの両端を持ち、目の高さに持ち上げます。

左右にゆっくり傾けてゴルフボールを転がします。
ゴルフボールを追視したら、その都度「見てるね」と言います。
ゴルフボールがケースの端に当たった時、手にゴルフボールが当たる感触が伝わります。ボールがケースの端に当たったとき「入ってるね」とことばかけをします。
そのことにより、ボールが動いていることを意識します。

※ゴルフボールは遠い方が見えやすいです。子どもの肘をしっかり伸ばして、距離を取って動かすようにします。

7 パスタケースの上や中を動くゴルフボールを見る学習

❶を横から見た様子

子どもの目から十分に離したところで、
左右にゆっくり傾けます。

⓬ **パスタケースとゴルフボールを撤去します。**

「上手にできたね」などとことばかけをして、心からほめます。

⓭ **「『で・き・た』するよ」と言いながら、目の前で指導者が両手を3回合わせてみせます。それから子どもの手を取って一緒に「で・き・た」と言って両手を3回合わせます。**

はじめに指導者が見本を見せることが、より成就感を高めます。

※子どもの右手で3回続けて行います。同じ手で続けて行うことが課題を理解していくことにつながります。

左手で行う

❶ ゴルフボールを呈示皿に置きます。

「見て」と言いながら、子どもから見て左側の、子どもが手をまっすぐ伸ばしても指先が触れないくらい遠い位置に呈示します（呈示位置は、中央ではなく、左側です）。
子どもが見たらすぐに「見てるね」とことばかけをします。見ないときは、「ここ見て」と言いながら、ゴルフボールをポインティングして視線を誘導します。

❷ 子どもの左ひじのあたりをトントンとタッピングして、「こっちの手で持つよ」とことばかけをします。

このことばかけが使う方の手を意識することにつながります。

※❸〜⓭は、「右手で行う」の「方法とことばかけ」に準じて、左手で行います。
子どもの左手を指導者の右手で援助します。

7 パスタケースの上や中を動くゴルフボールを見る学習

 子どもがパスタケースに手を添えられない場合には

　子どもの腕が拘縮していて伸ばせなかったり、何かを持とうとすると筋緊張が高まってしまったりする場合には、指導者だけがパスタケースを持って動かすようにします。小さい子どもでまだ腕が短いため、持たせると、目からの距離を取れない場合にも、指導者だけが持って動かすようにしましょう。目から30〜40cmは離したところで動かすことが望ましいです。

見る力を高めるために

　子どもの好きなおもちゃを使った遊びを通して、楽しみながら見る力を高めることができます。いくつかの例を紹介します。

● くるまのおもちゃを、子どもから見えやすい遠い位置で、左から右へ、右から左へまっすぐ走らせます。それを追視します。

- 左上から、斜めに、右下に向かって、くるまを走らせます。
  子どもがよく見て、右手でキャッチします。

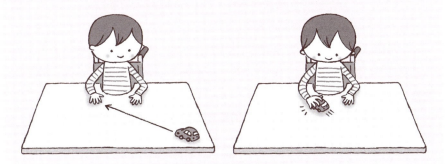

- 右回り、左回りにレールの上を走る電車を追視します。トンネルがあると、
  隠れたものが出てくるのを期待して見るようになります。

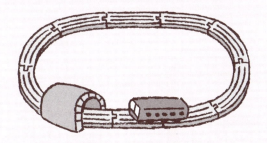

- ゼンマイで走る、くるくる回る、ぴょんぴょんはねるおもちゃなども、楽し
  みながら子どもの見る力を高めます。

　学習をしていて、集中力が途切れたときなどに、このような遊びを少し入れ
ると、気分が変わり、また学習に集中できるようになります。

方向の学習 －スライドの方法－

方向を理解する学習です。

「スライドの方法」の学習は、平面上での方向の学習です。

抜く方向によって、難易度が違います。

はじめは、子どもの手を全面的に援助し、一緒に抜きます。できるようになってきたら、援助を減らしていきます（運動機能に障害がある場合は、常に援助をしながら抜きます）。

子どもが、持ち手と、動かしていく方向を見ていることが最も大切です。

教材 1　**1方向の教材**
直線1本の溝をスライドさせる教材です。

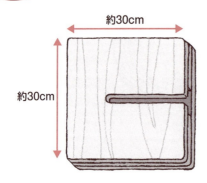

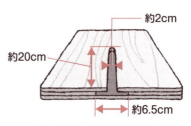

3枚の板を貼り合わせて作ります。

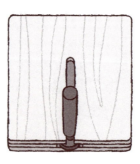

持ち手をこのように通します。

上記のような教材を用意してください。

板の大きさは、約30cm×30cm、溝の長さは、約20cm、溝の幅は約2cmです。

溝をすべらせていく持ち手（81ページ）についている円盤の直径が約6cmなので、円盤が通るための溝の幅は約6.5cmです。

78

溝が長くなるほど難しいです。子どもの実態によって溝の長さを調整します。
木材で作成するのが重さや手触りなどから最もよいです。
溝にすべりやすい素材等を貼ると操作しやすくなります。
溝の終点は、行き止まりにするのではなく、持ち手が溝から抜けるように作成します。
その方が、動かす方向がわかりやすいです（下図参照）。

・終点が行き止まりのもの

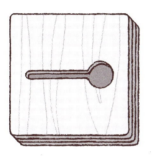

始点と終点を往復して動かしてしまうことが多く見られ、動かす方向があいまいになりやすいです。

・最後に溝から抜けるようになっているもの

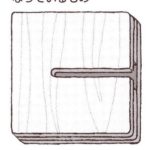

終点が抜けるようになっているので、動かす方向がわかりやすく、抜けることによって、「終わり」がわかりやすいです。

教材2 **2方向の教材**

直角になった直線の溝をスライドさせる教材です。

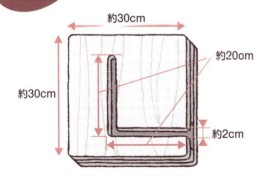
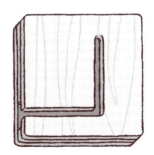

上記2種類のものを用意します。
　板の大きさは、約30cm×30cm、溝の長さは、縦方向・横方向とも約20cm、溝の幅は約2cmです。

8 方向の学習 —スライドの方法—

　溝をすべらせていく持ち手についている円盤の直径が6cmなので、円盤が通るための溝の幅は約6.5cmです。

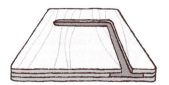

・横から見た板

3枚の板を貼り合せて作ります。

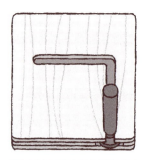

持ち手をこのように通します。

　溝が長くなるほど難しいです。子どもの実態によって溝の長さを調整します。
木材で作成するのが重さや手触りなどから最もよいです。
　溝にすべりやすい素材等を貼ると操作しやすくなります。
　溝の終点は、行き止まりにするのではなく、持ち手が溝から抜けるように作成します。
その方が、動かす方向がわかりやすいです（下図参照）。

・終点が行き止まりのもの

始点と終点を往復して動かしてしまうことが多く見られ、動かす方向があいまいになりやすいです。

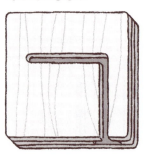

・最後に溝から抜けるようになっているもの

終点が抜けるようになっているので、動かす方向がわかりやすく、抜けることによって、「終わり」がわかりやすいです。

よりわかりやすくするための工夫

- 溝の終点に自転車のベルなどを付け、持ち手を抜いたときに音が出るようにすると、抜いたことがわかりやすいです。

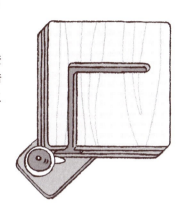

教材3 持ち手
子どもが握りやすいもので、溝をすべらすことができるもの。

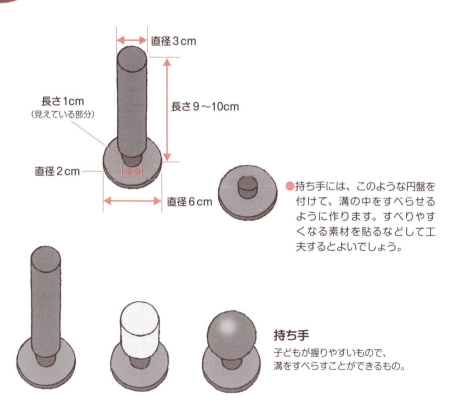

- 持ち手には、このような円盤を付けて、溝の中をすべらせるように作ります。すべりやすくなる素材を貼るなどして工夫するとよいでしょう。

持ち手
子どもが握りやすいもので、溝をすべらすことができるもの。

8 方向の学習 —スライドの方法—

学習の ステップ

　子どもの手の動きから、持ち手を抜く方向を、やさしい順にステップにしました。
　1方向から学習し、できるようになったら2方向の学習を行います。
この学習は、利き手でも反利き手でも行います。
　利き手から学習し、その後、反利き手で学習します。
　ここでは、利き手を右として、右手を使う学習から説明します。

※教材の呈示位置や子どもの実態によっては、順番が入れ替わることもあります。

1方向の学習

右手で行う場合のステップ

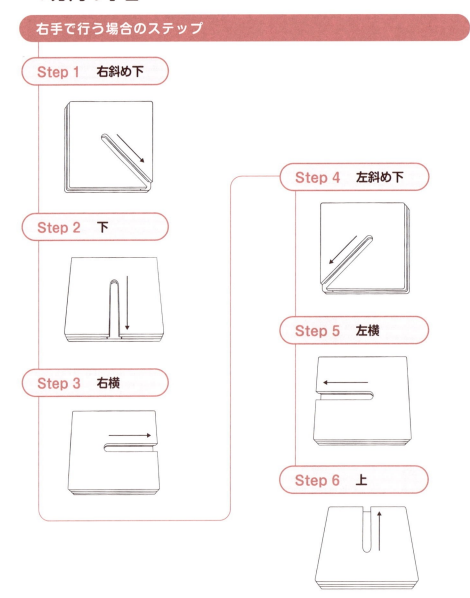

Step 1　右斜め下

Step 2　下

Step 3　右横

Step 4　左斜め下

Step 5　左横

Step 6　上

2方向の学習

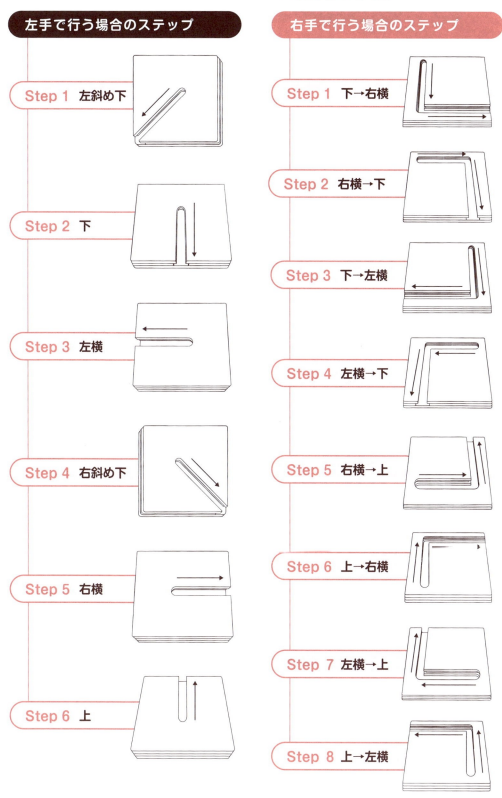

左手で行う場合のステップ

- Step 1 左斜め下
- Step 2 下
- Step 3 左横
- Step 4 右斜め下
- Step 5 右横
- Step 6 上

右手で行う場合のステップ

- Step 1 下→右横
- Step 2 右横→下
- Step 3 下→左横
- Step 4 左横→下
- Step 5 右横→上
- Step 6 上→右横
- Step 7 左横→上
- Step 8 上→左横

8 方向の学習 —スライドの方法—

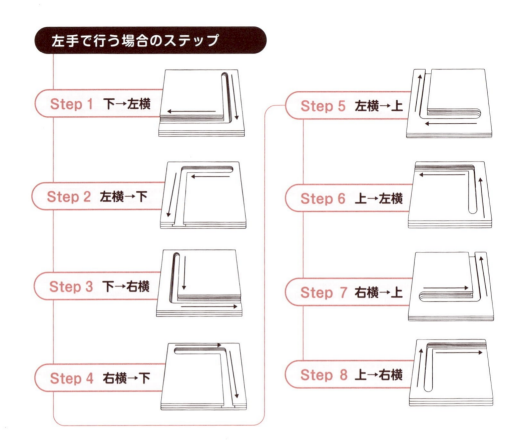

方法とことばかけ

指導者は、子どもと対面し、常に子どもの目を見ながら学習します。
利き手から学習し、その後、反利き手で学習します。
ここでは、利き手を右とし、右手で行う学習から説明します。
指導者と一緒に行ってから、子どもがひとりで行います。

1 方向の学習

右手で行う

Step 1　右斜め下

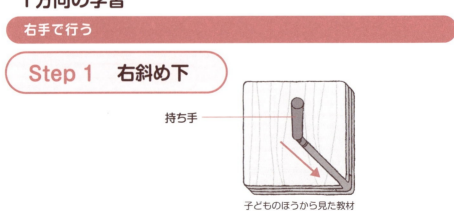

子どものほうから見た教材

84

■ 指導者と一緒に行う

① 84ページ下のような向きで板を呈示し、始点のところに持ち手を置いておきます。

教材の呈示位置は、子どもの手をまっすぐ伸ばして始点に届くあたりです。
近いところに呈示すると、持ち手を抜くときに肘が曲がり、手が使いにくくなります。
また、身体に近いところになるほど、目で追いにくくなります。
持ち手を指差しして「見て」と言い、見たら「見てるね」と言います。
見ないときは、「ここ見て」と言いながら、持ち手をポインティングして視線を誘導します。

②「先生と一緒に動かすよ」と言い、子どもの右手を援助して、持ち手を握らせます。

指導者の左手を子どもの右手の上に重ねて、しっかり握ります。
子どもの左手は、板の左下のあたりにのせ、板を押さえるようにします。
指導者の右手を子どもの左手の上にのせておきます。

③「シュー」と言いながら、子どもの右手を援助して、終点までゆっくり動かします。

動かしているときも、子どもの目が持ち手を追っていることが大切です。見ていないときは「ここ見て」と言いながら、持ち手をポインティングして視線を誘導します。

※子どもが、終点の方を見ることがあります。その場合は、終点がわかり、動かす方向がわかってきているということです。

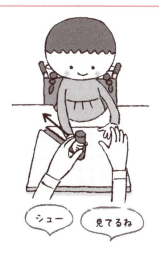

point 子どもの目の使い方について

子どもの目の使い方には、以下のような段階があります。

(1) 持ち手を先に動かし、それを追うように見る。
(2) 持ち手を見ながら手を動かす。
(3) 溝の先の方を見て、それから手を動かす。

はじめは、手で輪を動かしてから目がそれを追う段階です。
次は、手の動きと目の動きが同時に起きる段階です。
最後に、目が先にゴールを見てから、そこに向かって手を動かすという段階になります。

第2章 初期学習の学習内容

85

8 方向の学習 —スライドの方法—

④ 「シュー」と言いながら、一緒に持ち手を抜きます。

すぐに「抜けたね」とことばかけします。
抜いた持ち手は指導者がすぐに受け取ります。

⑤ 「上手にできたね」などとことばかけをして、心からほめます。

⑥ 「『で・き・た』するよ」と言いながら、目の前で指導者が両手を3回合わせてみせます。
それから子どもの手を取って一緒に「で・き・た」と言って両手を3回合わせます。

■子どもがひとりで行う

① 「指導者と一緒に行う」と同じ向きで板を呈示し、始点のところに持ち手を
置いておきます。

教材の呈示位置は、子どもの手をまっすぐ伸ばして始点に届くあたりです。
近いところに呈示すると、持ち手を抜くときに肘が曲がり、手が使いにくくなります。
また、身体に近いところになるほど、目で追いにくくなります。
持ち手を指差しして「見て」と言い、見たら「見てるね」と言います。
見ないときは、「ここ見て」と言いながら、持ち手をポインティングして視線を誘
導します。

② 「今度は○○さんがひとりでやってね」と言います。

「こっちの手で持ってください」と言いながら、子どもの右手をタッピングします。
子どもが右手で持ち手を握ります。
子どもの左手は、板の左下のあたりにのせ、板を押さえるようにします。

③ 「こっちに動かしてね」と言います。
子どもの手の動きに合わせて「シュー」とことばかけします。

※動かす方向を迷っていたり、持ち手がスムーズに動かなかったりしているときは、待たすにす
ぐに援助して一緒に動かすようにします。動かしているときも、子どもの目が持ち手を追って
いることが大切です。見ていないときは「ここ見て」と言いながら、持ち手をポインティング
して視線を誘導します。

86

④ 子どもが持ち手を抜きます。

すぐに「抜けたね」とことばかけします。
抜いた持ち手は指導者がすぐに受け取ります。

⑤「上手にできたね」などとことばかけをして、心からほめます。

**⑥「『で・き・た』するよ」と言いながら、目の前で指導者が両手を3回合わせてみせます。
それから子どもの手を取って一緒に「で・き・た」と言って両手を3回合わせます。**

※方向が異なる Step2〜Step 6 も「方法とことばかけ」は Step 1 に準じて行います。

point 右手で「左斜め下」に動かすときの教材の呈示位置について

教材は、基本的には子どもの中央に呈示します。
教材を呈示する位置によって難易度が変わります。
右手で持ち手を左側の方向に抜くときは、教材を子どもの中央より右側に置いたほうがやさしいです。
呈示位置を少しずつ動かして、中央でもできるようにしていきます。

8 方向の学習 —スライドの方法—

1 方向の学習

左手で行う

Step 1　左斜め下

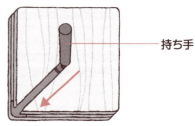
持ち手
子どものほうから見た教材

■指導者と一緒に行う

❶ 上記のような向きで板を呈示し、始点のところに持ち手を置いておきます。

　教材の呈示位置は、子どもの手をまっすぐ伸ばして始点に届くあたりです。
　近いところに呈示すると、持ち手を抜くときに肘が曲がり、手が使いにくくなります。
　また、身体に近いところになるほど、目で追いにくくなります。
　持ち手を指差して「見て」と言い、見たら「見てるね」と言います。
　見ないときは、「ここ見て」と言いながら、持ち手をポインティングして視線を誘導します。

❷ 「先生と一緒に動かすよ」と言い、子どもの左手を援助して、持ち手を握らせます。

　指導者の右手を子どもの左手の上に重ね、しっかり握ります。
　子どもの右手は、板の右下のあたりにのせ、板を押さえるようにします。
　指導者の左手を子どもの右手の上にのせておきます。

※❸～❻は、「右手で行う」の「方法とことばかけ」に準じて、左手で行います。

シュー　　見てるね

■子どもがひとりで行う

❶「指導者と一緒に行う」と同じ向きで板を呈示し、始点のところに持ち手を置いておきます。

教材の呈示位置は、子どもの手をまっすぐ伸ばして始点に届くあたりです。
近いところに呈示すると、持ち手を抜くときに肘が曲がり、手が使いにくくなります。
また、身体に近いところになるほど、目で追いにくくなります。
持ち手を指差しして「見て」と言い、見たら「見てるね」と言います。
見ないときは、「ここ見て」と言いながら、持ち手をポインティングして視線を誘導します。

❷「今度は〇〇さんがひとりでやってね」と言います。

「こっちの手で持ってください」と言いながら、子どもの左手をタッピングします。
子どもが左手で持ち手を握ります。
子どもの右手は、板の右下のあたりにのせ、板を押さえるようにします。

※❸〜❻は、「右手で行う」の「方法とことばかけ」に準じて、左手で行います。
※方向が異なる Step 2〜Step 6 も「方法とことばかけ」は、「右手で行う」の Step 1 に準じて行います。

point 左手で「右斜め下」に動かすときの教材の呈示位置について

教材は、基本的には子どもの中央に呈示します。
教材を呈示する位置によって難易度が変わります。
左手で持ち手を右側の方向に抜くときは、教材を子どもの中央より左側に置いたほうがやさしいです。
呈示位置を少しずつ動かして、中央でもできるようにしていきます。

第2章 初期学習の学習内容

2 方向の学習

右手で行う

Step 1　下→右横

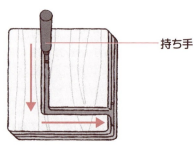
持ち手

子どものほうから見た教材

■**指導者と一緒に行う**

❶ 上記のような向きで板を呈示し、始点のところに持ち手を置いておきます。

　教材の呈示位置は、子どもの手をまっすぐ伸ばして始点に届くあたりです。
　近いところに呈示すると、持ち手を抜くときに肘が曲がり、手が使いにくくなります。
　また、身体に近いところになるほど、目で追いにくくなります。
　持ち手を指差しして「見て」と言い、見たら「見てるね」と言います。
　見ないときは、「ここ見て」と言いながら、持ち手をポインティングして視線を誘導します。

❷「先生と一緒に動かすよ」と言い、子どもの右手を援助して、持ち手を握らせます。

　指導者の左手を子どもの右手の上に重ね、しっかり握ります。
　子どもの左手は、板の左下のあたりにのせ、板を押さえるようにします。
　指導者の右手を子どもの左手の上にのせておきます。

❸「はじめに、下に動かすよ」「シュー」と言いながら、子どもの右手を援助して、ゆっくり下方向に動かします。

❹ 角まで動かしたら、「今度は右に動かすよ」「シュー」と言って、終点までゆっくり右方向に動かします。

　動かしているときも、子どもの目が持ち手を追っていることが大切です。見ていないときは「ここ見て」と言いながら、持ち手をポインティングして視線を誘導します。
　※子どもが、角や終点の方を見ることがあります。その場合は、終点がわかり、動かす方向がわかってきているということです。

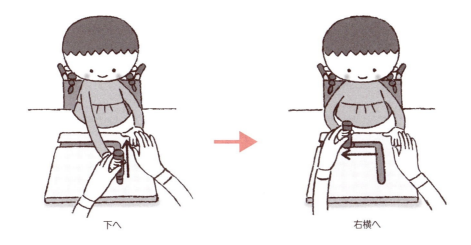

下へ　　　　　　　　　　　　右横へ

⑤「シュー」と言いながら、一緒に持ち手を抜きます。

　すぐに「抜けたね」とことばかけします。
　抜いた持ち手は指導者がすぐに受け取ります。

⑥「上手にできたね」などとことばかけをして、心からほめます。

⑦「『で・き・た』するよ」と言いながら、目の前で指導者が両手を3回合わせてみせます。
　それから子どもの手を取って一緒に「で・き・た」と言って両手を3回合わせます。

■子どもがひとりで行う

①「指導者と一緒に行う」と同じ向きで板を呈示し、始点のところに持ち手を置いておきます。

　教材の呈示位置は、子どもの手をまっすぐ伸ばして始点に届くあたりです。
　近いところに呈示すると、持ち手を抜くときに肘が曲がり、手が使いにくくなります。
　また、身体に近いところになるほど、目で追いにくくなります。
　持ち手を指差しして「見て」と言い、見たら「見てるね」と言います。
　見ないときは、「ここ見て」と言いながら、持ち手をポインティングして視線を誘導します。

8 方向の学習 －スライドの方法－

②「今度は○○さんがひとりでやってね」と言います。

「こっちの手で持ってください」と言いながら、子どもの右手をタッピングします。
子どもが右手で持ち手を握ります。
子どもの左手は、板の左下のあたりにのせ、板を押さえるようにします。

③「はじめに、下に動かすよ、こっちだよ」と言いながら、角のあたりを
ポインティングしてトントン音を立てます。

子どもの手の動きに合わせて「シュー」とことばかけします。
※動かす方向を迷っていたり、持ち手がスムーズに動かなかったりしているときは、待たずにす
　ぐに援助して一緒に動かすようにします。動かしているときも、子どもの目が持ち手を追って
　いることが大切です。見ていないときは「ここ見て」と言いながら、持ち手をポインティング
　して視線を誘導します。

④角まで動かしたら、「次に、右に動かすよ、こっちだよ」と言いながら、
終点のあたりをポインティングしてトントン音を立てます。

子どもの手の動きに合わせて「シュー」とことばかけします。
※動かす方向を迷っていたり、持ち手がスムーズに動かなかったりしているときは、待たずにす
　ぐに援助して一緒に動かすようにします。動かしているときも、子どもの目が持ち手を追って
　いることが大切です。見ていないときは「ここ見て」と言いながら、持ち手をポインティング
　して視線を誘導します。

⑤子どもが持ち手を抜きます。

すぐに「抜けたね」とことばかけします。
抜いた持ち手は指導者がすぐに受け取ります。

⑥「上手にできたね」などとことばかけをして、心からほめます。

⑦「『で・き・た』するよ」と言いながら、目の前で指導者が両手を3回合わせてみせます。
それから子どもの手を取って一緒に「で・き・た」と言って両手を3回合わせます。

※方向が異なる Step 2〜Step 8 も「方法とことばかけ」は、Step 1 に準じて
　行います。

point 右手で「左横→上」に動かすときの教材の呈示位置について

教材は、基本的には子どもの中央に呈示します。

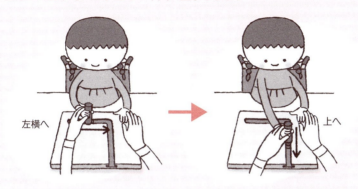

教材を呈示する位置によって難易度が変わります。
右手で持ち手を左方向に動かすときは、教材を子どもの中央より右側に置いたほうがやさしいです。
呈示位置を少しずつ動かして、中央でもできるようにしていきます。

2方向の学習

左手で行う

Step 1　下→左横

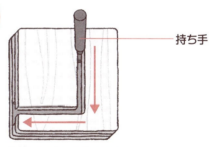

子どものほうから見た教材

■指導者と一緒に行う

① 上記のような向きで板を呈示し、始点のところに持ち手を置いておきます。

教材の呈示位置は、子どもの手をまっすぐ伸ばして始点に届くあたりです。
近いところに呈示すると、持ち手を抜くときに肘が曲がり、手が使いにくくなります。
また、身体に近いところになるほど、目で追いにくくなります。
持ち手を指差しして「見て」と言い、見たら「見てるね」と言います。
見ないときは、「ここ見て」と言いながら、持ち手をポインティングして視線を誘導します。

8 方向の学習 ―スライドの方法―

> ② 「先生と一緒に動かすよ」と言い、子どもの左手を援助して、持ち手を握らせます。

指導者の右手を子どもの左手の上に重ね、しっかり握ります。
子どもの右手は、板の右下のあたりにのせ、板を押さえるようにします。
指導者の左手を子どもの右手の上にのせておきます。

※ ❸〜❼は、「右手で行う」の「方法とことばかけ」に準じて、左手で行います。

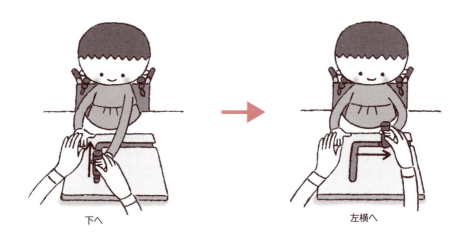

下へ　　　　　　　　　　左横へ

■子どもがひとりで行う

> ① 「指導者と一緒に行う」と同じ向きで板を呈示し、始点のところに持ち手を置いておきます。

教材の呈示位置は、子どもの手をまっすぐ伸ばして始点に届くあたりです。
近いところに呈示すると、持ち手を抜くときに肘が曲がり、手が使いにくくなります。
また、身体に近いところになるほど、目で追いにくくなります。
持ち手を指差しして「見て」と言い、見たら「見てるね」と言います。
見ないときは、「ここ見て」と言いながら、持ち手をポインティングして視線を誘導します。

❷ **「今度は〇〇さんがひとりでやってね」と言います。**

「こっちの手で持ってください」と言いながら、子どもの左手をタッピングします。
子どもが左手で持ち手を握ります。
子どもの右手は、板の右下のあたりにのせ、板を押さえるようにします。

※❸〜❼は、「右手で行う」の「方法とことばかけ」に準じて、左手で行います。
※方向が異なる Step 2〜Step 8 も「方法とことばかけ」は、「右手で行う」の Step 1 に準じて行います。

 左手で「右横→上」に動かすときの教材の呈示位置について

教材は、基本的には子どもの中央に呈示します。

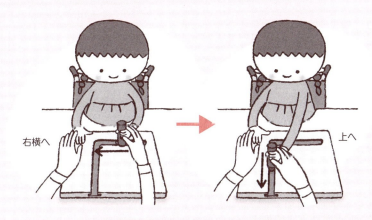

教材を呈示する位置によって難易度が変わります。
　左手で持ち手を右方向に動かすときは、教材を子どもの中央より左側に置いたほうがやさしいです。
　呈示位置を少しずつ動かして、中央でもできるようにしていきます。

視覚に障害がある場合

　視覚に障害がある子どもの場合は、持ち手を使って学習する前に、指で溝を十分になぞらせることが大切です。
　利き手だけでなく、反利き手の使い方が、位置や方向の学習を理解するためのポイントになります。
　なぞらせるときも、はじめは指導者と一緒に行います。わかってきたら、徐々に援助を減らしていきます。わからないうちにひとりでさせると、位置や方向の概念がなかなか育ちません。指導者と一緒に行うときも、子どもがひとりで行うときも丁寧にことばかけをしながら行うようにします。
　よく触らせることによって、何をすればよいかを理解できるようにします。

　「教材」及び「学習のステップ」は、視覚に障害がない子どもと同様です。
　持ち手が抜けたことがわかるように、下のような工夫をするとよいでしょう。

●溝の終点に自転車のベルなどを付け、持ち手を抜いたときに音が出るようにすると、抜いたことがわかりやすいです。

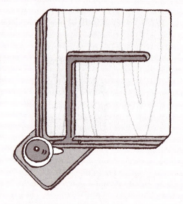

　1方向から学習し、できるようになったら2方向の学習を行います。
　この学習は、利き手でも反利き手でも行います。
　利き手から学習し、その後、反利き手で学習します。
　ここでは、利き手を右として、右手を使う学習から説明します。

視覚に障害がある場合

**学習の
ステップ**

第**2**章
初期学習の学習内容

1 方向の学習

右手で行う場合のステップ

Step 1	右斜め下
Step 2	下
Step 3	右横
Step 4	左斜め下
Step 5	左横
Step 6	上

図については82ページを参照してください。

左手で行う場合のステップ

Step 1	左斜め下
Step 2	下
Step 3	左横
Step 4	右斜め下
Step 5	右横
Step 6	上

図については83ページを参照してください。

2 方向の学習

右手で行う場合のステップ

Step 1	下→右横
Step 2	右横→下
Step 3	下→左横
Step 4	左横→下
Step 5	右横→上
Step 6	上→右横
Step 7	左横→上
Step 8	上→左横

図については83ページを参照してください。

左手で行う場合のステップ

Step 1	下→左横
Step 2	左横→下
Step 3	下→右横
Step 4	右横→下
Step 5	左横→上
Step 6	上→左横
Step 7	右横→上
Step 8	上→右横

図については84ページを参照してください。

97

8 方向の学習 −スライドの方法−

方法と
ことばかけ

視覚に障害がある子どもの場合は、持ち手を使って学習する前に、指で溝を十分になぞらせることが大切です。
指導者は、子どもと対面して学習します。
利き手から学習し、その後、反利き手で学習します。
ここでは、利き手を右とし、右手で行う学習から説明します。

1 方向の学習

右手で行う

Step 1　右斜め下

子どものほうから見た教材

■溝をなぞる

①「これから、棒をすべらせて抜く勉強をします」と言います。

上記のような向きで板を呈示します。
教材の呈示位置は、子どもの手をまっすぐ伸ばして始点に届くあたりです。
近いところに呈示すると、溝をなぞるときに肘が曲がり、手が使いにくくなります。

②「さわってみましょう」と言い、子どもの両手を援助して触ります。

板の輪郭を触らせて教材全体の大きさを知らせたり、溝の部分に簡単に触れさせて、溝があることを知らせたりします。

③ 子どもの左手をタッピングして、「こっちの手をここに置くよ」と言い、子どもの左手の人差し指を援助して、溝の始点のところに置きます。

※このことが、位置や方向を理解するためのポイントです。指導者の右手で子どもの左手の人差し指が動かないように軽く押さえておきます。

視覚に障害がある場合

④ 子どもの右手をタッピングして、「こっちの手でなぞるよ。ここからだよ」と言い、子どもの右手の人差し指を援助して、始点に置きます。

「動かすよ」と言って、溝を始点から終点まで、よくなぞります。最後は指を溝から抜くように動かします。

※人差し指でわかりにくい場合は、四指で溝をなぞってもよいでしょう。
※始点から終点の方向にのみなぞるようにし、行ったり来たりしないようにします。
　行ったり来たりしていると、どこが始点でどこが終点なのかわからなくなり、どちらに動かせば抜けるのかわかりにくくなります。
※溝をなぞることに慣れてきたら、少しずつ援助を減らしていってもよいですが、子どもが違う方向になぞらないように、指導者は常に軽く手を添えているようにします。

⑤ 「上手にできたね」とほめます。

● 指の使い方がわかりやすいように、指導者の援助の手は省略してあります。実際は、援助してなぞります。

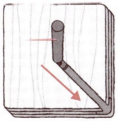

 持ち手

子どものほうから見た教材

■指導者と一緒に行う

① 上記のような向きで板を呈示し、始点のところに持ち手を置いておきます。

教材の呈示位置は、子どもの手をまっすぐ伸ばして始点に届くあたりです。
近いところに呈示すると、持ち手を抜くときに肘が曲がり、手が使いにくくなります。

第2章 初期学習の学習内容

8 方向の学習 ースライドの方法ー

②「今度は、棒を持って動かすよ。先生と一緒にやるよ」と言います。

子どもの左手の人差し指を援助して、溝の始点に置きます。指導者の右手で子どもの左手の人差し指が動かないように軽く押さえておきます。

③ 子どもの右手を援助して、持ち手を握らせます。

指導者の左手を、子どもの右手の上に重ねて、しっかり握ります。

④「シュー」と言いながら、子どもの右手を援助して、持ち手を終点まで ゆっくり動かします。一緒に持ち手を抜きます。

すぐに「抜けたね」とことばかけします。抜いた持ち手は指導者がすぐに受け取ります。

⑤「上手にできたね」などとことばかけをして、心からほめます。

⑥「『で・き・た』するよ」と言いながら、目の前で指導者が両手を3回合わせてみせます。それから子どもの手を取って一緒に「で・き・た」と言って両手を3回合わせます。

■子どもがひとりで行う

①「指導者と一緒に行う」と同じ向きで板を呈示し、始点のところに持ち手を 置いておきます。

教材の呈示位置は、子どもの手をまっすぐ伸ばして始点に届くあたりです。
近いところに呈示すると、持ち手を抜くときに肘が曲がり、手が使いにくくなります。

②「今度は○○さんがひとりでやってね」と言います。

「ここからだよ」と言って、子どもの左手の人差し指を援助して、溝の始点に置きます。指導者の右手で子どもの左手の人差し指が動かないように軽く押さえておきます。

③「これを持って動かしてください」と言って、子どもの右手を援助して、 持ち手を握らせます。

指導者の左手は、子どもの右手に軽く触れておきます。

視覚に障害がある場合

4 終点のあたりをポインティングしてトントン音を立てながら、「こっちに動かしてね」と言います。

子どもの手の動きに合わせて「シュー」「それでいいよ」などとことばかけします。
※動かす方向を迷っていたり、持ち手をスムーズに動かせなかったりしているときは、待たずにすぐに援助して一緒に動かすようにします。

5 子どもが持ち手を抜きます。

すぐに「抜けたね」とことばかけします。
抜いた持ち手は指導者がすぐに受け取ります。

6 「上手にできたね」などとことばかけをして、心からほめます。

7 「『で・き・た』するよ」と言いながら、目の前指導者がで両手を3回合わせてみせます。それから子どもの手を取って一緒に「で・き・た」と言って両手を3回合わせます。

※ひとりで持ち手を持って動かすことができるようになってきたら、子どもの左手は板の左下あたりにのせ、板を押さえるようにします。

※方向が異なる Step2～Step6 も「方法とことばかけ」は、Step1に準じて行います。

1方向の学習

左手で行う

※「右手で行う」の Step1の「方法とことばかけ」に準じて、左手で Step1～Step6を行います。子どもの左手を指導者の右手で援助します。

8 方向の学習 ースライドの方法ー

2 方向の学習

「2方向の学習」では、「始点から角まで」動かしたら一度止め、「曲がるよ」とことばかけしてから「角から終点まで」動かすことが大切です。そのように行うことが、方向が変わることの理解につながります。

右手で行う

Step 1　下→右横

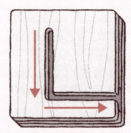

子どものほうから見た教材

■溝をなぞる

❶「これから、棒をすべらせて抜く勉強をします」と言います。

　　上記のような向きで板を呈示します。
　　教材の呈示位置は、子どもの手をまっすぐ伸ばして始点に届くあたりです。
　　近いところに呈示すると、溝をなぞるときに肘が曲がり、手が使いにくくなります。

❷「さわってみましょう」と言い、子どもの両手を援助して触ります。

　　板の輪郭を触らせて教材全体の大きさを知らせたり、溝の部分に簡単に触れさせて、溝があることを知らせたりします。

❸ 子どもの左手をタッピングして、「こっちの手をここに置くよ」と言い、子どもの左手の人差し指を援助して、溝の始点のところに置きます。

　　※このことが、位置や方向を理解するためのポイントです。指導者の右手で子どもの左手の人差し指が動かないように軽く押さえておきます。

❹ 子どもの右手をタッピングして、「こっちの手でなぞるよ。ここからだよ」と言い、子どもの右手の人差し指を援助して、始点に置きます。

　　「動かすよ。はじめは、下に行くよ」と言い、子どもの右手の人差し指を援助して、溝を始点から角まで、下方向にゆっくりなぞります。角まで動かしたら、「ストップ」と言って、そこでいったん止めます。

視覚に障害がある場合

❺「曲がるよ、今度は右だよ」とことばかけします。

子どもの右手の人差し指を援助して、溝を角から終点まで、右方向にゆっくりなぞります。最後は指を溝から抜くように動かします。

※人差し指だけでなく四指で溝をなぞってもよいでしょう。
※始点から終点の方向にのみなぞるようにし、行ったり来たりしないようにします。
　行ったり来たりしていると、どこが始点でどこが終点なのかわからなくなり、どちらに動かせば抜けるのかわかりにくくなります。
※溝をなぞることに慣れてきたら、少しずつ援助を減らしていってもよいですが、子どもが違う方向になぞらないように、指導者は常に軽く手を添えているようにします。

❻「上手にできたね」とほめます。

下へなぞる　　　　　　　　　　右横へなぞる

●指の使い方がわかりやすいように、指導者の援助の手は省略してあります。実際は、援助してなぞります。

■指導者と一緒に行う

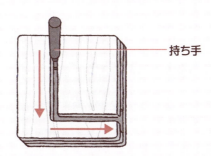

持ち手

子どものほうから見た教材

❶上記のような向きで板を呈示し、始点のところに持ち手を置いておきます。

教材の呈示位置は、子どもの手をまっすぐ伸ばして始点に届くあたりです。
近いところに呈示すると、持ち手を抜くときに肘が曲がり、手が使いにくくなります。

8 方向の学習 —スライドの方法—

②「今度は、棒を持って動かすよ。先生と一緒にやるよ」と言います。

　　子どもの左手の人差し指を援助して、溝の始点に置きます。指導者の右手で子ども
　　の左手の人差し指が動かないように軽く押さえておきます。

③ 子どもの右手を援助して、持ち手を握らせます。

　　指導者の左手を、子どもの右手の上に重ねて、しっかり握ります。

④「はじめに、下に動かすよ」「シュー」と言いながら、子どもの右手を援助して、
持ち手を下方向に、ゆっくり動かします。

　　角まで動かしたら、「ストップ」と言って、止めます。

⑤「曲がるよ、今度は右に動かすよ」「シュー」と言いながら、終点まで右方向に
ゆっくり動かします。

　　一緒に持ち手を抜きます。すぐに「抜けたね」とことばかけします。
　　抜いた持ち手は指導者がすぐに受け取ります。

⑥「上手にできたね」などとことばかけをして、心からほめます。

⑦「『で・き・た』するよ」と言いながら、目の前で指導者が両手を3回合わせてみせます。
それから子どもの手を取って一緒に「で・き・た」と言って両手を3回合わせます。

■子どもがひとりで行う

①「指導者と一緒に行う」と同じ向きで板を呈示し、始点のところに持ち手を
置いておきます。

　　教材の呈示位置は、子どもの手をまっすぐ伸ばして始点に届くあたりです。
　　近いところに呈示すると、持ち手を抜くときに肘が曲がり、手が使いにくくなります。

②「今度は○○さんがひとりでやってね」と言います。

　　「ここからだよ」と言って、子どもの左手の人差し指を援助して、溝の始点に置き
　　ます。指導者の右手で子どもの左手の人差し指が動かないように軽く押さえてお
　　きます。

104

視覚に障害がある場合

③「これを持って動かしてください」と言って、子どもの右手を援助して、持ち手を握らせます。

　指導者の左手は、子どもの右手に軽く触れておきます。

④角のあたりをポインティングしてトントン音を立てながら、「こっちに動かしてね、下だよ」と言います。

　子どもの手の動きに合わせて「シュー」「それでいいよ」などとことばかけします。
　角まで動かしたら、すぐに「ストップ」と言って、止めるようにします。
　※動かす方向を迷っていたり、持ち手をスムーズに動かせなかったりしているときは、待たずにすぐに援助して一緒に動かすようにします。

⑤終点のあたりをポインティングしてトントン音を立てながら、「曲がるよ、今度は、右に動かすよ、こっちだよ」と言います。

　子どもの手の動きに合わせて「シュー」「それでいいよ」などとことばかけします。
　※動かす方向を迷っていたり、持ち手をスムーズに動かせなかったりしているときは、待たずにすぐに援助して一緒に動かすようにします。

⑥子どもが持ち手を抜きます。

　抜いた持ち手は指導者がすぐに受け取ります。
　「抜けたね」とことばかけします。

⑦「上手にできたね」などとことばかけをして、心からほめます。

⑧「『で・き・た』するよ」と言いながら、目の前で指導者が両手を3回合わせてみせます。それから子どもの手を取って一緒に「で・き・た」と言って両手を3回合わせます。

　※ひとりで持ち手を持って動かすことができるようになってきたら、子どもの左手は板の左下あたりにのせ、板を押さえるようにします。

※方向が異なる Step 2 〜 Step 8 も「方法とことばかけ」は、Step 1 に準じて行います。

2 方向の学習

左手で行う

※「右手で行う」の Step 1 の「方法とことばかけ」に準じて、左手で Step 1 〜 Step 8 を行います。子どもの左手を指導者の右手で援助します。

第**2**章
初期学習の学習内容

方向の学習 —輪抜きの方法—

方向を理解する学習です。
よく見ながら、棒に通した輪を抜きます。
抜く方向によって、難易度が違います。
はじめは、子どもの手を全面的に援助し、一緒に抜きます。できるようになってきたら、援助を減らしていきます（運動機能に障害がある場合は、常に援助をしながら抜きます）。
子どもが、抜く輪と、動かしていく方向を見ていることが最も大切です。

教材

「1方向の学習」も「2方向の学習」も、共通の教材を使います。

縦から横に直角に曲がった棒の教材
長さは、縦方向が約15cm、横方向が約20cmです。
子どもの実態によって長さを調整します。
はじめのうちは、短い方がやさしいです。
木の台に、しっかりと固定します。
「1方向の学習」も、「2方向の学習」も、同じ教材を使います。
「1方向の学習」の場合は、横棒のみを使います。

輪
子どもが握りやすい太さで、棒との間にゆとりがあり、握った状態で楽に棒から抜くことができるものにします。
目安として、外径が約10cm、内径が約6cm、太さは1.5〜2cmのものがよいでしょう。

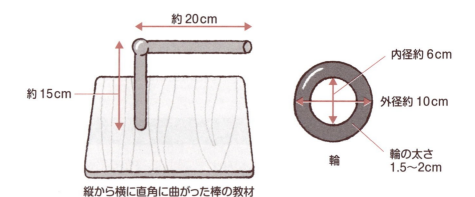

●輪・棒・手の大きさの関係については、右のイラストを参考にしてください。

**学習の
ステップ**

　子どもの手の動きから、持ち手を抜く方向を、やさしい順にステップにしました。

　１方向から学習し、できるようになったら２方向の学習を行います。この学習は、利き手でも反利き手でも行います。

　利き手から学習し、その後、反利き手で学習します。

　ここでは、利き手を右として、右手を使う学習から説明します。

※教材の呈示位置や子どもの実態によっては、順番が入れ替わることもあります。

１方向の学習

右手で行う場合のステップ

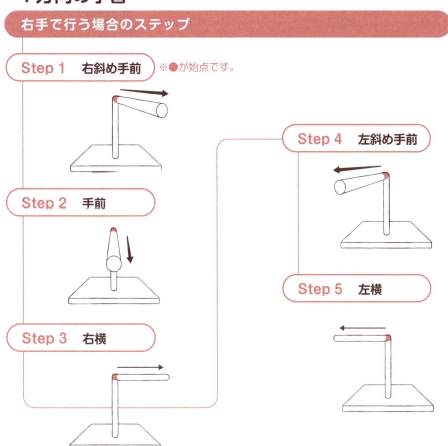

Step 1　右斜め手前　※●が始点です。

Step 2　手前

Step 3　右横

Step 4　左斜め手前

Step 5　左横

107

9 方向の学習 －輪抜きの方法－

2方向の学習

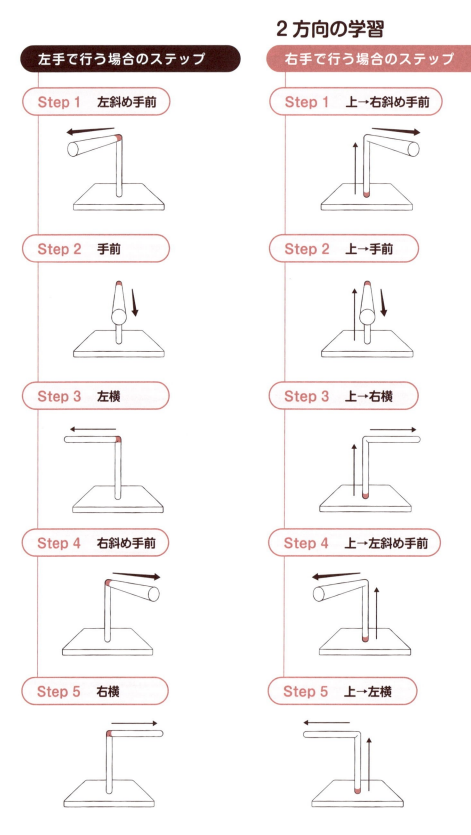

左手で行う場合のステップ

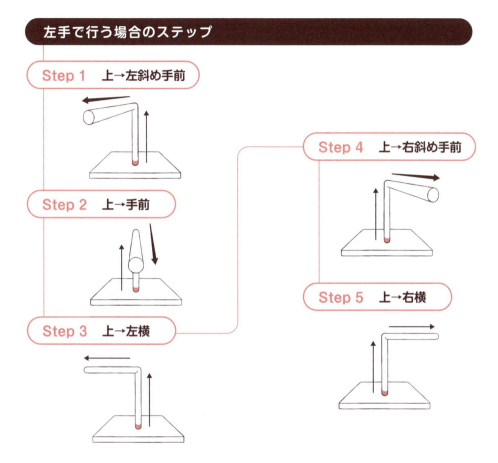

Step 1　上→左斜め手前
Step 2　上→手前
Step 3　上→左横
Step 4　上→右斜め手前
Step 5　上→右横

**方法と
ことばかけ**

指導者は、子どもと対面し、常に子どもの目を見ながら学習します。
利き手から学習し、その後、反利き手で学習します。
ここでは、利き手を右とし、右手で行う学習から説明します。
指導者と一緒に行ってから、子どもがひとりで行います。

1方向の学習
※「1方向の学習」の「始点」は、横棒が始まる角の部分です。
（下の図の輪があるところ）。

右手で行う

Step 1　右斜め手前

子どものほうから見た教材

9 方向の学習 −輪抜きの方法−

■指導者と一緒に行う

❶ 109ページのような向きで教材を呈示します。

棒が曲がる角のところに輪を置いておきます。ここが始点になります。
教材の呈示位置は、子どもの手をまっすぐ伸ばして始点に届くあたりです。
近いところに呈示すると、輪を抜くときに肘が曲がり、手が使いにくくなります。
また、身体に近いところになるほど、目で追いにくくなります。
輪を指差しして「見て」と言い、見たら「見てるね」と言います。
見ないときは、「ここ見て」と言いながら、輪をポインティングして視線を誘導します。

❷ 「先生と一緒に動かすよ」と言い、子どもの右手を援助して、輪を握らせます。

指導者の左手を、子どもの右手の上に重ねて、しっかり握ります。
子どもの左手は、棒の根元のあたりに置きます。
指導者の右手を子どもの左手の上にのせておきます。

❸ 「シュー」と言いながら、子どもの右手を援助して、終点（輪が抜けるところ）までゆっくり動かします。

動かしているときも、子どもの目が輪を追っていることが大切です。見ていないときは「ここ見て」と言いながら、輪をポインティングして視線を誘導します。

※子どもが、終点の方を見ることがあります。その場合は、終点がわかり、動かす方向がわかってきているということです。

point 子どもの目の使い方について

子どもの目の使い方には、以下のような段階があります。

（1）輪を先に動かし、それを追うように見る。
（2）輪を見ながら手を動かす。
（3）棒の先の方を見て、それから手を動かす。

はじめは、手で輪を動かしてから目がそれを追う段階です。
次は、手の動きと目の動きが同時に起きる段階です。
最後に、目が先にゴールを見てから、そこに向かって手を動かすという段階になります。

④ 「シュー」と言いながら、一緒に輪を抜きます。

すぐに「抜けたね」とことばかけします。
抜いた輪は指導者がすぐに受け取ります。

⑤ 「上手にできたね」などとことばかけをして、心からほめます。

⑥ 「『で・き・た』するよ」と言いながら、目の前で指導者が両手を3回合わせてみせます。
それから子どもの手を取って一緒に「で・き・た」と言って両手を3回合わせます。

■子どもがひとりで行う

① 「指導者と一緒に行う」と同じ向きで教材を呈示します。

棒が曲がる角のところに輪を置いておきます。ここが始点になります。
教材の呈示位置は、子どもの手をまっすぐ伸ばして始点に届くあたりです。
近いところに呈示すると、輪を抜くときに肘が曲がり、手が使いにくくなります。
また、身体に近いところになるほど、目で追いにくくなります。
輪を指差しして「見て」と言い、見たら「見てるね」と言います。
見ないときは、「ここ見て」と言いながら、輪をポインティングして視線を誘導します。

9 方向の学習 —輪抜きの方法—

②「今度は○○さんがひとりでやってね」と言います。

「こっちの手で持ってください」と言いながら、子どもの右手をタッピングします。
子どもが右手で輪を握ります。子どもの左手は、棒の根元のあたりに置きます。

③ 終点のあたりをポインティングしてトントン音を立てながら、「こっちに動かしてね」と言います。

子どもの手の動きに合わせて「シュー」とことばかけします。
※動かす方向を迷っていたり、輪がスムーズに動かなかったりしているときは、待たずにすぐに援助して一緒に動かすようにします。
動かしているときも、子どもの目が輪を追っていることが大切です。見ていないときは「ここ見て」と言いながら、輪をポインティングして視線を誘導します。

④ 子どもが輪を抜きます。すぐに「抜けたね」とことばかけします。

抜いた輪は指導者がすぐに受け取ります。

⑤「上手にできたね」などとことばかけをして、心からほめます。

⑦「『で・き・た』するよ」と言いながら、目の前で指導者が両手を3回合わせてみせます。
それから子どもの手を取って一緒に「で・き・た」と言って両手を3回合わせます。

※方向が異なる Step 2〜Step 5 も「方法とことばかけ」は、Step 1 に準じて行います。

point 右手で「左斜め手前」に動かすときの教材の呈示位置について

教材は、基本的には子どもの中央に呈示します。
教材を呈示する位置によって難易度が変わります。
右手で輪を左方向に抜くときは、教材を子どもの中央より右側に置いたほうがやさしいです。
呈示位置を少しずつ動かして、中央でもできるようにしていきます。

1 方向の学習

左手で行う

Step 1　左斜め手前

子どものほうから見た教材

■指導者と一緒に行う

❶ 上記のような向きで教材を呈示します。

　　棒が曲がる角のところに輪を置いておきます。ここが始点になります。
　　教材の呈示位置は、子どもの手をまっすぐ伸ばして始点に届くあたりです。
　　近いところに呈示すると、輪を抜くときに肘が曲がり、手が使いにくくなります。
　　また、身体に近いところになるほど、目で追いにくくなります。
　　輪を指差しして「見て」と言い、見たら「見てるね」と言います。
　　見ないときは、「ここ見て」と言いながら、輪をポインティングして視線を誘導します。

❷ 「先生と一緒に動かすよ」と言い、子どもの左手を援助して、輪を握らせます。

　　指導者の右手は、子どもの左手の上からしっかり握ります。
　　子どもの右手は、棒の根元のあたりに置きます。
　　指導者の左手を子どもの右手の上にのせておきます。

※❸〜❻は、「右手で行う」の「方法とことばかけ」に準じて、左手で行います。

9 方向の学習 ―輪抜きの方法―

■子どもがひとりで行う

1 「指導者と一緒に行う」と同じ向きで教材を呈示します。

棒が曲がる角のところに輪を置いておきます。ここが始点になります。
教材の呈示位置は、子どもの手をまっすぐ伸ばして始点に届くあたりです。
近いところに呈示すると、輪を抜くときに肘が曲がり、手が使いにくくなります。
また、身体に近いところになるほど、目で追いにくくなります。
輪を指差しして「見て」と言い、見たら「見てるね」と言います。
見ないときは、「ここ見て」と言いながら、輪をポインティングして視線を誘導します。

2 「今度は○○さんがひとりでやってね」と言います。

「こっちの手で持ってください」と言いながら、子どもの左手をタッピングします。
子どもが左手で輪を握ります。子どもの右手は、棒の根元のあたりに置きます。

※ ❸〜❼は、「右手で行う」の「方法とことばかけ」に準じて、左手で行います。
※ 方向が異なる Step 2〜Step 5 も「方法とことばかけ」は、「右手で行う」の Step 1 に準じて行います。

point 左手で「右斜め手前」に動かすときの教材の呈示位置について

教材は、基本的には子どもの中央に呈示します。
教材を呈示する位置によって難易度が変わります。
左手で輪を右方向に抜くときは、教材を子どもの中央より左側に置いたほうがやさしいです。
呈示位置を少しずつ動かして、中央でもできるようにしていきます。

2方向の学習

※「2方向の学習」の「始点」は、縦棒の根元の部分です。（下の図の輪があるところ）。

右手で行う

Step 1　上→右斜め手前

子どものほうから見た教材

■指導者と一緒に行う

① 上記のような向きで教材を呈示します。

棒の根もとに輪を置いておきます。ここが始点になります。
教材の呈示位置は、子どもの手をまっすぐ伸ばして始点に届くあたりです。
近いところに呈示すると、輪を動かすときに肘が曲がり、手が使いにくくなります。
また、身体に近いところになるほど、目で追いにくくなります。
輪を指差しして「見て」と言い、見たら「見てるね」と言います。
見ないときは、「ここ見て」と言いながら、輪をポインティングして視線を誘導します。

②「先生と一緒に動かすよ」と言い、子どもの右手を援助して、輪を握らせます。

指導者の左手を、子どもの右手に重ねて、しっかり握ります。
子どもの左手は、棒の根元のあたりに置きます。
指導者の右手を子どもの左手の上にのせておきます。

③「はじめに、上に動かすよ」「シュー」と言いながら、子どもの右手を援助して、ゆっくり上方向に動かします。

④ 角に来たら、「今度は曲がるよ」「シュー」と言って、終点（輪が抜けるところ）までゆっくり動かします。

動かしているときも、子どもの目が輪を追っていることが大切です。見ていないときは「ここ見て」と言いながら、輪をポインティングして視線を誘導します。

※子どもが、終点の方を見ることがあります。その場合は、終点がわかり、動かす方向がわかってきているということです。

9 方向の学習 －輪抜きの方法－

⑤「シュー」と言いながら、一緒に輪を抜きます。

　すぐに「抜けたね」とことばかけします。
　抜いた輪は指導者がすぐに受け取ります。

⑥「上手にできたね」などとことばかけをして、心からほめます。

⑦「『で・き・た』するよ」と言いながら、目の前で指導者が両手を3回合わせてみせます。
　それから子どもの手を取って一緒に「で・き・た」と言って両手を3回合わせます。

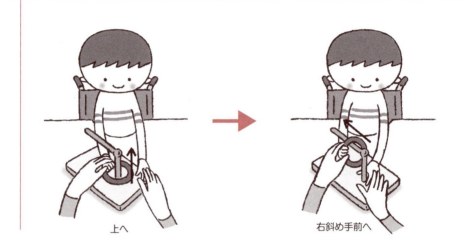

上へ　　　　　　　　右斜め手前へ

■子どもがひとりで行う

①「指導者と一緒に行う」と同じ向きで教材を呈示します。

　棒の根もとに輪を置いておきます。ここが始点になります。
　教材の呈示位置は、子どもの手をまっすぐ伸ばして始点に届くあたりです。
　近いところに呈示すると、輪を動かすときに肘が曲がり、手が使いにくくなります。
　また、身体に近いところになるほど、目で追いにくくなります。
　輪を指差しして「見て」と言い、見たら「見てるね」と言います。
　見ないときは、「ここ見て」と言いながら、輪をポインティングして視線を誘導します。

②「今度は○○さんがひとりでやってね」と言います。

　「こっちの手で持ってください」と言いながら、子どもの右手をタッピングします。
　子どもが右手で輪を握ります。
　子どもの左手は、棒の根元のあたりに置きます。

❸ 「はじめに、上に動かすよ、こっちだよ」と言いながら、角のあたりを
ポインティングしてトントン音を立てます。

子どもの手の動きに合わせて「シュー」とことばかけします。

※動かす方向を迷っていたり、輪がスムーズに動かなかったりしているときは、待たずにすぐに
援助して動かすようにします。
動かしているときも、子どもの目が輪を追っていることが大切です。見ていないときは「こ
こ見て」と言いながら、輪をポインティングして視線を誘導します。

❹ 「次に、曲がるよ、こっちだよ」と言いながら、終点のあたりをポインティング
してトントン音を立てます。

子どもの手の動きに合わせて「シュー」とことばかけします。

※動かす方向を迷っていたり、輪がスムーズに動かなかったりしているときは、待たずにすぐに
援助して動かすようにします。
動かしているときも、子どもの目が輪を追っていることが大切です。見ていないときは「こ
こ見て」と言いながら、輪をポインティングして視線を誘導します。

❺ 子どもが輪を抜きます。

すぐに「抜けたね」とことばかけします。
抜いた輪は指導者がすぐに受け取ります。

❻ 「上手にできたね」などとことばかけをして、心からほめます。

❼ 「『で・き・た』するよ」と言いながら、目の前で指導者が両手を3回合わせてみせます。
それから子どもの手を取って一緒に「で・き・た」と言って両手を3回合わせます。

※方向が異なる Step 2 〜Step 5 も「方法とことばかけ」は、Step 1 に準じて行います。

point 右手で「左横」に動かすときの教材の呈示位置について

教材は、基本的には子どもの中央に呈示します。

教材を呈示する位置によって難易度が変わります。

右手で輪を左方向に抜くときは、教材を子どもの中央より右側に置いたほうがやさしいです。

呈示位置を少しずつ動かして、中央でもできるようにしていきます。

2 方向の学習

左手で行う

Step 1　上→左斜め手前

子どものほうから見た教材

■指導者と一緒に行う

❶ 上記のような向きで教材を呈示します。

棒の根もとに輪を置いておきます。ここが始点になります。
教材の呈示位置は、子どもの手をまっすぐ伸ばして始点に届くあたりです。
近いところに呈示すると、輪を動かすときに肘が曲がり、手が使いにくくなります。
また、身体に近いところになるほど、目で追いにくくなります。
輪を指差しして「見て」と言い、見たら「見てるね」と言います。
見ないときは、「ここ見て」と言いながら、輪をポインティングして視線を誘導します。

❷「先生と一緒に動かすよ」と言い、子どもの左手を援助して、輪を握らせます。

指導者の右手は、子どもの左手の上からしっかり握ります。
子どもの右手は、棒の根元のあたりに置きます。
指導者の左手を子どもの右手の上にのせておきます。

※❸～❻は、「右手で行う」の「方法とことばかけ」に準じて、左手で行います。

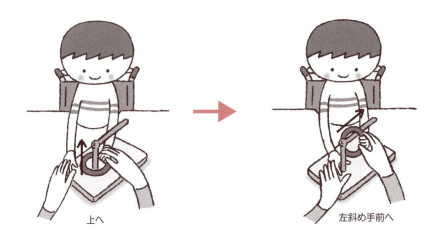

上へ　　　　左斜め手前へ

■子どもがひとりで行う

※子どもの方から見た教材は「指導者と一緒に行う」と同様です。

①「指導者と一緒に行う」と同じ向きで教材を呈示します。

棒の根もとに輪を置いておきます。ここが始点になります。
教材の呈示位置は、子どもの手をまっすぐ伸ばして始点に届くあたりです。
近いところに呈示すると、輪を動かすときに肘が曲がり、手が使いにくくなります。
また、身体に近いところになるほど、目で追いにくくなります。
輪を指差しして「見て」と言い、見たら「見てるね」と言います。
見ないときは、「ここ見て」と言いながら、輪をポインティングして視線を誘導します。

②「今度は○○さんがひとりでやってね」と言います。

「こっちの手で持ってください」と言いながら、子どもの左手をタッピングします。
子どもが左手で輪を握ります。
子どもの右手は、棒の根元のあたりに置きます。

※❸〜❼は、「右手で行う」の「方法とことばかけ」に準じて、左手で行います。
※方向が異なる Step 2〜Step 5 も「方法とことばかけ」は、「右手で行う」の
Step 1 に準じて行います。

第**2**章

初期学習の学習内容

119

9 方向の学習 ー輪抜きの方法ー

point 左手で「右横」に動かすときの教材の呈示位置について

教材は、基本的には子どもの中央に呈示します。

教材を呈示する位置によって難易度が変わります。

左手で輪を右方向に抜くときは、教材を子どもの中央より左側に置いたほうがやさしいです。

呈示位置を少しずつ動かして、中央でもできるようにしていきます。

視覚に障害がある場合

　視覚に障害がある子どもの場合は、輪を使って学習する前に、棒をなぞるように触ることが大切です。

　利き手だけでなく、反利き手の使い方が、位置や方向の学習を理解するためのポイントになります。

　棒をなぞるように触るときも、はじめは指導者と一緒に行います。わかってきたら、徐々に援助を減らしていきます。わからないうちにひとりでさせると、位置や方向の概念がなかなか育ちません。指導者と一緒に行うときも、子どもがひとりで行うときも丁寧にことばかけをしながら行うようにします。

　よく触らせることによって、何をすればよいかを理解できるようにします。

　「教材」及び「学習のステップ」は、視覚に障害がない子どもと同様です。

　１方向から学習し、できるようになったら２方向の学習を行います。
　この学習は、利き手でも反利き手でも行います。
　利き手から学習し、その後、反利き手で学習します。
　ここでは、利き手を右として、右手を使う学習から説明します。

**学習の
ステップ**

１方向の学習

右手で行う場合のステップ

Step 1	右斜め手前
Step 2	手前
Step 3	右横
Step 4	左斜め手前
Step 5	左横

図については107ページを参照してください。

左手で行う場合のステップ

Step 1	左斜め手前
Step 2	手前
Step 3	左横
Step 4	右斜め手前
Step 5	右横

図については108ページを参照してください。

9 方向の学習 —輪抜きの方法—

2方向の学習

右手で行う場合のステップ

- Step 1　上→右斜め手前
- Step 2　上→手前
- Step 3　上→右横
- Step 4　上→左斜め手前
- Step 5　上→左横

図については108ページを参照してください。

左手で行う場合のステップ

- Step 1　上→左斜め手前
- Step 2　上→手前
- Step 3　上→左横
- Step 4　上→右斜め手前
- Step 5　上→右横

図については109ページを参照してください。

方法と ことばかけ

視覚に障害がある子どもの場合は、輪を持って学習する前に、棒をなぞるように触ることが大切です。
指導者は、子どもと対面して学習します。
利き手から学習し、その後、反利き手で学習します。
ここでは、利き手を右とし、右手で行う学習から説明します。

1方向の学習

※「1方向の学習」の「始点」は、横棒が始まる角の部分です。（下の図の●があるところ）。

右手で行う

Step 1　右斜め手前

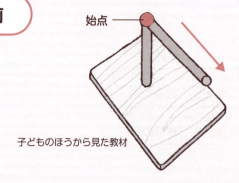

子どものほうから見た教材

視覚に障害がある場合

■棒をなぞる

1「これから、輪を抜く勉強をします」と言います。

上記のような向きで教材を呈示します。
教材の呈示位置は、子どもの手をまっすぐ伸ばして始点に届くあたりです。
近いところに呈示すると、肘が曲がり、手が動かしにくくなります。

2「さわってみましょう」と言い、子どもの両手を援助して、教材を全体的に触らせます。

3 子どもの左手をタッピングして、「こっちの手をここに置くよ」と言い、子どもの左手の人差し指と親指を援助して、棒の始点の部分をはさんで持つようにします。

※このことが、位置や方向を理解するためのポイントです。指導者の右手で子どもの左手の指が動かないように軽く押さえておきます。

4 子どもの右手をタッピングして、「こっちの手で棒を触るよ」と言い、援助して棒の始点の部分を握らせます。

指導者の左手を子どもの右手に重ねてしっかり握ります。
「ここから動かすよ」と言って、子どもの右手を援助して、棒の始点から終点まで、棒の方向がわかるようにゆっくり手を動かします。最後は手を棒から抜くように動かします。

※棒を握ってできるようになったら、人差し指と親指だけで棒を挟んで動かすとよいでしょう。
※手は始点から終点の方向にのみ動かすようにし、行ったり来たりしないようにします。行ったり来たりしていると、どこが始点でどこが終点なのかわからなくなり、どちらに動かせば抜けるのかわかりにくくなります。
※子どもが手を始点から終点まで動かすことに慣れてきたら、少しずつ援助を減らしていってもよいですが、子どもが手を違う方向に動かさないように、指導者は常に軽く手を添えているようにします。

5「上手にできたね」とほめます。

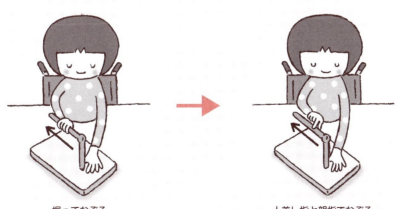

握ってなぞる　　　　　　　　人差し指と親指でなぞる

●上記は指の使い方がわかりやすいように、指導者の援助の手は省略してあります。実際は、援助してなぞります。

第2章 初期学習の学習内容

9 方向の学習 ー輪抜きの方法ー

■指導者と一緒に行う

子どものほうから見た教材

①　上記のような向きで教材を呈示します。

　始点のところに輪を置いておきます。
　教材の呈示位置は、子どもの手をまっすぐ伸ばして始点に届くあたりです。
　近いところに呈示すると、肘が曲がり、手が使いにくくなります。

②　「今度は、輪を持って動かすよ。先生と一緒にやるよ」と言います。

　子どもの左手の人差し指と親指を援助して、棒の始点の部分をはさんで持つようにします。
　指導者の右手で子どもの左手の指が動かないように軽く押さえておきます。

③　子どもの右手を援助して、輪を握らせます。

　指導者の左手を、子どもの右手の上に重ねて、しっかり握ります。

④　「シュー」と言いながら、子どもの右手を援助して、輪を終点までゆっくり動かします。

　一緒に輪を抜きます。すぐに「抜けたね」とことばかけします。
　抜いた輪は指導者がすぐに受け取ります。

⑤　「上手にできたね」などとことばかけをして、心からほめます。

⑦　「『で・き・た』するよ」と言いながら、目の前で指導者が両手を3回合わせてみせます。それから子どもの手を取って一緒に「で・き・た」と言って両手を3回合わせます。

視覚に障害がある場合

■子どもがひとりで行う

1 「指導者と一緒に行う」と同じ向きで教材を呈示します。

始点のところに輪を置いておきます。
教材の呈示位置は、子どもの手をまっすぐ伸ばして始点に届くあたりです。
近いところに呈示すると、肘が曲がり、手が使いにくくなります。

2 「今度は○○さんがひとりでやってね」と言います。

「ここからだよ」と言って、子どもの左手の人差し指と親指を援助して、棒の始点
の部分をはさんで持つようにします。
指導者の右手で子どもの左手の指が動かないように軽く押さえておきます。

3 「これを持って動かしてください」と言って、子どもの右手を
援助して、輪を握らせます。

指導者の左手は、子どもの右手に軽く触れておきます。

4 終点のあたりをポインティングしてトントン音を立てながら、
「こっちに動かすよ」と言います。

子どもの手の動きに合わせて「シュー」「それでいいよ」などとことばかけします。
※動かす方向を迷っていたり、輪をスムーズに動かせなかったりしているときは、待たずにすぐ
に援助して一緒に動かすようにします。

5 子どもが輪を抜きます。すぐに「抜けたね」とことばかけします。

抜いた輪は指導者がすぐに受け取ります。

6 「上手にできたね」などとことばかけをして、心からほめます。

7 「『で・き・た』するよ」と言いながら、目の前で指導者が両手を3回合わせてみせます。
それから子どもの手を取って一緒に「で・き・た」と言って両手を3回合わせます。

※始点から終点まで動かすのが難しい場合は、棒の真ん中あたりから始め、少しずつ動かす距離
を長くしていくとよいでしょう。
※ひとりで輪を持って動かすことができるようになったら、子どもの左手を台の上に置き、人差
し指を棒の根元のところに触れるようにして学習します。

※方向が異なる Step 2 ～Step 5 も「方法とことばかけ」は、「右手で行う」の
Step 1に準じて、左手で行います。

1方向の学習

左手で行う

※「右手で行う」の Step 1 の「方法とことばかけ」に準じて、左手で Step 1～Step 5
を行います。子どもの左手を指導者の右手で援助します。

2方向の学習

「2方向の学習」では、「始点から角まで」動かしたら一度止め、「曲がるよ」とことばかけしてから「角から終点まで」動かすことが大切です。そのように行うことが、方向が変わることの理解につながります。

※「2方向の学習」の「始点」は、縦棒が始まる部分です。(下の図の●があるところ)。

右手で行う

Step 1　上→右斜め手前

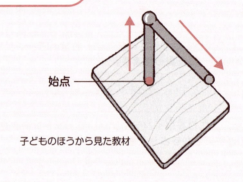

始点

子どものほうから見た教材

■棒をなぞる

① 「これから、輪を抜く勉強をします」と言います。

　上記のような向きで教材を呈示します。
　教材の呈示位置は、子どもの手をまっすぐ伸ばして始点に届くあたりです。
　近いところに呈示すると、肘が曲がり、手が動かしにくくなります。

② 「さわってみましょう」と言い、子どもの両手を援助して、教材を全体的に触らせます。

③ 子どもの左手をタッピングして、「こっちの手をここに置くよ」と言い、子どもの左手を台の上に置き、人差し指を、棒の根元のところに触れるように置きます。

　※このことが、位置や方向を理解するためのポイントです。指導者の右手で子どもの左手の指が動かないように軽く押さえておきます。

④ 子どもの右手をタッピングして、「こっちの手で棒を触るよ」と言い、援助して棒の始点の部分を握らせます。

　指導者の左手を子どもの右手に重ねてしっかり握ります。

視覚に障害がある場合

⑤「ここから動かすよ、上だよ」と言って、子どもの右手を援助して、棒の始点から角まで、棒の方向がわかるようにゆっくり手を動かします。

　角まで動かしたら、「ストップ」と言って、止めます。
　次の方向に手を動かしやすいように、援助して棒を持ちかえます。

⑥「曲がるよ、今度は斜め右の方だよ」と言い、子どもの右手を援助して、角から終点まで、棒の方向がわかるようにゆっくり手を動かします。

⑦ 最後は、輪を棒から抜くように動かします。

　※握ってできるようになったら、人差し指と親指だけで棒を挟んで動かすとよいでしょう。
　※手は始点から終点の方向にのみ動かすようにし、行ったり来たりしないようにします。行ったり来たりしていると、どこが始点でどこが終点なのかわからなくなり、どちらに動かせば抜けるのかわかりにくくなります。
　※手を始点から終点まで動かすことに慣れてきたら、少しずつ援助を減らしていってもよいですが、子どもが違う方向に動かさないように、指導者は常に軽く手を添えているようにします。

⑧「上手にできたね」とほめます。

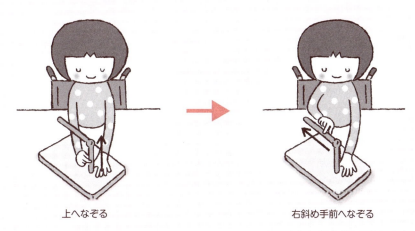

上へなぞる　　　　　　　　　右斜め手前へなぞる

●上記は指の使い方がわかりやすいように、指導者の援助の手は省略してあります。実際は、援助してなぞります。

第2章　初期学習の学習内容

9 方向の学習 —輪抜きの方法—

■指導者と一緒に行う

子どものほうから見た教材

① **上記のような向きで教材を呈示します。**

　始点のところに輪を置いておきます。
　教材の呈示位置は、子どもの手をまっすぐ伸ばして始点に届くあたりです。
　近いところに呈示すると、肘が曲がり、手が使いにくくなります。

② **「今度は、輪を持って動かすよ。先生と一緒にやるよ」と言います。**

　子どもの左手を台の上に置き、人差し指を、棒の根元のところに触れるように置きます。
　指導者の右手で子どもの左手の指が動かないように軽く押さえておきます。

③ **子どもの右手を援助して、輪を握らせます。**

　指導者の左手を、子どもの右手の上に重ねて、しっかり握ります。

④ **「はじめに、上に動かすよ」「シュー」と言いながら、子どもの右手を援助して、輪を上方向にゆっくり動かします。**

　角まで動かしたら、「ストップ」と言って、止まります。

⑤ **「曲がるよ、今度は斜め右の方に動かすよ」「シュー」と言いながら、終点までゆっくり輪を動かします。**

　一緒に輪を抜きます。すぐに「抜けたね」とことばかけします。
　抜いた輪は指導者がすぐに受け取ります。

⑥ **「上手にできたね」などとことばかけをして、心からほめます。**

⑦ **「『で・き・た』するよ」と言いながら、目の前で指導者が両手を3回合わせてみせます。
それから子どもの手を取って一緒に「で・き・た」と言って両手を3回合わせます。**

■子どもがひとりで行う

① **「指導者と一緒に行う」と同じ向きで教材を呈示します。**

　始点のところに輪を置いておきます。
　教材の呈示位置は、子どもの手をまっすぐ伸ばして始点に届くあたりです。
　近いところに呈示すると、輪を抜くときに肘が曲がり、手が使いにくくなります。

視覚に障害がある場合

2 「今度は○○さんがひとりでやってね」と言います。

「ここからだよ」と言って、子どもの左手を台の上に置き、人差し指を、棒の根元のところに触れるように置きます。指導者の右手で子どもの左手の指が動かないように軽く押さえておきます。

3 「これを持って動かしてください」と言って、子どもの右手を援助して、輪を握らせます。

指導者の左手は、子どもの右手に軽く触れておきます。

4 角のあたりをポインティングしてトントン音を立てながら、「こっちに動かしてね。上だよ」と言います。

子どもの手の動きに合わせて「シュー」「それでいいよ」などとことばかけします。角まで動かしたら、すぐに「ストップ」と言って、止めるようにします。
※動かす方向を迷っていたり、輪をスムーズに動かせなかったりしているときは、待たずにすぐに援助して一緒に動かすようにします。

5 終点のあたりをポインティングしてトントン音を立てながら、「曲がるよ、今度は、斜め右の方に動かすよ、こっちだよ」と言います。

子どもの手の動きに合わせて「シュー」「それでいいよ」などとことばかけします。
※動かす方向を迷っていたり、輪をスムーズに動かせなかったりしているときは、待たずにすぐに援助して一緒に動かすようにします。

6 子どもが輪を抜きます。すぐに「抜けたね」とことばかけします。

抜いた輪は指導者がすぐに受け取ります。

7 「上手にできたね」などとことばかけをして、心からほめます。

8 「『で・き・た』するよ」と言いながら、目の前で指導者が両手を3回合わせてみせます。それから子どもの手を取って一緒に「で・き・た」と言って両手を3回合わせます。

※方向が異なる Step 2～Step 5 も「方法とことばかけ」は、「右手で行う」の Step 1 に準じて、左手で行います。

2 方向の学習

左手で行う

※「右手で行う」の Step 1 の「方法とことばかけ」に準じて、左手で Step 1～Step 5 を行います。子どもの左手を指導者の右手で援助します。

第**2**章

初期学習の学習内容

129

プリンカップに順番に
ゴルフボールを入れる学習

　これまで述べてきたような学習を行い、少しずつ見る力がついてきたら、左側から順番に容器に物を入れていく学習を行います。

　「左側から順番に入れることがわかる」ことがねらいです。そのためには、入れる容器を順番に見ることが最も大切です。

　運動機能に障害がある場合などは、ひとりで入れられなくてもよいです。

　入れる容器を順番に見ることができれば、理解したと考えます。

　ボールには方向がないので、入れる学習の中では最もやさしいです。

教材

プリンカップが3個横に並んでいるもの
プリンカップは、ゴルフボールを1個ずつ入れるのにちょうどよい教材です。ステンレス製のものが丈夫で、ゴルフボールを入れたときによい音がします。プリンカップにも、様々な大きさがありますが、内径約7cmで、高さが約4cmのものが適切です。台は木製がよく、カップとカップの間は、5～6cmあけて、台にしっかりと固定します。

ゴルフボール3個
ピンポン玉などの軽いものより、重みがあって持っていることを実感しやすい、ゴルフボールを用います。色は、子どもの好きな色でよいですが、3個とも同じ色にします。

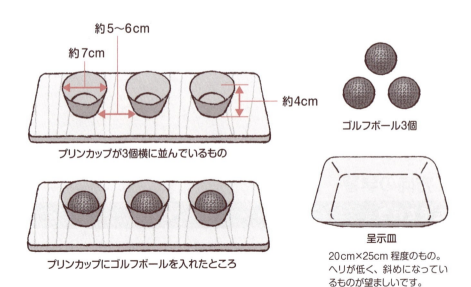

プリンカップが3個横に並んでいるもの

プリンカップにゴルフボールを入れたところ

ゴルフボール3個

呈示皿
20cm×25cm程度のもの。ヘリが低く、斜めになっているものが望ましいです。

**方法と
ことばかけ**

　この学習は、指導者と一緒に行います。

　できるようになってきたら、徐々に援助を減らしてよいですが、ゴルフボールを投げてしまったり、間違ったプリンカップに入れたりすることのないように、常に軽く手を添えているようにします。

　指導者は、子どもと対面し、常に子どもの目を見ながら学習します。

　この学習は、目と手の協応動作の学習に、順番の概念が入ってくるので、利き手でのみ行います。

　利き手が右手であっても左手であっても、ボールは左側のプリンカップから入れます。

右手で行う（右利きの場合）

■1番左のプリンカップに入れる

1 **プリンカップが3個横に並んだ教材を呈示します。**

　教材の呈示位置は、子どもの手をまっすぐ伸ばして届くあたりです。

　※呈示位置が近すぎると、見えにくく、手も使いにくくなります。
　　「見て」と言い、見たら「見てるね」と言います。
　　見ないときはポインティングして視線を誘導します。
　　「ここに、ボールを入れる勉強をするよ」と言います。

2 **「こっちの手をここに置くよ」と言いながら、子どもの左手を援助して、
1番左のプリンカップの根もとに触れさせます。**

　指導者の右手を子どもの左手の上に置いておきます。

　1番左のプリンカップを指導者の左手でポインティングしながら、「最初に入れるのは、ここだよ。見て」と言います。見たら「見てるね」と言います。見ないときは再度ポインティングして視線を誘導します。

3 **呈示皿を、プリンカップの教材の右側の、子どもの右手をまっすぐ伸ばして
届くあたりに呈示します。ゴルフボールを1個、呈示皿に置きます。**

　※呈示位置が近すぎると、見えにくく、手も使いにくくなります。
　　「見て」と言い、見たら「見てるね」と言います。見ないときはゴルフボールをポインティングして視線を誘導します。

第**2**章

初期学習の学習内容

131

10 プリンカップに順番にゴルフボールを入れる学習

❹「持つよ」と言って、子どもの右手を指導者の左手で援助して、一緒にゴルフボールを握ります。

子どもの右手から指導者の左手を放さないようにします。

※指導者が手を放した瞬間にゴルフボールを落としてしまったり投げてしまったりすることがあります。そうなると、学習が中断し、何をしているのかわからなくなります。

❺「入れるよ」と言いながら、援助してゴルフボールを１番左のプリンカップの上まで持っていきます。
「放すよ、ぱっ」のことばかけで、一緒にゴルフボールを放して、１番左のプリンカップに入れます。

「よくできました」とほめます。

※間違ったプリンカップに入れさせないように、しっかりと手を援助して行うようにします。ひとりで入れさせようとして、間違ったところに入れてしまい、後から直すのは、学習の定着を妨げます。

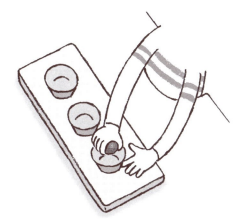

- 指の使い方がわかりやすいように、指導者の援助の手は省略してあります。実際は、援助して行います。

- 子どもの左手の人差し指は、1番左のプリンカップの根もとに触れるように置きます。

■左から2番目のプリンカップに入れる

❶ 「こっちの手を動かすよ」と言って、子どもの左手を援助して、1番左のプリンカップの根もとから、左から2番目のプリンカップの根もとまで、台の上をすべらせていきます。

そのとき、すべらせている手を子どもが目で追うようにします。見ないときは子どもの左手を軽くタッピングして視線を誘導します。

左から2番目のプリンカップを指導者の左手でポインティングしながら、「次に入れるのは、ここだよ。見て」と言います。見たら「見てるね」と言います。見ないときは再度ポインティングして視線を誘導します。

※すべらせていく手を目で追うことで、次に入れる容器を認識し、次第に順番がわかるようになります。

❷ ゴルフボールを1個、呈示皿に置きます。

「見て」と言い、見たら「見てるね」と言います。見ないときはゴルフボールをポインティングして視線を誘導します。

10 プリンカップに順番にゴルフボールを入れる学習

❸「持つよ」と言って、子どもの右手を指導者の左手で援助して、一緒にゴルフボールを握ります。

指導者の左手を、子どもの右手から放さないようにします。
※指導者が手を放した瞬間にゴルフボールを落としてしまったり投げたりしてしまったりすることがあります。そうなると、学習が中断し、何をしているのかわからなくなります。

❹「入れるよ」と言いながら、援助してゴルフボールを中央のプリンカップの上まで持っていきます。
「放すよ、ぱっ」のことばかけで、一緒にゴルフボールを放して、中央のプリンカップに入れます。

「よくできました」とほめます。
※間違ったプリンカップに入れさせないように、しっかりと手を援助して行うようにします。ひとりで入れさせようとして、間違ったところに入れてしまい、後から直すのは、学習の定着を妨げます。

今度はここに入れるよ

よく見てるね

- 指の使い方がわかりやすいように、指導者の援助の手は省略してあります。実際は、援助して行います。

- 子どもの左手の人差し指は、1番左のプリンカップの根もとから、左から2番目のプリンカップの根もとまですべらせます。すべらせているところを追視します。

■左から３番目のプリンカップに入れる

① 「こっちの手を動かすよ」と言って、子どもの左手を援助して、左から２番目のプリンカップの根もとから左から３番目のプリンカップの根もとまで台の上をすべらせていきます。

そのとき、すべらせている手を子どもが目で追うようにします。見ないときは子どもの左手を軽くタッピングして視線を誘導します。

左から３番目のプリンカップを指導者の左手でポインティングしながら、「次に入れるのは、ここだよ。見て」と言います。見たら「見てるね」と言います。見ないときは再度ポインティングして視線を誘導します。

※すべらせていく手を目で追うことで、次に入れる容器を認識し、次第に順番がわかるようになります。

② ゴルフボールを１個、呈示皿に置きます。

「見て」と言い、見たら「見てるね」と言います。見ないときはゴルフボールをポインティングして視線を誘導します。

③ 「持つよ」と言って、子どもの右手を指導者の左手で援助して、一緒にゴルフボールを握ります。

子どもの右手から指導者の左手を放さないようにします。

※指導者が手を放した瞬間にゴルフボールを落としてしまったり投げてしまったりすることがあります。そうなると、学習が中断し、何をしているのかわからなくなります。

④ 「入れるよ」と言いながら、援助してゴルフボールを左から３番目のプリンカップの上まで持っていきます。「放すよ、ぱっ」のことばかけで、一緒にゴルフボールを放して、左から３番目のプリンカップに入れます。

「よくできました」とほめます。

※間違ったプリンカップに入れさせないように、しっかりと手を援助して行うようにします。ひとりで入れさせようとして、間違ったところに入れてしまい、後から直すのは、学習の定着を妨げます。

第２章　初期学習の学習内容

135

10 プリンカップに順番にゴルフボールを入れる学習

■入れたゴルフボールを左から順番に見る

❶ 子どもの左手を、台の左端に置きます。
その上に指導者の右手を添えておきます。

❷ 子どもの右手を指導者の左手で援助しながら、「こっちからさわるよ」と言い、プリンカップに入れたゴルフボールを、1番左から順番にさわります。

1つさわるたびに「入ってるね」と言います。
このとき、子どもが、指の動きに合わせて、「1番左のゴルフボール→左から2番目のゴルフボール→左から3番目のゴルフボール」というように順番に目を動かして見ることが大切です。見ないときは、「ここ見て」と言いながら、ゴルフボールをポインティングして視線を誘導します。

❸ 「よく見てたね」「上手にできたね」などとことばかけをして、心からほめます。

❹ 「『で・き・た』するよ」と言いながら、目の前で指導者が両手を3回合わせてみせます。それから子どもの手を取って一緒に「で・き・た」と言って両手を3回合わせます。

左手で行う（左利きの場合）

■1番左のプリンカップに入れる

① プリンカップが3個横に並んだ教材を呈示します。
「ここに、ボールを入れる勉強をするよ」と言います。

教材の呈示位置は、子どもの手をまっすぐ伸ばして届くあたりです。
※呈示位置が近すぎると、見えにくく、手も使いにくくなります。
「見て」と言い、見たら「見てるね」と言います。
見ないときはポインティングして視線を誘導します。

② 「こっちの手をここに置くよ」と言いながら、子どもの右手を援助して、1番左のプリンカップの根もとに触れさせます。

指導者の左手を子どもの右手の上に置いておきます。
1番左のプリンカップを指導者の左手でポインティングしながら、「最初に入れるのは、ここだよ。見て」と言います。見たら「見てるね」といいます。見ないときは再度ポインティングして視線を誘導します。

※**③**〜**⑤**は、「右手で行う」の「方法とことばかけ」に準じて、左手で行います。

■左から2番目のプリンカップに入れる

① 「こっちの手を動かすよ」と言って、子どもの右手を援助して、1番左のプリンカップの根もとから、左から2番目のプリンカップの根もとまで、台の上をすべらせていきます。

そのとき、すべらせている手を子どもが目で追うようにします。見ないときは子どもの右手を軽くタッピングして視線を誘導します。
左から2番目のプリンカップを指導者の右手でポインティングしながら、「次に入れるのは、ここだよ。見て」と言います。見たら「見てるね」といいます。見ないときは再度ポインティングして視線を誘導します。
※すべらせていく手を目で追うことで、次に入れる容器を認識し、次第に順番がわかるようになります。

※**②**〜**④**は、「右手で行う」の「方法とことばかけ」に準じて、左手で行います。

10 プリンカップに順番にゴルフボールを入れる学習

■左から3番目のプリンカップに入れる

❶「こっちの手を動かすよ」と言って、子どもの右手を援助して、左から2番目のプリンカップの根もとから左から3番目のプリンカップの根もとまで台の上をすべらせていきます。

そのとき、すべらせている手を子どもが目で追うようにします。
見ないときは子どもの右手を軽くタッピングして視線を誘導します。
左から3番目のプリンカップを指導者の右手でポインティングしながら、「次に入れるのは、ここだよ。見て」と言います。見たら「見てるね」といいます。
見ないときは再度ポインティングして視線を誘導します。
※すべらせていく手を目で追うことで、次に入れる容器を認識し、次第に順番がわかるようになります。

※❷～❹は、「右手で行う」の「方法とことばかけ」に準じて、左手で行います。

■入れたゴルフボールを左から順番に見る

❶ 子どもの右手を、台の右端に置きます。その上に指導者の左手を添えておきます。

※❷～❹は、「右手で行う」の「方法とことばかけ」に準じて、左手で行います。

point できるようになってきたら

できるようになってきたら、援助を少しずつ減らしていってもよいですが、指導者の手は常に軽く添えているようにします。
プリンカップ3個でできるようになったら、5個に増やして同じように行うとよいでしょう。

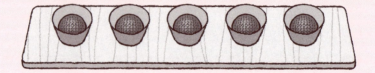

第**2**章

初期学習の学習内容

筒に乾電池を順番に入れる学習

「第2章 10 プリンカップに順番にゴルフボールを入れる学習」と同じように、左から順番に操作を行う学習です。ゴルフボールは球なので、どのような向きにしても入りますが、乾電池は円柱形なので向きを意識して入れる必要があります。

方向を理解していない子どもは、乾電池を横向きに入れようとすることが多いです。

うまく入らないとあきらめてしまったり、この学習が嫌いになったりすることがあります。

どの方向に向けて入れればよいのか、指導者が手を添えて教えるようにします。入れるところをよく見ていることによって、方向を理解します。

教材

筒が3つ横に並んでいるもの

筒は、単1の乾電池が入る口径で（内径約4cm）、高さは約6.5cmです。材質は、塩ビ管などがしっかりしていてよいでしょう。

筒と筒の間は、約4cmあけて、台にしっかりと固定します。

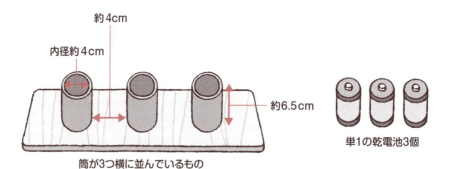

筒が3つ横に並んでいるもの

単1の乾電池3個

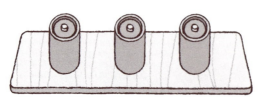

筒に乾電池を入れたところ

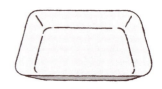

呈示皿
20cm×25cm程度のもの。ヘリが低く、斜めになっているものが望ましいです。

**方法と
ことばかけ**

　この学習は、指導者と一緒に行います。

　できるようになってきたら、徐々に援助を減らしてよいですが、乾
電池を投げてしまったり、間違った筒に入れたりすることのないよう
に、常に軽く手を添えているようにします。

　指導者は、子どもと対面し、常に子どもの目を見ながら学習します。

　この学習は、目と手の協応動作の学習に、順番と方向の概念が入っ
てくるので、利き手でのみ行います。

　利き手が右手であっても左手であっても、乾電池は左側の筒から入
れます。

右手で行う（右利きの場合）

■1番左の筒に入れる

**❶ 筒が3個横に並んだ教材を呈示します。
「ここに、電池を入れる勉強をするよ」と言います。**

　　教材の呈示位置は、子どもの手をまっすぐ伸ばして届くあたりです。

　　※呈示位置が近すぎると、見えにくく、手も使いにくくなります。
　　　「見て」と言い、見たら「見てるね」と言います。
　　　見ないときはポインティングして視線を誘導します。

**❷ 「こっちの手をここに置くよ」と言いながら、子どもの左手を援助して、
1番左の筒の根もとに触れさせます。**

　　指導者の右手を子どもの左手の上に置いておきます。

　　1番左の筒を指導者の左手でポインティングしながら、「最初に入れるのは、ここだ
　　よ。見て」と言います。見たら「見てるね」と言います。見ないときは再度ポインティ
　　ングして視線を誘導します。

**❸ 呈示皿を、筒の教材の右側の、子どもの右手をまっすぐ伸ばして届くあたりに
呈示します。乾電池を1個、立てて呈示皿に置きます。**

　　※呈示位置が近すぎると、見えにくく、手も使いにくくなります。
　　　「見て」と言い、見たら「見てるね」と言います。見ないときは乾電池をポインティングして
　　　視線を誘導します。

第**2**章

初期学習の学習内容

141

11 筒に乾電池を順番に入れる学習

❹「持つよ」と言って、子どもの右手を指導者の左手で援助して、一緒に乾電池を持ちます。

乾電池は、上から持つようにした方が入れやすいです。子どもの右手の上に指導者の左手を重ね、放さないようにします。

※指導者が手を放した瞬間に乾電池を落としてしまったり投げてしまったりすることがあります。そうなると、学習が中断し、何をしているのかわからなくなります。

**❺「入れるよ」と言いながら、援助して乾電池を1番左の筒の上まで持っていきます。
「放すよ、ぱっ」のことばかけで、一緒に乾電池を放して、1番左の筒に入れます。**

「よくできました」とほめます。

※間違った筒に入れさせないように、しっかりと手を援助して行うようにします。ひとりで入れさせようとして、間違ったところに入れてしまい、後から直すのは、学習の定着を妨げます。

最初はここに入れるよ

見てるね

- 指の使い方がわかりやすいように、指導者の援助の手は省略してあります。実際は、援助して行います。

- 子どもの左手の人差し指は、1番左の筒の根もとに触れるように置きます。

■左から2番目の筒に入れる

❶「こっちの手を動かすよ」と言って、子どもの左手を援助して、1番左の筒の根もとから、左から2番目の筒の根もとまで、台の上をすべらせていきます。

そのとき、すべらせている手を子どもが目で追うようにします。
見ないときは子どもの左手を軽くタッピングして視線を誘導します。
左から2番目の筒を指導者の左手でポインティングしながら、「次に入れるのは、ここだよ。見て」と言います。見たら「見てるね」と言います。見ないときは再度ポインティングして視線を誘導します。
※すべらせていく手を目で追うことで、次に入れる筒を認識し、次第に順番がわかるようになります。

❷ 乾電池を1個立てて、呈示皿に置きます。

「見て」と言い、見たら「見てるね」と言います。見ないときは乾電池をポインティングして視線を誘導します。

❸「持つよ」と言って、子どもの右手を指導者の左手で援助して、一緒に乾電池を持ちます。

子どもの右手から指導者の左手を放さないようにします。
※指導者が手を放した瞬間に乾電池を落としてしまったり投げてしまったりすることがあります。そうなると、学習が中断し、何をしているのかわからなくなります。

❹「入れるよ」と言いながら、援助して乾電池を中央の筒の上まで持っていきます。「放すよ、ぱっ」のことばかけで、一緒に乾電池を放して、中央の筒に入れます。

「よくできました」とほめます。
※違った筒に入れさせないように、しっかりと手を援助して行うようにします。ひとりで入れさせようとして、間違ったところに入れてしまい、後から直すのは、学習の定着を妨げます。

11 筒に乾電池を順番に入れる学習

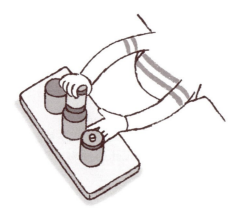

● 指の使い方がわかりやすいように、指導者の援助の手は省略してあります。実際は、援助して行います。

● 子どもの左手の人差し指は、1番左の筒の根もとから、左から2番目の筒の根もとまですべらせます。すべらせているところを追視します。

■左から3番目の筒に入れる

①「こっちの手を動かすよ」と言って、子どもの左手を援助して、左から2番目の筒の根もとから左から3番目の筒の根もとまで台の上をすべらせていきます。

そのとき、すべらせている手を子どもが目で追うようにします。
見ないときは子どもの左手を軽くタッピングして視線を誘導します。
左から3番目の筒を指導者の左手でポインティングしながら、「次に入れるのは、ここだよ。見て」と言います。見たら「見てるね」と言います。見ないときは再度ポインティングして視線を誘導します。
※すべらせていく手を目で追うことで、次に入れる筒を認識し、次第に順番がわかるようになります。

② 乾電池を1個立てて、呈示皿に置きます。

「見て」と言い、見たら「見てるね」と言います。見ないときは乾電池をポインティングして視線を誘導します。

③「持つよ」と言って、子どもの右手を指導者の左手で援助して、一緒に乾電池を握ります。

子どもの右手から指導者の左手を放さないようにします。
※指導者が手を放した瞬間に乾電池を落としてしまったり投げてしまったりすることがあります。そうなると、学習が中断し、何をしているのかわからなくなります。

❹「入れるよ」と言いながら、援助して乾電池を左から3番目の筒の上まで持っていきます。
「放すよ、ぱっ」のことばかけで、一緒に乾電池を放して、左から3番目の筒に入れます。

「よくできました」とほめます。
※間違った筒に入れさせないように、しっかりと手を援助して行うようにします。ひとりで入れさせようとして、間違ったところに入れてしまい、後から直すのは、学習の定着を妨げます。

■入れた乾電池を左から順番に見る

❶ 子どもの左手を、台の左端に置きます。
その上に指導者の右手を添えておきます。

❷ 子どもの右手を指導者の左手で援助しながら、「こっちからさわるよ」と言い、筒に入れた乾電池を、1番左から順番にさわります。

1つさわるたびに「入ってるね」と言います。
このとき、子どもが、指の動きに合わせて、「1番左の乾電池→左から2番目の乾電池→左から3番目の乾電池」というように順番に目を動かして見ることが大切です。見ないときは、「ここ見て」と言いながら、乾電池をポインティングして視線を誘導します。

❸「よく見てたね」「上手にできたね」などとことばかけをして、心からほめます。

❹「『で・き・た』するよ」と言いながら、目の前で指導者が両手を3回合わせてみせます。
それから子どもの手を取って一緒に「で・き・た」と言って両手を3回合わせます。

第2章 初期学習の学習内容

11 筒に乾電池を順番に入れる学習

左手で行う（左利きの場合）

■1番左の筒に入れる

1 筒が3個横に並んだ教材を呈示します。

呈示位置は、子どもの手をまっすぐ伸ばして届くあたりです。

※呈示位置が近すぎると、見えにくく、手も使いにくくなります。
「見て」と言い、見たら「見てるね」と言います。
見ないときはポインティングして視線を誘導します。
「ここに、電池を入れる勉強をするよ」と言います。

2 「こっちの手をここに置くよ」と言いながら、子どもの右手を援助して、1番左の筒の根もとに触れさせます。

指導者の左手は、子どもの右手の上に置いておきます。
1番左の筒を指導者の右手でポインティングしながら、「最初に入れるのは、ここだよ。見て」と言います。見たら「見てるね」と言います。見ないときは再度ポインティングして視線を誘導します。

※❸〜❺は、「右手で行う」の「方法とことばかけ」に準じて、左手で行います。

■左から2番目の筒に入れる

1 「こっちの手を動かすよ」と言って、子どもの右手を援助して、1番左の筒の根もとから、左から2番目の筒の根もとまで、台の上をすべらせていきます。

そのとき、すべらせている手を子どもが目で追うようにします。
見ないときは子どもの右手を軽くタッピングして視線を誘導します。
左から2番目の筒を指導者の左手でポインティングしながら、「次に入れるのは、ここだよ。見て」と言います。見たら「見てるね」と言います。見ないときは再度ポインティングして視線を誘導します。

※すべらせていく手を目で追うことで、次に入れる筒を認識し、次第に順番がわかるようになります。

※❷〜❹は、「右手で行う」の「方法とことばかけ」に準じて、左手で行います。

146

■左から3番目の筒に入れる

①「こっちの手を動かすよ」と言って、子どもの右手を援助して、左から2番目の筒の根もとから左から3番目の筒の根もとまで台の上をすべらせていきます。

そのとき、すべらせている手を子どもが目で追うようにします。
見ないときは子どもの右手を軽くタッピングして視線を誘導します。
左から3番目の筒を指導者の右手でポインティングしながら、「次に入れるのは、ここだよ。見て」と言います。見たら「見てるね」と言います。見ないときは再度ポインティングして視線を誘導します。
※すべらせていく手を目で追うことで、次に入れる筒を認識し、次第に順番がわかるようになります。

※❷〜❹は、「右手で行う」の「方法とことばかけ」に準じて、左手で行います。

■入れた乾電池を左から順番に見る

① 子どもの右手を、台の右端に置きます。
その上に指導者の左手を添えておきます。

※❷〜❹は、「右手で行う」の「方法とことばかけ」に準じて、左手で行います。

point できるようになってきたら

できるようになってきたら、援助を少しずつ減らしていってもよいですが、指導者の手は常に軽く添えているようにします。
乾電池は上から持っても横から持っても、できるようにするとよいでしょう。
筒3個でできるようになったら、5個に増やして同じように行うとよいでしょう。

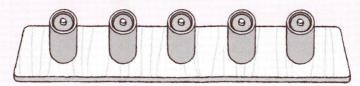

第2章　初期学習の学習内容

棒から順番に筒を抜く学習

「第2章 10 プリンカップに順番にゴルフボールを入れる学習」「第2章 11 筒に順番に乾電池を入れる学習」と同じように、左から順番に操作を行う学習です。

ここでは、上に抜くという方向の要素が加わります。

上方向に抜くことがわからないと、子どもは筒を手前に引っ張ろうとします。わかるまでは、手を添えて抜く方向を教えるようにします。

1本抜いたら、次に抜く筒に視線を移し、よく見ながら抜くことが大切です。

教材　**木の台に、棒を横に3本並べて固定したもの**
棒の長さは約10cm、太さは直径約1cmで、棒と棒の間を約4cmあけます。木の台にしっかりと固定します。

棒にさす筒3本
筒の内径は、約1.2cm、長さは約9cmで、棒より少し短くします。

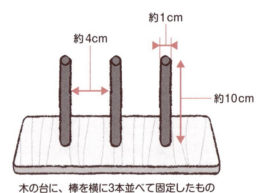

木の台に、棒を横に3本並べて固定したもの

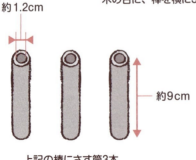

上記の棒にさす筒3本

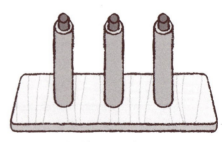

棒に筒をさしたところ

**方法と
ことばかけ**

この学習は、指導者と一緒に行います。
　できるようになってきたら、徐々に援助を減らしてよいですが、間違った棒から筒を抜いたり、抜いた筒を投げたりすることのないように、常に軽く手を添えているようにします。
　指導者は、子どもと対面し、常に子どもの目を見ながら学習します。
　この学習は、目と手の協応動作の学習の上に、順番と方向の概念が入ってくるので、利き手でのみ行います。
　利き手が右手であっても左手であっても、筒は左側から抜きます。

右手で行う（右利きの場合）

■1番左の筒を抜く

① 筒が3個横に並んだ教材を呈示します。「筒を抜く勉強をするよ」と言います。

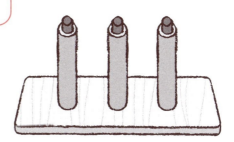

教材の呈示位置は、子どもの手をまっすぐ伸ばして届くあたりです。
※呈示位置が近すぎると、見えにくく、手も使いにくくなります。
「見て」と言い、見たら「見てるね」と言います。
見ないときはポインティングして視線を誘導します。

②「こっちの手をここに置くよ」と言いながら、子どもの左手を援助して、1番左の筒の根もとに触れさせます。

指導者の右手は、子どもの左手の上に置いておきます。
　1番左の筒を指導者の左手でポインティングしながら、「最初に抜くのは、ここだよ。見て」と言います。見たら「見てるね」と言います。見ないときは再度ポインティングして視線を誘導します。

12 棒から順番に筒を抜く学習

❸「持つよ」と言って、子どもの右手を指導者の左手で援助して、一緒に1番左の筒を握ります。

子どもの右手から指導者の左手を放さないようにします。

※指導者が手を放した瞬間に、子どもが筒を手前に引っ張ろうとすることがあります。その動きをさせてから「違うよ」と言って止めるより、初めからさせない方が正しい学習のしかたが定着します。

❹「上に抜くよ」と言いながら、援助して筒を握っている手を上に動かし、筒を棒から抜きます。

指導者の手の動きが子どもの手にしっかり伝わるように動かします。

※子どもに任せようとすると、筒を上下に繰り返し動かすなどしてしまい、目的がわからなくなってしまうことがあります。指導者の手を添え、上方向への1回の動きで筒を抜くようにします。その方が、抜く方向がわかるようになります。

抜いた筒はすぐに指導者が受け取ります。「よくできました」とほめます。

上に抜くよ

- 指の使い方がわかりやすいように、指導者の援助の手は省略してあります。実際は、援助して行います。

- 子どもの左手の人差し指は、1番左の筒の根もとに触れるように置きます。

■左から2番目の筒を抜く

①「こっちの手を動かすよ」と言って、子どもの左手を援助して、1番左の棒の根もとから、左から2番目の筒の根もとまで、台の上をすべらせていきます。

そのとき、すべらせている手を子どもが目で追うようにします。
見ないときは子どもの左手を軽くタッピングして視線を誘導します。
左から2番目の筒を指導者の左手でポインティングしながら、「次に抜くのは、ここだよ。見て」と言います。見たら「見てるね」と言います。見ないときは再度ポインティングして視線を誘導します。

※すべらせていく手を目で追うことで、次に抜く筒を認識し、次第に順番がわかるようになります。

②「持つよ」と言って、子どもの右手を指導者の左手で援助して、一緒に左から2番目の筒を握ります。

子どもの右手から指導者の左手を放さないようにします。

※指導者が手を放した瞬間に、子どもが筒を手前に引っ張ろうとすることがあります。その動きをさせてから「違うよ」と言って止めるより、初めからさせない方が正しい学習のしかたが定着します。

③「上に抜くよ」と言いながら、援助して筒を握っている手を上に動かし、筒を棒から抜きます。

指導者の手の動きが子どもの手にしっかり伝わるように動かします。

※子どもに任せようとすると、筒を上下に繰り返し動かすなどしてしまい、目的がわからなくなってしまうことがあります。指導者の手を添え、上方向への1回の動きで筒を抜くようにします。その方が、抜く方向がわかるようになります。

抜いた筒はすぐに指導者が受け取ります。「よくできました」とほめます。

- 指の使い方がわかりやすいように、指導者の援助の手は省略してあります。実際は、援助して行います。

- 子どもの左手の人差し指は、1番左の筒の根もとから、左から2番目の筒の根もとまですべらせます。すべらせているところを追視します。

第2章　初期学習の学習内容

151

12 棒から順番に筒を抜く学習

■左から3番目の筒を抜く

❶「こっちの手を動かすよ」と言って、子どもの左手を援助して、左から2番目の棒の根もとから、左から3番目の筒の根もとまで、台の上をすべらせていきます。

そのとき、すべらせている手を子どもが目で追うようにします。
見ないときは子どもの左手を軽くタッピングして視線を誘導します。
左から3番目の筒を指導者の左手でポインティングしながら、「次に抜くのは、ここだよ。見て」と言います。見たら「見てるね」と言います。見ないときは再度ポインティングして視線を誘導します。
※すべらせていく手を目で追うことで、次に抜く筒を認識し、次第に順番がわかるようになります。

❷「持つよ」と言って、子どもの右手を指導者の左手で援助して、一緒に左から3番目の筒を握ります。

子どもの右手から指導者の左手を放さないようにします。
※指導者が手を放した瞬間に、子どもが筒を手前に引っ張ろうとすることがあります。その動きをさせてから「違うよ」と言って止めるより、初めからさせない方が正しい学習のしかたが定着します。

❸「上に抜くよ」と言いながら、援助して筒を握っている手を上に動かし、筒を棒から抜きます。

指導者の手の動きが子どもの手にしっかり伝わるように動かします。
※子どもに任せようとすると、筒を上下に繰り返し動かすなどしてしまい、目的がわからなくなってしまうことがあります。指導者の手を添え、上方向への1回の動きで筒を抜くようにします。その方が、抜く方向がわかるようになります。
抜いた筒はすぐに指導者が受け取ります。

❹「よく見てたね」「上手にできたね」などとことばかけをして、心からほめます。

❺「『で・き・た』するよ」と言いながら、目の前で指導者が両手を3回合わせてみせます。それから子どもの手を取って一緒に「で・き・た」と言って両手を3回合わせます。

152

左手で行う（左利きの場合）

■1番左の筒を抜く

❶ 棒に筒をさしてあるものが、3個横に並んだ教材を呈示します。
「筒を抜く勉強をするよ」と言います。

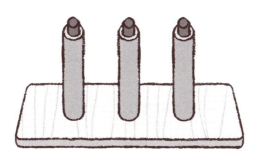

呈示位置は、子どもの手をまっすぐ伸ばして届くあたりです。

※呈示位置が近すぎると、見えにくく、手も使いにくくなります。
「見て」と言い、見たら「見てるね」と言います。
見ないときはポインティングして視線を誘導します。

❷「こっちの手をここに置くよ」と言いながら、子どもの右手を援助して、1番左の筒の根もとに触れさせます。

指導者の左手は、子どもの右手の上に置いておきます。
1番左の筒を指導者の右手でポインティングしながら、「最初に抜くのは、ここだよ。見て」と言います。見たら「見てるね」と言います。見ないときは再度ポインティングして視線を誘導します。

※ ❸❹は、「右手で行う」の「方法とことばかけ」に準じて、左手で行います。

■左から２番目の筒を抜く

❶「こっちの手を動かすよ」と言って、子どもの右手を援助して、１番左の棒の根もとから、左から２番目の筒の根もとまで、台の上をすべらせていきます。

そのとき、すべらせている手を子どもが目で追うようにします。

見ないときは子どもの左手を軽くタッピングして視線を誘導します。

左から２番目の筒を指導者の右手でポインティングしながら、「次に抜くのは、ここだよ。見て」と言います。見たら「見てるね」と言います。見ないときは再度ポインティングして視線を誘導します。

※すべらせていく手を目で追うことで、次に抜く筒を認識し、次第に順番がわかるようになります。

※**❷❸**は、「右手で行う」の「方法とことばかけ」に準じて、左手で行います。

■左から３番目の筒を抜く

❶「こっちの手を動かすよ」と言って、子どもの右手を援助して、左から２番目の棒の根もとから、左から３番目の筒の根もとまで、台の上をすべらせていきます。

そのとき、すべらせている手を子どもが目で追うようにします。

見ないときは子どもの右手を軽くタッピングして視線を誘導します。

左から３番目の筒を指導者の左手でポインティングしながら、「次に抜くのは、ここだよ。見て」と言います。見たら「見てるね」と言います。見ないときは再度ポインティングして視線を誘導します。

※すべらせていく手を目で追うことで、次に抜く筒を認識し、次第に順番がわかるようになります。

※**❷**〜**❺**は、「右手で行う」の「方法とことばかけ」に準じて、左手で行います。

point できるようになってきたら

　できるようになってきたら、援助を少しずつ減らしていってもよいですが、指導者の手は常に軽く添えているようにします。
　筒は上から持っても横から持っても、できるようにするとよいでしょう。筒3個でできるようになったら、5個に増やして同じように行うとよいでしょう。

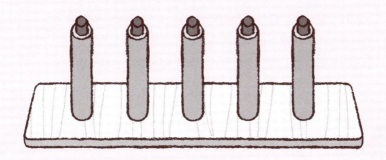

コイン入れの学習

　タッパーなどの容器や箱のふたに切り込みを入れ、切り込みの形に合わせてコイン等を入れる学習です。
　この学習を、子どもにひとりでさせている場面をよく見かけます。
　ひとりでスムースに入れられる場合はよいのですが、うまく入らずに、長い時間試行錯誤していたり、途中で嫌になってやめてしまったりする子どもがいます。
　コイン入れの学習は、切り込みの角度によって難易度が違います。
　はじめのうちは、指導者が手を添えて行うようにします。
　入れる方向を教えて、間違えさせないようにすることが大切です。

教材

ふたに切り込みのある容器
容器は、高すぎると、切り込みの部分が子どもから見えません。
切り込みの部分が子どもからよく見える高さの容器にします。
ふたの上に反利き手をのせて押さえることができる面の大きさがあるものが望ましいです。
切り込みは、コイン型の教材の方向を合わせたら、簡単に落ちるような大きさにあけます。

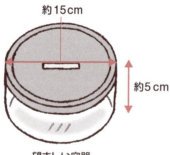
望ましい容器

望ましくない容器
高さが高すぎるものやふたの面が狭いもの

コイン型の教材
子どもが持ちやすい大きさ・厚さのもの。
直径3cm程度、厚さ5mm程度がよいでしょう。

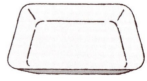
呈示皿
20cm×25cm程度のもの。
ヘリが低く、斜めになっているものが望ましいです。

point 切り込みは、コインが楽に落ちる大きさにする

　タッパーのふたに、あえて窮屈な大きさの切込みを開け、「押し込んで入れる（プットイン）」という学習をよく見かけます。

　主に「手指の巧緻性や、指で押す力をつけること」をねらっている学習です。ここに書いた学習は、「ひとりで切り込みに入れることができる」ことをねらっているのではありません。「切り込みの方向にコインを合わせることがわかる」ということをねらっています。

　コインと切り込みの方向をよく見ながら、同じ方向に合わせようとするなどの様子が見られたら、わかったということです。

　ひとりで上手に切り込みに入れられないときは、すぐに援助して入れるようにします。その方が、できたということがわかりやすいです。

　切り込みの大きさは、力を入れて押し込まなくても楽にコインが落ちるように、多少ゆとりをもった大きさにします。

学習のステップ

子どもの手指の使い方から、コインを入れる切り込みの方向を、やさしい順にステップにしました。
教材の呈示位置や子どもの実態によっては、順番が入れ替わることもあります。
この学習は、利き手でも反利き手でも行います。
利き手から学習し、その後、反利き手で学習します。
ここでは、利き手を右として、右手を使う学習から説明します。

右手を使う場合の切り込みの方向のステップ

Step 1　左上から右下への斜め方向

　右手で入れる場合は、左上から右下への斜め方向の切り込みが最も入れやすいです。

第2章　初期学習の学習内容

13 コイン入れの学習

> **Step 2** 横方向（「左上から右下への斜め方向」から徐々に横方向に向けていく）

縦方向の切り込みに入れるより、横方向の切り込みに入れる方がやさしいです。
Step 1 の「左上から右下への斜め方向」の向きから、徐々に真横の向きに変えていきます。

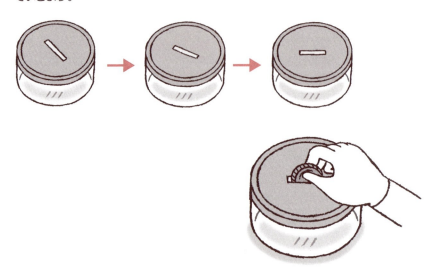

> **Step 3** 縦方向（「左上から右下への斜め方向」から徐々に縦方向に向けていく）

縦方向の切り込みは手指の使い方が難しいです。
Step 1 の「左上から右下への斜め方向」の向きから、徐々に縦の向きに変えていきます。

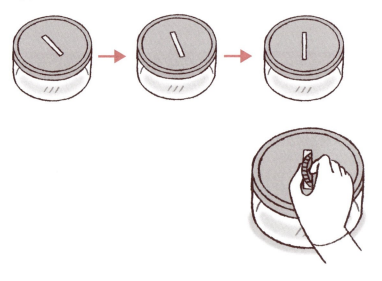

基本的に、容器は、子どもの身体の正面に呈示します。
机上面の容器を置く位置によって、同じ切り込みの向きでも、難易度が変わってきます。例えば、右手で縦方向に入れるのが難しい場合は、容器の呈示位置を、右側にずらしていくと、入れやすくなります。呈示位置を少しずつ動かして中央でもできるようにしていきます。

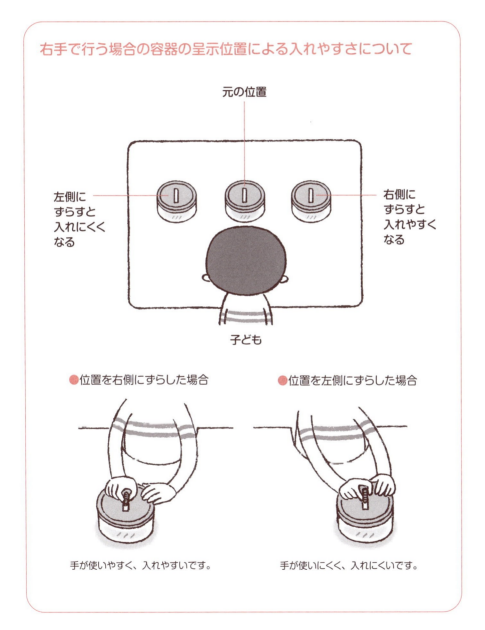

13 コイン入れの学習

左手を使う場合の切り込みの方向のステップ

Step 1　右上から左下への斜め方向

Step 2　横方向（「右上から左下への斜め方向」から徐々に横方向に向けていく）

Step 3　縦方向（「右上から左下への斜め方向」から徐々に縦方向に向けていく）

切り込みの向きによって、入れやすい容器の位置が違います。
左手で縦方向に入れるのが難しい場合は、容器の呈示位置を、左側にずらしていくと、入れやすくなります。
呈示位置を少しずつ動かして中央でもできるようにしていきます。

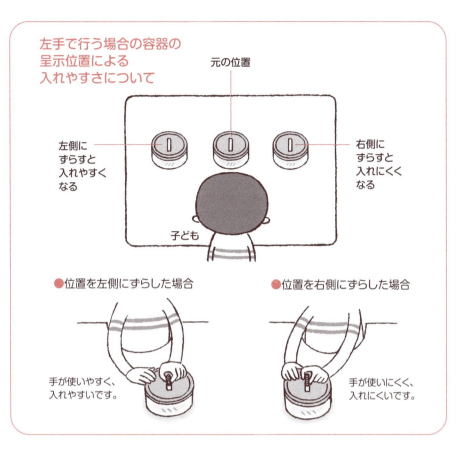

| 方法と ことばかけ | 指導者は、子どもと対面し、常に子どもの目を見ながら学習します。利き手から学習し、その後、反利き手で学習します。ここでは、利き手を右とし、右手で行う学習から説明します。 |

右手で行う

Step 1　左上から右下への斜め方向

子どものほうから見た教材

① 上記のような向きで教材を呈示します。
「ここに、コインを入れる勉強をするよ」と言います。

教材の呈示位置は、子どもの身体の正面の、子どもの肘を軽く曲げて手が届くあたりです。近すぎたり遠すぎたりするところに呈示すると、手が使いにくくなります。
容器を指さしして「見て」と言い、見たら「見てるね」と言います。
見ないときは、「ここ見て」と言いながら容器をポインティングして視線を誘導します。

13 コイン入れの学習

❷「こっちの手をここに置くよ」と言いながら、子どもの左手を援助して、容器のふたの上に置いて、容器を押さえるようにします。

指導者の右手は、子どもの左手の上に置いておきます。

❸ 呈示皿を、容器の右側の、子どもの右手をまっすぐ伸ばして届くあたりに呈示します。

コインを1個、呈示皿に置きます。
「見て」と言い、見たら「見てるね」と言います。見ないときはコインをポインティングして視線を誘導します。

❹「持つよ」と言い、子どもの右手を援助して、親指と人差し指でつまむようにしてコインを持たせます。

指導者の左手は、子どもの右手の上からしっかり握ります。

❺ 子どもの右手を援助し、コインを切り込みの上まで持っていきます。

❻「入れるよ、よく見ててね」と言って、援助してコインを切り込みに入れます。

子どもの目がコインと切り込みの形を見ていることが大切です。見ていないときは「ここ見て」と言いながら、コインと切り込みのあたりをポインティングして視線を誘導します。
※子どもが、コインの向きと切り込みの向きを見ていることで、入れる方向を認識できるようになります。

❼「上手にできたね」などとことばかけをして、心からほめます。

❽「『で・き・た』するよ」と言いながら、目の前で指導者が両手を3回合わせてみせます。それから子どもの手を取って一緒に「で・き・た」と言って両手を3回合わせます。

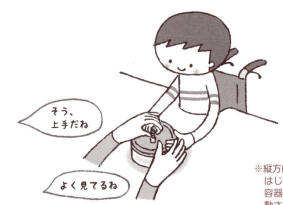

そう、上手だね

よく見てるね

※Step 2、Step 3 も Step 1 に準じて行います。

※縦方向の切り込みに入れる場合は、はじめは子どもの正面より右側に容器を呈示し、少しずつ正面に移動させるとよいでしょう。
※できるようになってきたら、援助を少しずつ減らしていってもよいですが、指導者の手は常に軽く添えているようにします。

左手で行う

Step 1　右上から左下への斜め方向

子どものほうから
見た教材

❶ 上記のような向きで教材を呈示します。
「ここに、コインを入れる勉強をするよ」と言います。

> 教材の呈示位置は、子どもの身体の正面の、子どもの肘を軽く曲げて手が届くあたりです。
> 近すぎたり遠すぎたりするところに呈示すると、手が使いにくくなります。
> 容器を指さしして「見て」と言い、見たら「見てるね」と言います。
> 見ないときは、「ここ見て」と言いながら容器をポインティングして視線を誘導します。

❷「こっちの手をここに置くよ」と言いながら、子どもの右手を援助して、容器のふたの上に置いて、容器を押さえるようにします。

> 指導者の左手は、子どもの右手の上に置いておきます。

※❸～❽は、「右手で行う」の「方法とことばかけ」に準じて、左手で行います。
※Step 2、Step 3 も Step 1 に準じて行います。

> ※縦方向の切り込みに入れる場合は、はじめは子どもの正面より左側に容器を呈示し、少しずつ正面に移動させるとよいでしょう。
> ※できるようになってきたら、援助を少しずつ減らしていってもよいですが、指導者の手は常に軽く添えているようにします。

好きな方を選ぶ学習

　先生方からも保護者の方からも、「好きなものを選べるようになってほしい」という声をよく聞きます。実際にいろいろな場面で、「どっちがいい？」と子どもに聞くことも多いでしょう。

　しかし「どちらを選んでいるのかわからない」「どちらにも同じように返事をしてしまう」という声もよく聞きます。

　好きな方を選べるようになるためには、これまで述べてきたような学習を通して、まず、「見る」力をつけることが大切です。

　見る力がついてきたら、「好きな方を見て選ぶ」学習をします。

　選択肢を手が届かないところに呈示し、手で取るのではなく、目で見て、好きな方を選ぶことが、この学習のポイントです。

　選ぶ力をつけることにも、学習が必要です。

教材　**子どもの好きなものと好きでないもの**
机上に並べて呈示でき、子どもが手で握れる大きさのものがよいです。
「好きなもの」は、日ごろからよく触ったり、一緒に遊んだりしているものがよいです。
「好きでないもの」は、馴染みがなく、興味がないものにします。

（例）好きなもの：「鈴」　　好きではないもの：「タワシ」

「鈴」は、「リングベル」のことです。
「鈴」と言った方が子どもにわかりやすいので、ここでは「鈴」と言っています。

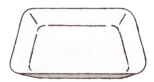
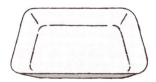

呈示皿 2枚
20cm×25cm 程度のもの。
ヘリが低く、斜めになっているものが望ましいです。

選択肢の呈示のステップ

「好きなものを選ぶ学習」の難易度は、好きなものを呈示する位置と、呈示する順番によって変わります。
ステップは、以下の4通りです。やさしい順に書いてあります。
この学習は、選んだ選択肢を利き手のみで持つようにします。
子どもの利き手によって、呈示のしかたが異なります。
ほとんどの子どもは、利き手側の方が視空間が優位です。
したがって、正選択肢を利き手側に呈示したほうがやさしいです。
右利きの場合と、左利きの場合の呈示のステップを説明します。
※子どもの実態によっては、順番が入れ替わることがあります。

右利きの場合のステップ

Step 1　利き手側後出し

「好きでないもの」を、左側に先に呈示します。「好きなもの」を右側に後から呈示します。
「どっちで遊ぶ？」と聞きます。後から呈示したものの方が記憶に残りやすいです。後から呈示した、「好きなもの」を見ているときに「どっちで遊ぶ？」と聞かれるので、「好きなもの」を選びやすいです。
利き手側に呈示しているので、見やすいです。

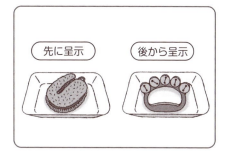

Step 2　反利き手側後出し

「好きでないもの」を、右側に先に呈示します。「好きなもの」を左側に後から呈示します。
「どっちで遊ぶ？」と聞きます。
後から呈示したものの方が記憶に残りやすいです。後から呈示した、「好きなもの」を見ているときに「どっちで遊ぶ？」と聞かれるので、「好きなもの」を選びやすいです。
反利き手側に呈示するので、Step 1より難しくなります。

Step 3　利き手側先出し

「好きなもの」を、右側に先に呈示します。「好きでないもの」を左側に後から呈示します。
「どっちで遊ぶ?」と聞きます。
後から呈示した「好きでないもの」を見ているときに「どっちで遊ぶ?」と聞かれるので、「こっちではない、こっちだ」という考えが浮かばなければ、「好きなもの」の方に視線を移すことができません。後から呈示するより、難しいです。
利き手側に呈示しているので見やすいです。
視線を動かすことによって、選んだことがはっきりわかります。

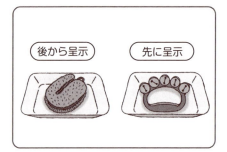

Step 4　反利き手側先出し

「好きなもの」を、左側に先に呈示します。「好きでないもの」を右側に後から呈示します。
「どっちで遊ぶ?」と聞きます。
後から呈示した「好きでないもの」を見ているときに「どっちで遊ぶ?」と聞かれるので、「こっちではない、こっちだ」という考えが浮かばなければ、「好きなもの」の方に視線を移すことができません。後から呈示するより、難しいです。
反利き手側に呈示するので、Step 3よりさらに難しくなります。視線を動かすことによって、選んだことがはっきりわかります。

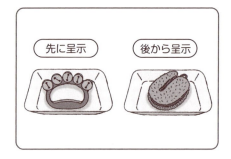

左利きの場合のステップ

Step 1　利き手側後出し

「好きでないもの」を、右側に先に呈示します。
「好きなもの」を左側に後から呈示します。
「どっちで遊ぶ？」と聞きます。
後から呈示したものの方が記憶に残りやすいです。後から呈示した、「好きなもの」を見ているときに「どっちで遊ぶ？」と聞かれるので、「好きなもの」を選びやすいです。
利き手側に呈示しているので見やすいです。

Step 2　反利き手側後出し

「好きでないもの」を、左側に先に呈示します。
「好きなもの」を右側に後から呈示します。
「どっちで遊ぶ？」と聞きます。
後から呈示したものの方が記憶に残りやすいです。後から呈示した、「好きなもの」を見ているときに「どっちで遊ぶ？」と聞かれるので、「好きなもの」を選びやすいです。
反利き手側に呈示するので、Step1より難しくなります。

Step 3　利き手側先出し

「好きなもの」を、左側に先に呈示します。「好きでないもの」を右側に後から呈示します。「どっちで遊ぶ？」と聞きます。
後から呈示した「好きでないもの」を見ているときに「どっちで遊ぶ？」と聞かれるので、「こっちではない、こっちだ」という考えが浮かばなければ、「好きなもの」の方に視線を移すことができません。後から呈示するより、難しいです。
利き手側に呈示しているので見やすいです。
視線を動かすことによって、選んだことがはっきりとわかります。

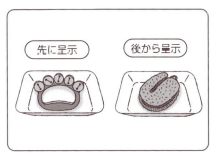

第2章　初期学習の学習内容

14 好きな方を選ぶ学習

Step 4　反利き手側先出し

「好きなもの」を、右側に先に呈示します。「好きでないもの」を左側に後から呈示します。
「どっちで遊ぶ？」と聞きます。
後から呈示した「好きでないもの」を見ているときに「どっちで遊ぶ？」と聞かれるので、「こっちではない、こっちだ」という考えが浮かばなければ、「好きなもの」の方に視線を移すことができません。後から呈示するより、難しいです。
反利き手側に呈示するので、Step 3 よりさらに難しくなります。
視線を動かすことによって、選んだことがはっきりとわかります。

正選択肢と誤選択肢の組み合せのステップ

正選択肢と誤選択肢の組み合わせによって、難易度が異なります。
子どもが正選択肢を選ぶにあたって、下の（1）が最もやさしく、（4）が最も難しいです。

（1）「好きなもの」と「好きでないもの」
　　例：「鈴」と「タワシ」

（2）「知っているもの」と「知らないもの」
　　例：「コップ」と「靴べら」

（3）「知っているもの」と「知っているもの」
　　例：「コップ」と「帽子」

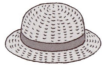

（4）「好きなもの」と「好きなもの」
　　例：「鈴」と「絵本」

**方法と
ことばかけ**

指導者は、子どもと対面し、常に子どもの目を見ながら学習します。
子どもは、視線で選択し、選んだ正選択肢を利き手のみで持つように
します。
正選択肢に「鈴」、誤選択肢に「タワシ」を用いた例で説明します。

第**2**章

初期学習の学習内容

右利きの場合

Step 1　利き手側後出し

① 呈示皿を机上面の左右の、子どもの手が届かないところに同時に呈示します。

呈示皿と呈示皿の間は、15〜20cm くらい離しておきます。「見て」と言い、見
たら「見てるね」と言います。

※呈示皿と呈示皿の間を離しすぎると、2つの呈示皿が子どもの視野に入りにくくなります。呈
示皿と呈示皿の間が狭すぎると、子どもがどちらを見ているのか、指導者が判断しづらくなり
ます。適切な距離をとるようにして呈示します。

② 左側の呈示皿の上に「タワシ」を呈示します。

「見て」と言い、見たとき「見てるね」と言います。「タワシ」とは言いません。
見ないときは、ポインティングして視線を誘導します。このとき、子どもには「タ
ワシ」には触れさせないようにします。

**③ 右側の呈示皿の上に「鈴」を呈示します。「見て」と言い、
見たとき「すず」と言います。**

見ないときは、ポインティングして視線を誘導します。このとき、子どもには「鈴」
には触れさせないようにします。

※見たら、「見てるね」と言うのが原則ですが、「見てるね」とことばかけしている間に「鈴」
から視線がそれてしまいます。「鈴」を見ている間に「すず」とことばかけすることで「鈴」
を認識することにつながるので、ここでは「見てるね」のことばかけは省略し、「すず」と言
います。

169

14 好きな方を選ぶ学習

④「どっちで遊ぶ？」とことばかけします。

⑤「鈴」を見た瞬間、「鈴」を指導者の左手でポインティングしながら、「こっちだね、鈴で遊ぼうね」とことばかけします。
と同時に、「タワシ」と呈示皿を指導者の右手で撤去します。

※最初に「鈴」を見たとき（初発の反応）を見逃さないで「こっちだね」と言うことが大切です。迷っているときや見ないときは、すぐに「鈴」をポインティングしながら、「ここ見て」と言います。待たないことが大切です。「鈴」を見た瞬間、「そうだね、鈴で遊ぼうね」とことばかけします。と同時に「タワシ」と呈示皿を撤去します。

⑥「鈴」を、呈示皿ごと子どもの右手が届くところに移動させます。

⑦「こっちの手で持つよ」と言って、子どもの右ひじのあたりを指導者の左手でタッピングします。

子どもの右手を指導者の左手で援助して「鈴」を一緒に持ちます。「鈴」を持ったらすぐに呈示皿を撤去します。

⑧「鳴らしてみようね」と言って、一緒に鈴を振って少し遊びます。

⑨「ちょうだい」と言って「鈴」を受け取ります。

⑩「よくできました」などとことばかけをして、心からほめます。

⑪「『で・き・た』するよ」と言いながら、目の前で指導者が両手を3回合わせてみせます。
それから子どもの手を取って一緒に「で・き・た」と言って両手を3回合わせます。

Step 2　反利き手側後出し

1 呈示皿を机上面の左右の、子どもの手が届かないところに同時に呈示します。

呈示皿と呈示皿の間は、15～20cm くらい離しておきます。「見て」と言い、見たら「見てるね」と言います。

2 右側の呈示皿の上に「タワシ」を呈示します。

「見て」と言い、見たとき「見てるね」と言います。「タワシ」とは言いません。見ないときは、ポインティングして視線を誘導します。このとき、子どもには「タワシ」には触れさせないようにします。

3 右側の呈示皿の上に「鈴」を呈示します。「見て」と言い、見たとき「すず」と言います。

見ないときは、ポインティングして視線を誘導します。このとき、子どもには「鈴」には触れさせないようにします。

※見たら、「見てるね」と言うのが原則ですが、「見てるね」とことばかけしている間に「鈴」から視線がそれてしまいます。「鈴」を見ている間に「すず」とことばかけすることで「鈴」を認識することにつながるので、ここでは「見てるね」のことばかけは省略し、「すず」と言います。

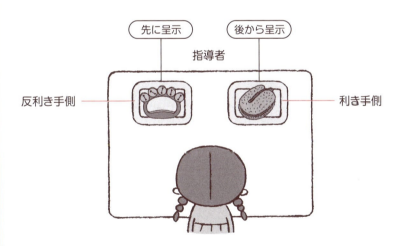

4 「どっちで遊ぶ?」とことばかけします。

第2章　初期学習の学習内容

14 好きな方を選ぶ学習

⑤ 「鈴」を見た瞬間、「鈴」を指導者の右手でポインティングしながら、「こっちだね、鈴で遊ぼうね」とことばかけします。
と同時に、「タワシ」と呈示皿を指導者の左手で撤去します。

※最初に「鈴」を見たとき（初発の反応）を見逃さないで「こっちだね」と言うことが大切です。迷っているときや見ないときは、すぐに「鈴」をポインティングしながら、「ここ見て」と言います。待たないことが大切です。「鈴」を見た瞬間、「そうだね、鈴で遊ぼうね」とことばかけします。と同時に「タワシ」と呈示皿を撤去します。

⑥ 「鈴」を、呈示皿ごと子どもの右手側に移動させます。

⑦ 「こっちの手で持つよ」と言って、子どもの右ひじのあたりを指導者の左手でタッピングします。

子どもの右手を指導者の左手で援助して「鈴」を一緒に持ちます。「鈴」を持ったらすぐに呈示皿を撤去します。

⑧ 「鳴らしてみようね」と言って、一緒に鈴を振って少し遊びます。

⑨ 「ちょうだい」と言って「鈴」を受け取ります。

⑩ 「よくできました」などとことばかけをして、心からほめます。

⑪ 「『で・き・た』するよ」と言いながら、目の前で指導者が両手を3回合わせてみせます。それから子どもの手を取って一緒に「で・き・た」と言って両手を3回合わせます。

Step 3　利き手側先出し

① 呈示皿を机上面の左右の、子どもの手が届かないところに同時に呈示します。

呈示皿と呈示皿の間は、15〜20cm くらい離しておきます。「見て」と言い、見たら「見てるね」と言います。

② 右側の呈示皿の上に「鈴」を呈示します。

「見て」と言い、見たとき「見てるね」と言います。「すず」とは言いません。見ないときは、ポインティングして視線を誘導します。このとき、子どもには「鈴」に触れさせないようにします。

※物の名前を言うと、よく見ずに、聞いたことを頼りにして選んでしまうことがあるからです。「先出し」のステップになったら、見た情報だけで選べるようにします。

172

③ 左側の呈示皿の上に「タワシ」を呈示します。

「見て」と言い、見たとき「見てるね」と言います。「タワシ」とは言いません。見ないときは、ポインティングして視線を誘導します。このとき、子どもには「タワシ」に触れさせないようにします。

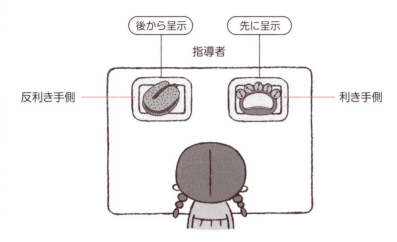

④ 「どっちで遊ぶ？」とことばかけします。

⑤ 「鈴」を見た瞬間、「鈴」を指導者の左手でポインティングしながら、「こっちだね、鈴で遊ぼうね」とことばかけします。
と同時に、「タワシ」と呈示皿を指導者の右手で撤去します。

※最初に「鈴」を見たとき（初発の反応）を見逃さないで「こっちだね」と言うことが大切です。迷っているときや見ないときは、すぐに「鈴」をポインティングしながら、「ここ見て」と言います。待たないことが大切です。「鈴」を見た瞬間、「そうだね、鈴で遊ぼうね」とことばかけして、「タワシ」と呈示皿を撤去します。

⑥ 「こっちの手で持つよ」と言って、子どもの右ひじのあたりを指導者の左手でタッピングします。

子どもの右手を指導者の左手で援助して「鈴」を一緒に持ちます。「鈴」を持ったらすぐに呈示皿を撤去します。

⑦ 「鳴らしてみようね」と言って、一緒に鈴を振って少し遊びます。

⑧ 「ちょうだい」と言って「鈴」を受け取ります。

⑨ 「よくできました」などとことばかけをして、心からほめます。

⑩ 「『で・き・た』するよ」と言いながら、目の前で指導者が両手を3回合わせてみせます。それから子どもの手を取って一緒に「で・き・た」と言って両手を3回合わせます。

14 好きな方を選ぶ学習

Step 4　反利き手側先出し

❶ 呈示皿を机上面の左右の、子どもの手が届かないところに同時に呈示します。

呈示皿と呈示皿の間は、15〜20cm くらい離しておきます。「見て」と言い、見たら「見てるね」と言います。

❷ 左側の呈示皿の上に「鈴」を呈示します。

「見て」と言い、見たとき「見てるね」と言います。「すず」とは言いません。見ないときは、ポインティングして視線を誘導します。このとき、子どもには「鈴」に触れさせないようにします。

※物の名前を言うと、よく見ずに、聞いたことを頼りにして選んでしまうことがあるからです。「先出し」のステップになったら、見た情報だけで選べるようにします。

❸ 右側の呈示皿の上に「タワシ」を呈示します。

「見て」と言い、見たとき「見てるね」と言います。「タワシ」とは言いません。見ないときは、ポインティングして視線を誘導します。このとき、子どもには「タワシ」に触れさせないようにします。

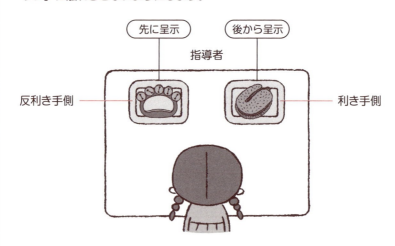

❹ 「どっちで遊ぶ？」とことばかけします。

**❺ 「鈴」を見た瞬間、「鈴」を指導者の左手でポインティングしながら、「こっちだね、鈴で遊ぼうね」とことばかけします。
と同時に、「タワシ」と呈示皿を指導者の左手で撤去します。**

※最初に「鈴」を見たとき（初発の反応）を見逃さないで「こっちだね」と言うことが大切です。迷っているときや見ないときは、すぐに「鈴」をポインティングしながら、「ここ見て」と言います。待たないことが大切です。「鈴」を見た瞬間、「そうだね、鈴で遊ぼうね」とことばかけして、「タワシ」と呈示皿を撤去します。

6 「鈴」を、呈示皿ごと子どもの右手側に移動させます。

7 「こっちの手で持つよ」と言って、子どもの右ひじのあたりを指導者の左手でタッピングします。

子どもの右手を指導者の左手で援助して「鈴」を一緒に持ちます。「鈴」を持ったらすぐに呈示皿を撤去します。

8 「鳴らしてみようね」と言って、一緒に鈴を振って少し遊びます。

9 「ちょうだい」と言って「鈴」を受け取ります。

10 「よくできました」などとことばかけをして、心からほめます。

11 「『で・き・た』するよ」と言いながら、目の前で指導者が両手を3回合わせてみせます。それから子どもの手を取って一緒に「で・き・た」と言って両手を3回合わせます。

※指導者の手が、子どもの視空間をさえぎらないようにすることが大切です。
子どもの右手を援助するときや、子どもの右側にあるものを操作するときは、指導者の左手を使います。子どもの左手を援助するときや、子どもの左側にあるものを操作するときは、指導者の右手を使います。
※「どっちで遊ぶ？」と聞き、子どもが正選択肢を選ぶときに、指導者の手を不用意に選択肢の近くに置いたり、選択肢を触ったりしないようにします。指導者の手がある方に子どもの視線が向いてしまいます。指導者の手は、机の下に置き、言葉だけで「どっちで遊ぶ？」と聞くようにします。

左利きの場合

※Step 1 から Step 4 まで、「右利きの場合」の「方法とことばかけ」に準じて行います。

point 誤選択肢には手を触れさせないことがポイント

「好きな方を選ぶ学習」では、視線で正選択肢を選んだときに、誤選択肢をすぐに撤去します。撤去が遅れて、子どもが誤選択肢を触ってしまうと、どちらを選んだのかがわからなくなってしまいます。誤選択肢には、利き手でも反利き手でも触れさせないようにします。正選択肢を持つときは、利き手のみを使うようにします。

このようにして、「どちらかを選ぶ」ということを理解するようにしていきます。

第**2**章

初期学習の学習内容

175

視覚に障害がある場合

　視覚に障害がある場合は、視線で選ぶことができないので、手で選ぶようにします。

　はじめは、課題を理解するために「おもちゃを置いた皿」と「何も置かない皿」で、「おもちゃがある方の手を動かして取る」という学習を行います。これは、次に行う学習の前段階の学習です。この学習ができるようになったら「好きなものを置いた皿」と「好きでないものを置いた皿」で、「好きなものを選ぶ学習」を行います。

　視覚に障害がある子どもの教材（正選択肢）は、触ると音が出るものがわかりやすいです。

　触ると音が出て、子どもが好きなものには、次のようなものがあります。

　「押すとキューキュー鳴る人形」、「リングベル」、「マラカス」、「鈴付きお手玉」など、子どもにわかりやすく、子どもが好きなものを用いて学習しましょう。

教材例

推すとキューキュー
鳴る人形

リングベル

マラカス

鈴付きお手玉

おもちゃがある方の手を動かして取る学習

呈示皿を2枚呈示します。片方の呈示皿におもちゃを置きます。もう片方の呈示皿には何も置きません。2つの呈示皿を触って、おもちゃがある方を選べるようになる学習です。選択肢の呈示のステップは、次の4ステップです。

選択肢の呈示のステップ

この学習の難易度は、おもちゃを呈示する位置と、子どもがおもちゃに触る順番によって変わります。
子どもの利き手によって、呈示のしかたが異なります。
おもちゃがある方（正選択肢）を利き手側に呈示した方がやさしいです。
右利きの場合と、左利きの場合の呈示のステップを説明します。

右利きの場合のステップ

Step 1　利き手側後出し

左側にある「何も置いてない呈示皿」に左手で先に触ります。
右側にある「おもちゃが置いてある呈示皿」に右手で後から触ります。
「おもちゃ、どこ？」と聞きます。
利き手で触ったものはわかりやすく、後から触ったものの方が記憶に残りやすいです。
利き手でおもちゃに触っているときに「おもちゃ、どこ？」と聞かれるので、「おもちゃがある方」を選びやすいです。

Step 2　反利き手側後出し

右側にある「何も置いてない呈示皿」に右手で先に触ります。
左側にある「おもちゃが置いてある呈示皿」に左手で後から触ります。
「おもちゃ、どこ？」と聞きます。
後から触ったものの方が記憶に残りやすいです。
反利き手で触っているので、**Step 1**より難しくなります。

Step 3　利き手側先出し

右側にある「おもちゃが置いてある呈示皿」に右手で先に触ります。
左側にある「何も置いてない呈示皿」に左手で後から触ります。
「おもちゃ、どこ？」と聞きます。
利き手で触ったものはわかりやすいです。
後から呈示した「何も置いてない呈示皿」を触っているときに「おもちゃ、どこ？」と聞かれるので、「こっちではない、こっちだ」という考えが浮かばなければ、先にさわった手の方に意識を移すことができません。「おもちゃが置いてある呈示皿」に後から触った時より難しくなります。

Step 4　反利き手側先出し

左側にある「おもちゃが置いてある呈示皿」に左手で先に触ります。
右側にある「何も置いてない呈示皿」に右手で後から触ります。
「おもちゃ、どこ？」と聞きます。
反利き手で触っているので、Step 3より難しくなります。
後から呈示した「何も置いてない呈示皿」を触っているときに「おもちゃ、どこ？」と聞かれるので、「こっちではない、こっちだ」という考えが浮かばなければ、先にさわった手の方に意識を移すことができません。「おもちゃが置いてある呈示皿」に後から触った時より難しくなります。

左利きの場合のステップ

Step 1　利き手側後出し

右側にある「何も置いてない呈示皿」に右手で先に触ります。
左側にある「おもちゃが置いてある呈示皿」に左手で後から触ります。「おもちゃ、どこ？」と聞きます。
利き手で触ったものはわかりやすく、後から触ったものの方が記憶に残りやすいです。
利き手でおもちゃに触っているときに「おもちゃ、どこ？」と聞かれるので、「おもちゃがある方」を選びやすいです。

Step 2　反利き手側後出し

左側にある「何も置いてない呈示皿」に左手で先に触ります。
右側にある「おもちゃが置いてある呈示皿」に右手で後から触ります。
「おもちゃ、どこ？」と聞きます。
後から触ったものの方が記憶に残りやすいです。反利き手で触っているので、Step1より難しくなります。

Step 3　利き手側先出し

左側にある「おもちゃが置いてある呈示皿」に左手で先に触ります。
右側にある「何も置いてない呈示皿」に右手で後から触ります。
「おもちゃ、どこ？」と聞きます。
後から呈示した「何も置いてない呈示皿」を触っているときに「おもちゃ、どこ？」と聞かれるので、「こっちではない、こっちだ」という考えが浮かばなければ、先にさわった手の方に意識を移すことができません。「おもちゃが置いてある呈示皿」に後から触った時より難しくなります。

14 好きな方を選ぶ学習

Step 4　反利き手側先出し

右側にある「おもちゃが置いてある呈示皿」に右手で先に触ります。
左側にある「何も置いてない呈示皿」に左手で後から触ります。
後から呈示した「何も置いてない呈示皿」を触っているときに「おもちゃ、どこ？」と聞かれるので、「こっちではない、こっちだ」という考えが浮かばなければ、先にさわった手の方に意識を移すことができません。「おもちゃが置いてある呈示皿」に後から触った時より難しくなります。
反利き手で触っているので、Step 3 より難しくなります。

後から触る　　先に触る

方法とことばかけ

指導者は子どもと対面して行います。
視覚に障害がある子どもの学習では、利き手側におもちゃを呈示した場合は、利き手で選ぶようにします、反利き手側におもちゃを呈示した場合は、反利き手で選ぶようにします。その方が理解しやすいです。
正選択肢に「押すとキューキュー鳴る人形」（以下、「人形」と記載）を用いた例で説明します。
学習のはじめに、この学習で使う「人形」をよく触ったり、一緒に遊んだりしておくことが大切です。

右利きの場合

Step 1　利き手側後出し

① 呈示皿を机上面の左右の、子どもが手を伸ばしてちょうど届くところに呈示します。

右側の呈示皿に「人形」を置き、左側の呈示皿には何も置きません。

視覚に障害がある場合

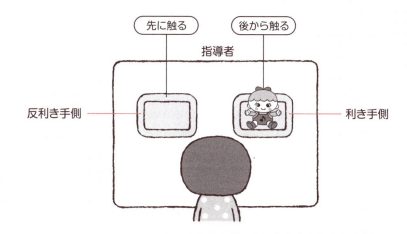

❷「ここにお皿があるよ。こっちの手でさわるよ」と言い、左ひじのあたりをタッピングして意識させてから、子どもの左手を指導者の右手で援助して机上面をすべらせていき、左の呈示皿にさわらせます。

「何もないね」と言い、左手は、呈示皿の上に置いたままにしておきます。子どもの左手の上に指導者の右手を重ねておきます。

❸「ここにもお皿があるよ。今度はこっちの手でさわるよ」と言い、子どもの右ひじのあたりをタッピングして意識させてから、子どもの右手を指導者の左手で援助して机上面をすべらせていき、右の呈示皿に置いてある「人形」にさわらせます。

「人形があるね」と言い、一緒に「人形」を押して、キューキューと音を鳴らして、人形を意識させます。「人形」にのせた子どもの右手の上に指導者の左手を重ねておきます。

第2章 初期学習の学習内容

181

14 好きな方を選ぶ学習

>   **視覚に障害がある場合に、物に向かって手を伸ばしていくとき**
>
> 呈示皿や呈示皿に置いた物に触れるために手を伸ばしていくときは、手のひらを下に向けて机の上をゆっくりすべらせていくように援助します。このことが、物がある方向や位置を理解し、探索活動をすることにつながります。

④「人形どこ？持って」とことばかけをします。

⑤ 子どもが、「人形」にのせた右手を動かした瞬間、右手の甲をタッピングして、「そうだね、ここだね、人形だね」と言います。

このとき、子どもの左手は左の呈示皿から動かさないようにします。子どもの右手を援助して一緒に「人形」を持ちながら、子どもの左手の下にある呈示皿を撤去します。
最初に「人形」にのせた手を動かしたとき（初発の反応）を見逃さないで「そうだね、ここだね」と言うことが大切です。迷っているときや手を動かさないときは、すぐに「人形」にのせている右手をタッピングして「ここだね、人形だね」と言います。待たないことが大切です。

⑥「人形で遊ぼうね」と言い、一緒に「人形」をキューキュー鳴らして、少し遊びます。

⑦「ちょうだい」と言って、人形を受け取ります。

⑧「よくできました」などとことばかけをして、心からほめます。

⑨「『で・き・た』するよ」と言いながら、目の前で指導者が両手を3回合わせてみせます。それから子どもの手を取って一緒に「で・き・た」と言って両手を3回合わせます。

視覚に障害がある場合

Step 2　反利き手側後出し

❶ 呈示皿を机上面の左右の、子どもが手を伸ばしてちょうど届くところに呈示します。

左側の呈示皿に「人形」を置き、右側の呈示皿には何も置きません。

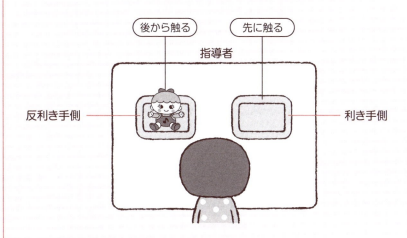

❷「ここにお皿があるよ。こっちの手でさわるよ」と言い、子どもの右ひじのあたりをタッピングして意識させてから、子どもの右手を指導者の左手で援助して机上面をすべらせていき、右の呈示皿にさわらせます。

「何もないね」と言い、右手は、呈示皿の上に置いたままにしておきます。子どもの右手の上に指導者の左手を重ねておきます。

❸「ここにもお皿があるよ。今度はこっちの手でさわるよ」と言い、子どもの左ひじのあたりをタッピングして意識させてから、子どもの左手を指導者の右手で援助して机上面をすべらせていき、左の呈示皿に置いてある「人形」にさわらせます。

「人形があるね」と言い、一緒に「人形」を押して、キューキューと音を鳴らして、人形を意識させます。「人形」にのせた子どもの左手の上に指導者の右手を重ねておきます。

❹「人形どこ？持って」とことばかけをします。

14 好きな方を選ぶ学習

❺ 子どもが、「人形」にのせた左手を動かした瞬間、左手の甲をタッピングして、「そうだね、ここだね、人形だね」と言います。

このとき、子どもの右手は右の呈示皿から動かさないようにします。子どもの左手を援助して一緒に「人形」を持ちながら、子どもの右手の下にある呈示皿を撤去します。

最初に「人形」にのせた手を動かしたとき（初発の反応）を見逃さないで「そうだね、ここだね」と言うことが大切です。迷っているときや手を動かさないときは、すぐに「人形」にのせている左手をタッピングして「ここだね、人形だね」と言います。待たないことが大切です。

※視覚に障害がある子どもの学習では、反利き手側におもちゃを呈示した場合は、反利き手を動かして選び、反利き手で持つようにします。

❻「人形で遊ぼうね」と言い、一緒に「人形」をキューキュー鳴らして、少し遊びます。

❼「ちょうだい」と言って、人形を受け取ります。

❽「よくできました」などとことばかけをして、心からほめます。

❾「『で・き・た』するよ」と言いながら、目の前で指導者が両手を3回合わせてみせます。それから子どもの手を取って一緒に「で・き・た」と言って両手を3回合わせます。

Step 3　利き手側先出し

❶ 呈示皿を机上面の左右の、子どもが手を伸ばしてちょうど届くところに呈示します。

右側の呈示皿に「人形」を置き、左側の呈示皿には何も置きません。

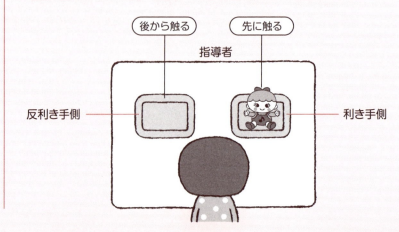

184

視覚に障害がある場合

❷ 「ここにお皿があるよ。こっちの手でさわるよ」と言い、子どもの右ひじの
あたりをタッピングして意識させてから、子どもの右手を指導者の左手で
援助して机上面をすべらせていき、右の呈示皿に置いてある
「人形」にさわらせます。

　「人形があるね」と言い、一緒に「人形」を押して、キューキューと音を鳴らして、
　人形を意識させます。
　※視覚に障害がある子どもの場合は、先出しのステップでも、物の名称を言ったり、音を鳴らし
　　たりした方が、物がある位置を意識しやすいため、名称を言ったり、音を鳴らしたりします。
　子どもの右手は「人形」の上にのせたままにしておきます。子どもの右手の上
　に指導者の左手を重ねておきます。

❸ 「ここにもお皿があるよ。今度はこっちの手でさわるよ」と言い、子どもの
左ひじのあたりをタッピングして意識させてから、子どもの左手を指導者の
右手で援助して机上面をすべらせていき、左の呈示皿にさわらせます。

　「何もないね」と言い、子どもの左手の上に指導者の右手を重ねておきます。

❹ 「人形どこ？持って」とことばかけをします。

❺ 子どもが、「人形」にのせた右手を動かした瞬間、右手の甲をタッピングして、
「そうだね、ここだね、人形だね」と言います。

　このとき、子どもの左手は左の呈示皿から動かさないようにします。子どもの
　右手を援助して一緒に「人形」を持ちながら、子どもの左手の下にある呈示皿
　を撤去します。
　最初に「人形」にのせた手を動かしたとき（初発の反応）を見逃さないで「そ
　うだね、ここだね」と言うことが大切です。迷っているときや手を動かさない
　ときは、すぐに「人形」にのせている右手をタッピングして「ここだね、人形だね」
　と言います。待たないことが大切です。

❻ 「人形で遊ぼうね」と言い、一緒に「人形」をキューキュー鳴らして、
少し遊びます。

❼ 「ちょうだい」と言って、人形を受け取ります。

❽ 「よくできました」などとことばかけをして、心からほめます。

❾ 「『で・き・た』するよ」と言いながら、目の前で指導者が両手を3回合わせてみせます。
それから子どもの手を取って一緒に「で・き・た」と言って両手を3回合わせます。

14 好きな方を選ぶ学習

Step 4　反利き手側先出し

❶ **呈示皿を机上面の左右の、子どもが手を伸ばしてちょうど届くところに呈示します。**

左側の呈示皿に「人形」を置き、右側の呈示皿には何も置きません。

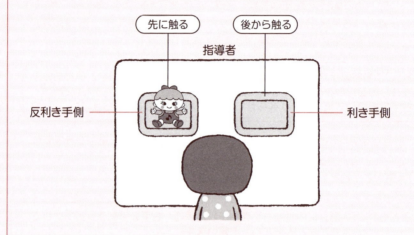

❷ **「ここにお皿があるよ。こっちの手でさわるよ」と言い、子どもの左ひじのあたりをタッピングして意識させてから、子どもの左手を指導者の右手で援助して机上面をすべらせていき、左の呈示皿に置いてある「人形」にさわらせます。**

「人形があるね」と言い、一緒に「人形」を押して、キューキューと音を鳴らして、人形を意識させます。

※視覚に障害がある子どもの場合は、先出しのステップでも、物の名称を言ったり、音を鳴らしたりした方が、物がある位置を意識しやすいため、名称を言ったり、音を鳴らしたりします。

子どもの左手は「人形」の上にのせたままにしておきます。子どもの左手の上に指導者の右手を重ねておきます。

❸ **「ここにもお皿があるよ。今度はこっちの手でさわるよ」と言い、子どもの右ひじのあたりをタッピングして意識させてから、子どもの右手を指導者の左手で援助して机上面をすべらせていき、右の呈示皿にさわらせます。**

「何もないね」と言い、子どもの右手の上に指導者の左手を重ねておきます。

❹ **「人形どこ？持って」とことばかけをします。**

視覚に障害がある場合

⑤ 子どもが、「人形」にのせた左手を動かした瞬間、左手の甲をタッピングして、「そうだね、ここだね、人形だね」と言います。

このとき、子どもの右手は右の呈示皿から動かさないようにします。子どもの左手を援助して一緒に「人形」を持ってから、子どもの右手の下にある呈示皿を撤去します。

最初に「人形」にのせた手を動かしたとき（初発の反応）を見逃さないで「そうだね、ここだね」と言うことが大切です。迷っているときや手を動かさないときは、すぐに「人形」にのせている左手をタッピングして「ここだね、人形だね」と言います。待たないことが大切です。

※視覚に障害がある子どもの学習では、反利き手側におもちゃを呈示した場合は、反利き手を動かして選び、反利き手で持つようにします。

⑥ 「人形で遊ぼうね」と言い、一緒に「人形」をキューキュー鳴らして、少し遊びます。

⑦ 「ちょうだい」と言って、人形を受け取ります。

⑧ 「よくできました」などとことばかけをして、心からほめます。

⑨ 「『で・き・た』するよ」と言いながら、目の前で指導者が両手を3回合わせてみせます。それから子どもの手を取って一緒に「で・き・た」と言って両手を3回合わせます。

左利きの場合

※Step 1 から Step 4 まで、「右利きの場合」の「方法とことばかけ」に準じて行います。

正選択肢を選ぶとき、誤選択肢に触れた手は動かさないことが大切

「○○どこ？」と聞いたとき、子どもが、正選択肢に触れている手だけでなく、何も入っていない呈示皿（誤選択肢）に置いた手も動かしてしまうことがあります。これでは、正選択肢を選んだことになりません。正選択肢に触れている方の手のみ、動かすようにすることが大切です。

そのために、子どもが誤選択肢に触れている方の手を、指導者の手で上から軽く押さえ、動かさないようにします。正選択肢を持ち上げてから、誤選択肢の呈示皿を撤去します。このようにして、「どちらかを選ぶ」ということを理解するようにしていきます。

14 好きな方を選ぶ学習

好きな方を選ぶ学習

　「おもちゃがある方の手を動かして取る学習」ができるようになったら、この学習に入ります。

　呈示皿を2枚呈示します。片方の呈示皿に好きなおもちゃを置きます。もう片方の呈示皿に好きでないものを置きます。2つの呈示皿を触って、好きなおもちゃがある方を選べるようになる学習です。選択肢の呈示のステップは、次の4ステップです。

選択肢の呈示のステップ

　この学習の難易度は、好きなもの（正選択肢）を呈示する位置と触る順番によって変わります。
　子どもの利き手によって、呈示のしかたが異なります。
　正選択肢を利き手側に呈示した方がやさしいです。
　右利きの場合と、左利きの場合の呈示のステップを説明します。

右利きの場合のステップ

Step 1　利き手側後出し

左側にある「好きでないもの」に左手で先に触ります。
右側にある「好きなもの」に右手で後から触ります。
「どっちで遊ぶ？」と聞きます。
利き手で触ったものはわかりやすく、後から触ったものの方が記憶に残りやすいです。
利き手で好きなものに触っているときに「どっちで遊ぶ？」と聞かれるので、「好きなもの」を選びやすいです。

Step 2　反利き手側後出し

右側にある「好きでないもの」に右手で先に触ります。
左側にある「好きなもの」に左手で後から触ります。
「どっちで遊ぶ？」と聞きます。
後から触ったものの方が記憶に残りやすいです。
反利き手で「好きなもの」を触っているので、Step 1より難しくなります。

Step 3　利き手側先出し

右側にある「好きなもの」に右手で先に触ります。
左側にある「好きでないもの」に左手で後から触ります。
「どっちで遊ぶ？」と聞きます。
後から呈示した「好きでないもの」を触っているときに「どっちで遊ぶ？」と聞かれるので、「こっちではない、こっちだ」という考えが浮かばなければ、先にさわった手の方に意識を移すことができません。
「好きなもの」に後から触った時より難しくなります。

Step 4　反利き手側先出し

左側にある「好きなもの」に左手で先に触ります。
右側にある「好きでないもの」に右手で後から触ります。
「どっちで遊ぶ？」と聞きます。
後から呈示した「好きでないもの」を触っているときに「どっちで遊ぶ？」と聞かれるので、「こっちではない、こっちだ」という考えが浮かばなければ、先にさわった手の方に意識を移すことができません。
「好きなもの」に後から触った時より難しくなります。
反利き手で触っているので、Step 3より難しくなります。

左利きの場合のステップ

Step 1　利き手側後出し

右側にある「好きでないもの」に右手で先に触ります。
左側にある「好きなもの」に左手で後から触ります。
「どっちで遊ぶ？」と聞きます。
利き手で触ったものはわかりやすく、後から触ったものの方が記憶に残りやすいです。
利き手で好きなものに触っているときに「どっちで遊ぶ？」と聞かれるので、「好きなもの」を選びやすいです。

Step 2　反利き手側後出し

左側にある「好きでないもの」に左手で先に触ります。
右側にある「好きなもの」に右手で後から触ります。
「どっちで遊ぶ？」と聞きます。
後から触ったものの方が記憶に残りやすいです。
反利き手で好きなものを触っているので、Step1より難しくなります。

Step 3　利き手側先出し

左側にある「好きなもの」に左手で先に触ります。
右側にある「好きでないもの」に右手で後から触ります。
「どっちで遊ぶ？」と聞きます。
後から呈示した「好きでないもの」を触っているときに「おもちゃ、どこ？」と聞かれるので、「こっちではない、こっちだ」という考えが浮かばなければ、先にさわった手の方に意識を移すことができません。「好きなもの」に後から触った時より難しくなります。

視覚に障害がある場合

Step 4　反利き手側先出し

右側にある「好きなもの」に右手で先に触ります。
左側にある「好きでないもの」に左手で後から触ります。
「どっちで遊ぶ？」と聞きます。
後から呈示した「好きでないもの」を触っているときに「どっちで遊ぶ？」と聞かれるので、「こっちではない、こっちだ」という考えが浮かばなければ、先にさわった手の方に意識を移すことができません。
「好きなもの」に後から触った時より難しくなります。
反利き手で触っているので、Step 3より難しくなります。

方法とことばかけ

指導者は子どもと対面して行います。
視覚に障害がある子どもの学習では、利き手側におもちゃを呈示した場合は、利き手で選ぶようにします。反利き手側におもちゃを呈示した場合は、反利き手で選ぶようにします。その方が理解しやすいです。
ここでは、子どもは、右利きとして説明します。
正選択肢に「押すとキューキュー鳴る人形」（以下、「人形」と表記）、誤選択肢に「タワシ」を用いた例で説明します。
学習のはじめに、この学習で使う「人形」をよく触ったり、一緒に遊んだりしておくことが大切です。

右利きの場合

Step 1　利き手側後出し

① 呈示皿を机上面の左右の、子どもが手を伸ばしてちょうど届くところに呈示します。

右側の呈示皿に「人形」を、左側の呈示皿に「タワシ」を置いておきます。

14 好きな方を選ぶ学習

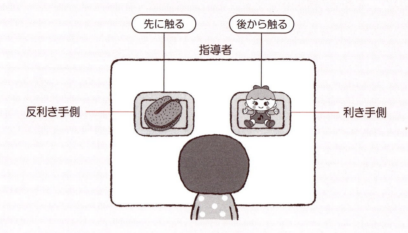

❷「こっちの手でさわるよ」と言い、子どもの左ひじのあたりをタッピングして意識させてから、子どもの左手を指導者の右手で援助して机上面をすべらせていき、「タワシ」にさわらせます。

子どもの左手は、「タワシ」に触れたままにしておきます。子どもの左手の上に指導者の右手を重ねておきます。

❸「今度はこっちの手でさわるよ」と言い、子どもの右ひじのあたりをタッピングして意識させてから、子どもの右手を指導者の左手で援助して机上面をすべらせていき、「人形」にさわらせます。

「人形があるね」と言い、一緒に「人形」を押して、キューキューと音を鳴らし、「人形」を意識させます。「人形」にのせた子どもの右手の上に指導者の左手を重ねておきます。

 視覚に障害がある場合に、物に向かって手を伸ばしていくとき

呈示皿や呈示皿に置いたものに触れるために手を伸ばしていくときは、手のひらを下に向けて机の上をゆっくりすべらせていくように援助します。このことが、物がある方向や位置を理解し、探索活動をすることにつながります。

視覚に障害がある場合

4 「どっちで遊ぶ？」とことばかけをします。

5 子どもが、「人形」にのせた右手を動かした瞬間、右手の甲をタッピングして、「こっちだね、人形で遊ぼうね」と言います。

　子どもの左手は左の呈示皿から動かさないようにします。子どもの右手を援助して一緒に「人形」を持ちながら、子どもの左手の下にある「タワシ」と呈示皿を撤去します。
　最初に「人形」にのせた手を動かしたとき（初発の反応）を見逃さないで「こっちだね」と言うことが大切です。迷っているときや手を動かさないときは、すぐに「人形」にのせている右手をタッピングして「こっちで遊ぼうね、人形だよ」と言います。待たないことが大切です。

6 「人形で遊ぼうね」と言い、一緒に「人形」をキューキュー鳴らして、少し遊びます。

7 「ちょうだい」と言って、人形を受け取ります。

8 「よくできました」などとことばかけをして、心からほめます。

9 「『で・き・た』するよ」と言いながら、目の前で指導者が両手を3回合わせてみせます。それから子どもの手を取って一緒に「で・き・た」と言って両手を3回合わせます。

第2章　初期学習の学習内容

193

14 好きな方を選ぶ学習

Step 2　反利き手側後出し

① 呈示皿を机上面の左右の、子どもが手を伸ばしてちょうど届くところに呈示します。

左側の呈示皿に「人形」を、右側の呈示皿に「タワシ」を置いておきます。

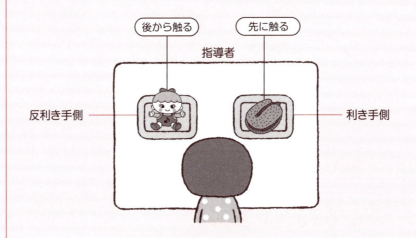

② 「こっちの手でさわるよ」と言い、子どもの右ひじのあたりをタッピングして意識させてから、子どもの右手を指導者の左手で援助して机上面をすべらせていき、「タワシ」にさわらせます。

子どもの右手は、「タワシ」に触れたままにしておきます。子どもの右手の上に指導者の左手を重ねておきます。

③ 「今度はこっちの手でさわるよ」と言い、子どもの左ひじのあたりをタッピングして意識させてから、子どもの左手を指導者の右手で援助して机上面をすべらせていき、「人形」にさわらせます。

「人形があるね」と言い、一緒に「人形」を押して、キューキューと音を鳴らし、「人形」を意識させます。「人形」にのせた子どもの左手の上に指導者の右手を重ねておきます。

194

視覚に障害がある場合

第**2**章

初期学習の学習内容

4 「どっちで遊ぶ？」とことばかけをします。

5 子どもが、「人形」にのせた左手を動かした瞬間、左手の甲をタッピングして、「こっちだね、人形で遊ぼうね」と言います。

子どもの右手は右の呈示皿から動かさないようにします。
一緒に「人形」を持ちながら、子どもの右手の下にある「タワシ」と呈示皿を撤去します。
最初に「人形」にのせた手を動かしたとき（初発の反応）を見逃さないで「こっちだね」と言うことが大切です。迷っているときや手を動かさないときは、すぐに「人形」にのせている右手をタッピングして「こっちで遊ぼうね、人形だよ」と言います。待たないことが大切です。

6 「人形で遊ぼうね」と言い、一緒に「人形」をキューキュー鳴らして、少し遊びます。

7 「ちょうだい」と言って、人形を受け取ります。

8 「よくできました」などとことばかけをして、心からほめます。

9 「『で・き・た』するよ」と言いながら、目の前で指導者が両手を3回合わせてみせます。それから子どもの手を取って一緒に「で・き・た」と言って両手を3回合わせます。

14　好きな方を選ぶ学習

Step 3　利き手側先出し

①　呈示皿を机上面の左右の、子どもが手を伸ばしてちょうど届くところに呈示します。

右側の呈示皿に「人形」を、左側の呈示皿に「タワシ」を置いておきます。

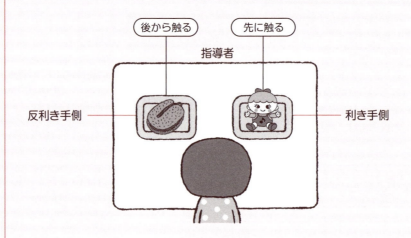

②　「こっちの手でさわるよ」と言い、子どもの右ひじのあたりをタッピングして意識させてから、子どもの右手を指導者の左手で援助して机上面をすべらせていき、「人形」にさわらせます。

「人形があるね」と言い、一緒に「人形」を押して、キューキューと音を鳴らし、「人形」を意識させます。子どもの右手は、「人形」の上にのせたままにしておきます。子どもの右手の上に指導者の左手を重ねておきます。

③　「今度はこっちの手でさわるよ」と言い、子どもの左ひじのあたりをタッピングして意識させてから、左手を援助して机上面をすべらせていき、「タワシ」にさわらせます。

「タワシ」にのせた子どもの左手の上に指導者の右手を重ねておきます。

④　「どっちで遊ぶ？」とことばかけをします。

視覚に障害がある場合

⑤ 子どもが、「人形」にのせた左手を動かした瞬間、左手の甲をタッピングして、「そうだね、ここだね、人形だね」と言います。

　子どもの左手は左の呈示皿から動かさないようにします。
　子どもの右手を援助して一緒に「人形」を持ちながら、子どもの左手の下にある「タワシ」と呈示皿を撤去します。
　最初に「人形」にのせた手を動かしたとき（初発の反応）を見逃さないで「こっちだね」と言うことが大切です。迷っているときや手を動かさないときは、すぐに「人形」にのせている右手をタッピングして「こっちで遊ぼうね、人形だよ」と言います。待たないことが大切です。

⑥ 「人形で遊ぼうね」と言い、一緒に「人形」をキューキュー鳴らして、少し遊びます。

⑦ 「ちょうだい」と言って、人形を受け取ります。

⑧ 「よくできました」などとことばかけをして、心からほめます。

⑨ 「『で・き・た』するよ」と言いながら、目の前で指導者が両手を3回合わせてみせます。それから子どもの手を取って一緒に「で・き・た」と言って両手を3回合わせます。

Step 4　反利き手側先出し

① 呈示皿を机上面の左右の、子どもが手を伸ばしてちょうど届くところに呈示します。

　左側の呈示皿に「人形」を、右側の呈示皿に「タワシ」を置いておきます。

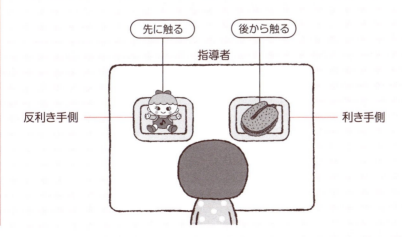

14 好きな方を選ぶ学習

2 「こっちの手でさわるよ」と言い、子どもの左ひじのあたりをタッピングして意識させてから、子どもの左手を指導者の右手で援助して机上面をすべらせていき、「人形」にさわらせます。

「人形があるね」と言い、一緒に「人形」を押して、キューキューと音を鳴らし、「人形」を意識させます。左手は、「人形」に触れたままにしておきます。子どもの左手の上に指導者の右手を重ねておきます。

3 「今度はこっちの手でさわるよ」と言い、子どもの右ひじのあたりをタッピングして意識させてから、右手を援助して机上面をすべらせていき、「タワシ」にさわらせます。

「タワシ」にのせた子どもの右手の上に指導者の左手を重ねておきます。

4 「どっちで遊ぶ?」とことばかけをします。

5 子どもが、「人形」にのせた左手を動かした瞬間、左手の甲をタッピングして、「こっちだね、人形で遊ぼうね」と言います。

子どもの右手は右の呈示皿から動かさないようにします。
子どもの左手を援助して一緒に「人形」を持ちながら、子どもの右手の下にある「タワシ」と呈示皿を撤去します。
最初に「人形」にのせた手を動かしたとき(初発の反応)を見逃さないで「こっちだね」と言うことが大切です。迷っているときや手を動かさないときは、すぐに「人形」にのせている左手をタッピングして「こっちで遊ぼうね、人形だよ」と言います。待たないことが大切です。子どもの左手を援助して一緒に鈴を持ちながら、子どもの右手の下にある「タワシ」と呈示皿を撤去します。

6 「人形で遊ぼうね」と言い、一緒に「人形」をキューキュー鳴らして、少し遊びます。

7 「ちょうだい」と言って、人形を受け取ります。

8 「よくできました」などとことばかけをして、心からほめます。

9 「『で・き・た』するよ」と言いながら、目の前で指導者が両手を3回合わせてみせます。それから子どもの手を取って一緒に「で・き・た」と言って両手を3回合わせます。

198

視覚に障害がある場合

左利きの場合

※Step 1 から Step 4 まで、「右利きの場合」の「方法とことばかけ」に準じて行います。

point 正選択肢を選ぶとき、誤選択肢に触れた手は 動かさないことが大切

　「どっちで遊ぶ？」と聞いたとき、子どもが、正選択肢に触れた手も誤選択肢に触れた手も動かしてしまうことがあります。これでは、正選択肢を選んだことになりません。正選択肢に触れた方の手のみ、動かすようにすることが大切です。

　そのためには、子どもが誤選択肢に触れている方の手を、指導者の手で上から軽く押さえ、動かさないようにします。正選択肢を持ち上げてから、誤選択肢を撤去します。

　このようにして、「どちらかを選ぶ」ということを理解するようにしていきます。

point 誤選択肢の方を選ぼうとしたとき

　「どっちで遊ぶ？」と聞いたとき、子どもが、誤選択肢に触れた手の方のみを動かすことがあります。このようなときは、誤選択肢に触れた手を指導者の手で上から軽く押さえて動かさないようにします。そして、正選択肢に触れている子どもの手の中をタッピングして「こっちで遊ぼうね」と言います。正選択肢を一緒に持ち上げてから、誤選択肢を撤去します。

　子どもが誤選択肢に触れている方の手のみを動かしたからと言って、こちらを選んでいるのかどうかの判断は難しいです。このような様子が見られたときは、教材を再度吟味してみましょう。子どもにとって「確実にこっちの方が好き」と思われるものを正選択肢に用い、「好きでないもの」を誤選択肢にしましょう。

200

第**3**章

「延滞」の学習と
「形の弁別」の学習

「延滞」の学習と
「形の弁別」の学習

　第2章で述べた初期学習を行い、見る力が育ってきたら、基礎学習に入ります。

　基礎学習とは、まわりをよく認識して、行動を起こす「考える力」を育てる学習です。

　「考える力」を育てるためには、記憶することと、形を認識することが重要な要素になります。

　「延滞」の学習を通して、記憶する力（記銘、記憶の保持、想起）を育て、推測する力を育てます。

　「形の弁別」の学習を通して、まわりをより正しく深く認識する力を育てます。

　本書と同シリーズの書籍で『障害がある子どもの考える力を育てる基礎学習』（2011年）、のちに装丁をリニューアルした『改訂版 障害がある子どもの考える力を育てる基礎学習』（2024年）を出版しました。

　今回は、その内容より、言葉かけのしかたや教材の呈示のしかたなどについて、より丁寧に書きました。

　初期学習がやっと身につきつつある子どもたちには、きめ細かい指導が必要です。

　第1章「考える力を育てる3段階の働きかけ」で述べたとおり、「基礎学習」には様々な学習がありますが、ここでは「延滞」の学習と「形の弁別」の学習の2つを取り上げて説明します。

　ここに書いてある通りの手順・教材の呈示・ことばかけを行うことにより、子どもの理解が深まることと思います。

「延滞」の学習

　この学習は、「記銘」（覚え込む）、「記憶の保持」（覚えている）、「想起」（思い出す）と、「推測」（ここにあるはずだ）の力を育てる学習、つまり「記憶する力をつけるための学習」です。

教材　「箱」と「ふた」同じものを２個

箱の大きさは、縦11～12cm程度、横11～12cm程度、高さ６～７cm程度です。
ふたは、箱に合わせたサイズで作ります。
（縦縦11～12cm程度、横11～12cm程度）
ふたには、長さ５～６cm、直径２cm程度の取っ手をつけます。
（子どもが操作しても取れないように、しっかりとつけます）

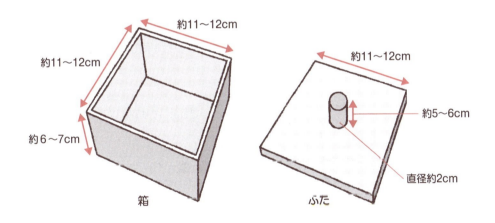

箱にふたをしたところ

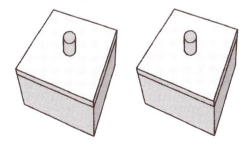

まったく同じものを２個用意します。大きさや色が違っていると、その違いで選んでしまうことがあるため、素材・大きさ・色などについてもまったく同じものにします。

1 「延滞」の学習

■ふたの形状について

ふたは、箱にのっているだけで、はらって落とすことができる平らなものにします。（下図のA）

※「ふたを開ける」ことは、この学習の課題ではないため、はらっただけで開けられて、箱の中のものがすぐに見えるようにします。

望ましい形状	望ましくない形状	
A	B	C
はらって落とすことができる、箱にのっているだけのもの（このふたが適切です）。	ふたのふちが箱にかぶさっていて、動かないようになっているもの。	箱の内側にふた受けの桟がついていて、落としぶたのようになっているもの。

箱は、木材で作るのが最もよいですが、準備できない場合は、プラスチックの容器や、簡単には壊れない丈夫な紙の箱などでも代用できます。ただし、画用紙・工作用紙・板目紙は壊れやすく、不適切です。紙コップ、ペットボトル、牛乳パックを利用したものは、小さすぎて不適切です。203ページの箱のサイズに合うものを用意しましょう。容器が透明で、中が見える場合は、紙や布を貼って、中が見えないようにします（この場合も、2つとも同じ色の紙や布を貼ってください）。

● 左のような丸形2個でもよいですが、以下のようにしてください。

・底が平らで安定感のあるもの。
・直径は11～12cm程度で深さは6～7cm程度のもの。
・ふたは箱にのっているだけの平らなもの。

中に入れるおもちゃ1個

箱の中に入る大きさで、子どもが好きなもの。

point 箱の中に入れるおもちゃについて

箱の中に入れるおもちゃは、はじめのうちは、「箱に入れてふたをしても、音や音楽が鳴り続けているもの」がよいです。見えなくなっても、音や音楽を手掛かりにして、入っている箱を選ぶことができます。

それでできるようになってきたら、「箱に入れると音がしなくなるおもちゃ」を使って学習しましょう。
適切なおもちゃの例をいくつか挙げます。

●一定時間、音や音楽が鳴り続けるおもちゃ

ボタンを押すと音楽が鳴るおもちゃ　　　　　　ゼンマイのおもちゃ

電池で動く電車　　　　　電動ハブラシの柄

このようなおもちゃは、箱の中に入れても音や音楽を鳴らし続けることができます。
ふたをして見えなくなっても、音をヒントにして、入っている方の箱を選ぶことができます。
ゼンマイのおもちゃや、電池で動く電車は、音を止めないために、横向きにして箱の中に入れるようにしましょう。

●箱に入れると音がしなくなるおもちゃ

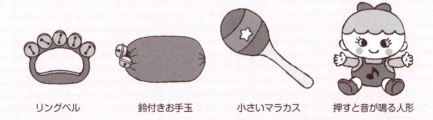

リングベル　　　鈴付きお手玉　　　小さいマラカス　　　押すと音が鳴る人形

このようなおもちゃは、箱に入れるときに、音を鳴らしながら入れることができるので、箱に入れるところを注目させやすいです。
入れてふたをしてしまうと音がなくなりますので、音が鳴り続けるものよりも難しくなります。

1 「延滞」の学習

選択肢の呈示のステップ

「延滞」の学習の難易度は、おもちゃを入れる箱の位置と、ふたをする順番によって変わります。

呈示のステップを、やさしい順に書きました。

子どもの利き手によって、呈示のしかたが異なります。

ほとんどの子どもは、利き手側の方が視空間が優位です。

したがって、正選択肢を利き手側に呈示したほうがやさしいです。

右利きの場合のステップ

Step 1　1対1 利き手側

右側に呈示した箱におもちゃを入れます。
ふたをします。
「おもちゃどこ？」と聞きます。
箱が1つしかないので、「おもちゃが入っている箱を見る」という課題がわかりやすいです。
利き手側にあるので見やすいです。

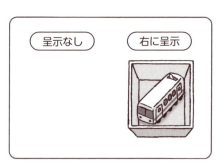

Step 2　1対1 反利き手側

左側に呈示した箱におもちゃを入れます。
ふたをします。
「おもちゃどこ？」と聞きます。
箱が1つしかないので、「おもちゃが入っている箱を見る」という課題がわかりやすいです。
反利き手側にあるので、Step 1 より難しくなります。

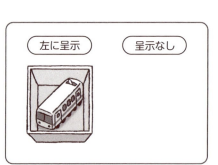

Step 3　利き手側後出し

おもちゃを右側の箱に入れます。
左側の「何も入っていない箱」に、先にふたをします。
右側の「おもちゃが入っている箱」に後からふたをします。
「おもちゃどこ？」と聞きます。
後からふたをしたものの方が記憶に残りやすいです。
入っている方に後からふたをして、すぐに「おもちゃどこ？」と聞かれるので、「おもちゃが入っている箱」を選びやすいです。
正選択肢が利き手側にあるので、見やすいです。

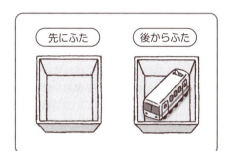

Step 4　反利き手側後出し

おもちゃを左側の箱に入れます。
右側の「何も入っていない箱」に、先にふたをします。
左側の「おもちゃが入っている箱」に後からふたをします。
「おもちゃどこ？」と聞きます。
後からふたをしたものの方が記憶に残りやすいです。
入っている方に後からふたをして、すぐに「おもちゃどこ？」と聞かれるので、「おもちゃが入っている箱」を選びやすいです。
正選択肢が反利き手側にあるので、Step 3より難しくなります。

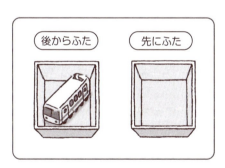

Step 5　利き手側先出し

おもちゃを右側の箱に入れます。
右側の「おもちゃが入っている箱」に、先にふたをします。
左側の「何も入っていない箱」に後からふたをします。
「おもちゃどこ？」と聞きます。
先にふたをした、「おもちゃが入っている箱」を覚えている必要があります。
後から「何も入っていない箱」にふたをするのを見た直後に「おもちゃどこ？」と聞かれるので、「こっちではない、こっちだ」という考えが浮かばなければ、視線を「おもちゃが入っている箱」の方に移すことができません。後から「おもちゃが入っている箱」にふたをするより、難しいです。
正選択肢が利き手側にあるので、見やすいです。

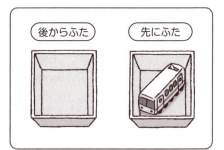

Step 6　反利き手側先出し

おもちゃを左側の箱に入れます。
左側の「おもちゃが入っている箱」に、先にふたをします。
右側の「何も入っていない箱」に後からふたをします。
「おもちゃどこ？」と聞きます。
先にふたをした、「おもちゃが入っている箱」を覚えている必要があります。
後から「何も入っていない箱」にふたをするのを見た直後に「おもちゃどこ？」と聞かれるので、「こっちではない、こっちだ」という考えが浮かばなければ、視線を「おもちゃが入っている箱」の方に移すことができません。後から「おもちゃが入っている箱」にふたをするより、難しいです。
正選択肢が反利き手側にあるので、Step 5より難しくなります。

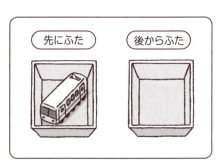

左利きの場合のステップ

Step 1　1対1 利き手側

左側に呈示した箱におもちゃを入れます。
ふたをします。
「おもちゃどこ？」と聞きます。
箱が1つしかないので、「おもちゃが入っている箱を見る」という課題がわかりやすいです。
利き手側にあるので見やすいです。

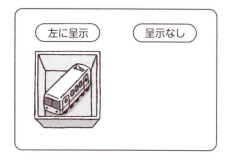

Step 2　1対1 反利き手側

右側に呈示した箱におもちゃを入れます。
ふたをします。
「おもちゃどこ？」と聞きます。
箱が1つしかないので、「おもちゃが入っている箱を見る」という課題がわかりやすいです。
反利き手側にあるので、Step 1 より難しくなります。

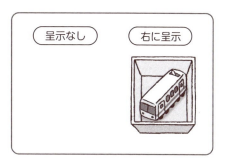

Step 3　利き手側後出し

おもちゃを左側の箱に入れます。
右側の「何も入っていない」箱に、先にふたをします。
左側の「おもちゃが入っている箱」に後からふたをします。
「おもちゃどこ？」と聞きます。
後からふたをしたものの方が記憶に残りやすいです。
入っている方に後からふたをして、すぐに「おもちゃどこ？」と聞かれるので、「おもちゃが入っている箱」を選びやすいです。
正選択肢が利き手側にあるので、見やすいです。

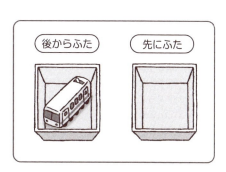

第3章　基礎学習の学習内容

1 「延滞」の学習

Step 4　反利き手側後出し

おもちゃを右側の箱に入れます。
左側の「何も入っていない箱」に、先にふたをします。
右側の「おもちゃが入っている箱」に後からふたをします。
「おもちゃどこ？」と聞きます。
後からふたをしたものの方が記憶に残りやすいです。
入っている方に後からふたをして、すぐに「おもちゃどこ？」と聞かれるので、「おもちゃが入っている箱」を選びやすいです。
正選択肢が反利き手側にあるので、Step 3 より難しくなります。

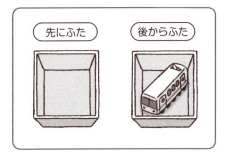

Step 5　利き手側先出し

おもちゃを左側の箱に入れます。
左側の「おもちゃが入っている箱」に、先にふたをします。
右側の「何も入っていない箱」に後からふたをします。
「おもちゃどこ？」と聞きます。
先にふたをした、「おもちゃが入っている箱」を覚えている必要があります。
後から「何も入っていない箱」にふたをするのを見た直後に「おもちゃどこ？」と聞かれるので、「こっちではない、こっちだ」という考えが浮かばなければ、視線を「おもちゃが入っている箱」の方に移すことができません。後から「おもちゃが入っている箱」にふたをするより、難しいです。
正選択肢が利き手側にあるので、見やすいです。

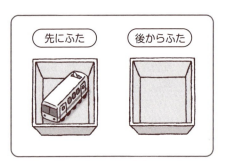

Step 6　反利き手側先出し

おもちゃを右側の箱に入れます。
右側の「おもちゃが入っている箱」に、先にふたをします。
左側の「何も入っていない箱」に後からふたをします。
「おもちゃどこ？」と聞きます。
先にふたをした、「おもちゃが入っている箱」を覚えている必要があります。
後から「何も入っていない箱」にふたをするのを見た直後に「おもちゃどこ？」と聞かれるので、「こっちではない、こっちだ」という考えが浮かばなければ、視線を「おもちゃが入っている箱」の方に移すことができません。後から「おもちゃが入っている箱」にふたをするより、難しいです。
正選択肢が反利き手側にあるので、Step 5 より難しくなります。

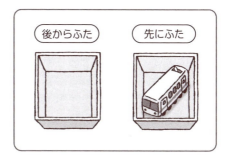

後からふた　　先にふた

方法と ことばかけ

指導者は、子どもと対面し、常に子どもの目を見ながら学習します。
子どもは、「入っている方の箱」を視線で選択します。
　選んだ箱のふたを開けたり、箱の中のおもちゃを持ったりするのは、利き手のみで行うようにします。
　「電池で動く電車のおもちゃ」（以下、「電車」と表記）を箱に入れた例で説明します。
※モーター音が途切れないように、電車は横に倒して箱に入れます。

point　子どもの手が届かないところに箱を呈示することが大切

　一般的に、２つのものから正しい方を選ぶ学習では、子どもの手が届くところに選択肢を呈示し、子どもが手で触って選ぶ方法で行われています。
　「延滞」の学習が課題となる段階の子どもは、呈示されたものをよく見て、見比べてから選ぶという力が十分に身についていません。

1 「延滞」の学習

> 子どもの手が届くところに箱を呈示すると、よく見ないで、利き手で触りやすい方の箱を触ったり、両手で両方の箱を触ったりしてしまいます。
>
> これでは、子どもにとって何を学習しているのかわかるようになりませんし、いつまでたっても課題を達成することができません。
>
> 箱は、子どもの手が届かないところに呈示し、子どもの「手」ではなく、「視線」で正しい方を選ぶ方法で学習します。
>
> 子どもがいつも使っている児童机や、車いすの天板の上に呈示したのでは、手が届いてしまいます。
>
> **「第2章 2 対象物を見て、持ったり放したりすることがわかる学習」**の34〜35ページ」にある、「机上面を広くするための工夫」を参考にして、箱を子どもの手が届かないところに呈示するようにして学習しましょう。

右利きの場合

Step 1　1対1 利き手側

1. 箱の呈示

❶「見て」と言いながら、箱を1つ、机上面の子どもから見て右側の、子どもの手が届かないところに、指導者の左手で呈示します。

見たら「見てるね」と言います。

利き手側

● 箱の呈示位置は、子どもの手が届かないところです。

2. おもちゃを入れる

1 「電車」の電源スイッチを入れて、モーター音がするようにします。

2 「電車」を箱の真上に呈示します。「見て、電車だよ」と言います。

見ないときは、ポインティングして視線を誘導します。

3 「入れるよ」と言って、箱の中に入れます。

入れるときは、箱の中が子どもに見えるように箱を傾けます。見ないときは、ポインティングして視線を誘導します。

3. ふたをする

1 「ふたするよ」と言い、箱にふたをします。

ふたをしたら、指導者の手は、机上面から引いておきます。

※ふたをした後に、指導者の手が箱の近くにあると、子どもは指導者の手につられてそちらの方を見てしまいます。指導者の手は、机上面に置かないようにしましょう。

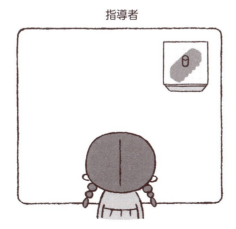

4. 入っている箱を視線で選ぶ

①「電車どこ？」と聞きます。

② 子どもが箱を見た瞬間に、「そうだね」と言いながら、指導者の左手で箱を
トントンたたいて視線を引きつけるようにします。

※最初に箱を見たとき（初発の反応）を見逃さないで「そうだね」と言うことが大切です。迷って
いるときや見ないときは、すぐに「箱」をポインティングしながら、「ここ見て」と言います。待
たないことが大切です。箱を見た瞬間、「そうだね」と言います。

5. ふたを開ける

① 箱を、子どもの右手が届くところに移動させます。

指導者

●子どもが手を伸ばして
ちょうど届くところに移
動させます。近づけ過
ぎないようにします。

②「開けるよ」と言って、子どもの右手を指導者の左手で援助して
ふたを外側にはらいます。ふたをはらうと同時に「あったね」と言いながら、
指導者の右手で箱を傾けて、箱の中の「電車」が子どもに見えるようにします。
ふたを撤去します。

※ふたを内側にはらうと、子どもが左手でそのふたを持って、遊んでしまうことがあります。ふたは、
必ず外側にはらいます。
※ふたを置いておくと、子どもがふたを気にしたり、持って遊んでしまったりすることがあります。
ふたはすぐに撤去しましょう。

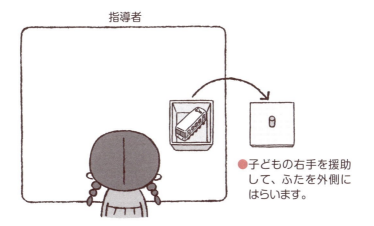

●子どもの右手を援助して、ふたを外側にはらいます。

6. 箱の中のおもちゃを取る

①「取るよ」と言って、子どもの右手を指導者の左手で援助して、箱の中から「電車」を取ります。

取ったらすぐに箱を撤去します。
※箱を置いておくと、子どもが箱を気にしたり、持って遊んでしまったりすることがあります。箱はすぐに撤去しましょう。

②「電車であそぼう」と言って、「電車」で少し遊びます。

③「ちょうだい」と言って「電車」を受け取ります。

※この時点で、机上面には何もない状態です。何もない状態ではじめ、何もない状態で終わることで、学習のはじめとおわりがわかるようになり、学習のメリハリがついて、少しずつ集中力が長くなります。

7. ほめる

①「よくできました」などとことばかけをして、心からほめます。

②「『で・き・た』するよ」と言いながら、目の前で指導者が両手を3回合わせてみせます。それから子どもの手を取って一緒に「で・き・た」と言って両手を3回合わせます。

1 「延滞」の学習

> **point 課題は「視線で選ぶ」こと**
>
> 　この学習は、「『電車（おもちゃ）どこ？』と聞かれて、入っている箱を見る」ことができれば、課題は達成したことになります。
> 　それ以外の「ふたをあける」「箱からおもちゃを取る」などは、この学習の課題ではありません。
> 　ふたをあけたり、箱からおもちゃを取ることを子どもに一人でやらせようとすると、時間がかかったり、間違ったことをしたりすることがあります。そうなると、本来の課題が何であるのかわからなくなってしまいます。
> 　課題でないところは、指導者が援助して、時間をかけずに行うようにしましょう。
> 　一連の流れをテンポよく行うことで、子どもの理解が進みます。

Step 2　1対1反利き手側

1. 箱の呈示

> ❶「見て」と言いながら、箱を1つ、机上面の子どもから見て左側の、子どもの手が届かないところに、指導者の右手で呈示します。

見たら「見てるね」と言います。

● 箱の呈示位置は、子どもの手が届かないところです。

2. おもちゃを入れる

1 「電車」の電源スイッチを入れて、モーター音がするようにします。

2 「電車」を箱の真上に呈示します。「見て、電車だよ」と言います。

見ないときは、ポインティングして視線を誘導します。

3 「入れるよ」と言って、箱の中に入れます。

入れるときは、箱の中が子どもに見えるように箱を傾けます。見ないときは、ポインティングして視線を誘導します。

3. ふたをする

1 「ふたするよ」と言い、箱にふたをします。

ふたをしたら、指導者の手は、机上面から引いておきます。

※ふたをした後に、指導者の手が箱の近くにあると、子どもは指導者の手につられてそちらの方を見てしまいます。指導者の手は、机上面に置かないようにしましょう。

1 「延滞」の学習

4. 入っている箱を視線で選ぶ

❶ 「電車どこ？」と聞きます。

❷ 子どもが箱を見た瞬間に、「そうだね」と言いながら、指導者の右手で箱をトントンたたいて視線を引きつけるようにします。

※最初に箱を見たとき（初発の反応）を見逃さないで「そうだね」と言うことが大切です。迷っているときや見ないときは、すぐに「箱」をポインティングしながら、「ここ見て」と言います。待たないことが大切です。箱を見た瞬間、「そうだね」と言います。

5. ふたを開ける

❶ 箱を、子どもの右手が届くところに移動させます。

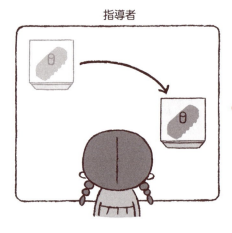

● 子どもの利き手側に移動します。子どもが手を伸ばしてちょうど届く位置です。
近づけ過ぎないようにします。

❷ 「開けるよ」と言って、子どもの右手を指導者の左手で援助してふたを外側にはらいます。ふたをはらうと同時に「あったね」と言いながら、指導者の右手で箱を傾けて、箱の中の「電車」が子どもに見えるようにします。ふたを撤去します。

※ふたを内側にはらうと、子どもが左手でそのふたを持って、遊んでしまうことがあります。ふたは、必ず外側にはらいます。
※ふたを置いておくと、子どもがふたを気にしたり、持って遊んでしまったりすることがあります。ふたはすぐに撤去しましょう。

●子どもの右手を援助して、ふたを外側にはらいます。

6. 箱の中のおもちゃを取る

①「取るよ」と言って、子どもの右手を指導者の左手で援助して、箱の中から「電車」を取ります。

取ったらすぐに箱を撤去します。
※箱を置いておくと、子どもが箱を気にしたり、持って遊んでしまったりすることがあります。箱はすぐに撤去しましょう。

②「電車であそぼう」と言って、「電車」で少し遊びます。

③「ちょうだい」と言って「電車」を受け取ります。

※この時点で、机上面には何もない状態です。何もない状態ではじめ、何もない状態で終わることで、学習のはじめとおわりがわかるようになり、学習のメリハリがついて、少しずつ集中力が長くなります。

7. ほめる

①「よくできました」などとことばかけをして、心からほめます。

②「『で・き・た』するよ」と言いながら、目の前で指導者が両手を3回合わせてみせます。それから子どもの手を取って一緒に「で・き・た」と言って両手を3回合わせます。

Step 3　利き手側後出し

1. 箱の呈示

❶ 箱を2つ、机上面の左右の、子どもの手が届かないところに同時に呈示します。

箱と箱の間は、15〜20cmくらい離しておきます。「見て」と言い、見たら「見てるね」と言います。

※箱と箱の間を離しすぎると、2つの箱が子どもの視野に入りにくくなります。箱と箱の間が狭すぎると、子どもがどちらを見ているのか、指導者が判断しづらくなります。適切な距離をとるようにして呈示します。

● 箱の呈示位置は、子どもの手が届かないところです。

2. おもちゃを入れる

❶ 「電車」の電源スイッチを入れて、モーター音がするようにします。

右側の箱の真上に「電車」を呈示します。「見て、電車だよ」と言います。見ないときは、ポインティングして視線を誘導します。

※おもちゃは、中央ではなく、入れる箱の真上に呈示します。

❷ 「入れるよ」と言って、右の箱の中に入れます。

入れるときは、箱の中が子どもに見えるように箱を傾けます。見ないときは、ポインティングして視線を誘導します。

3. ふたをする

① 左側の箱を傾けて中を見せながら、「入ってないね」と言い、ふたをします。

ふたをしたら、指導者の手は、机上面から引いておきます。

※ふたをした後に、指導者の手が箱の近くにあると、子どもは指導者の手につられてそちらの方を見てしまいます。指導者の手は、机上面に置かないようにしましょう。

1 「延滞」の学習

② 右側の箱を傾けて中を見せながら、「入ってるね」と言って、ふたをします。

※このとき、子どもが、おもちゃが入っている箱を見ていることが大切です。見ないときは箱をポインティングして、視線を引きつけます。ふたをしたら、指導者の手は、机上面から引いておきます。
※ふたをした後に、指導者の手が箱の近くにあると、子どもは指導者の手につられてそちらの方を見てしまいます。指導者の手は、机上面に置かないようにしましょう。

4. 入っている箱を視線で選ぶ

①「電車どこ？」と聞きます。

※箱が2つになると、「どっち？」と聞きたくなりますが、箱が2つになっても「どこ？」と聞くようにします。「1対1」の学習のときのことばかけと同じことばを使う方が、子どもにわかりやすいです。

② 子どもが「電車が入っている箱」を見た瞬間、「そうだね」と言いながら、指導者の左手で箱をトントンたたいて視線を引きつけるようにします。

※最初に「電車が入っている箱」を見たとき（初発の反応）を見逃さないで「そうだね」と言うことが大切です。迷っているときや見ないときは、すぐに「電車が入っている箱」をポインティングしながら、「ここ見て」と言います。待たないことが大切です。「電車が入っている箱」を見た瞬間、「そうだね」と言います。

❸ **子どもが「電車が入っている箱」を見ているタイミングで、すぐに「何も入っていない箱」を指導者の右手で撤去します。**

※指導者が撤去のことに気を取られていると、「電車が入っている箱」をポインティングする前に、「何も入っていない箱」を撤去してしまうことがあります。そうすると、子どもは、「何も入っていない箱」の方に視線を移してしまいます。必ず、先に「電車が入っている箱」をポインティングして「そうだね」と言い、子どもが「電車が入っている箱」を見ているときに、「何も入っていない箱」を撤去することが大切です。

5. ふたを開ける

❶ **「電車が入っている箱」を、子どもの右手が届くところに移動させます。**

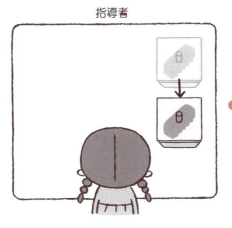

● 子どもが手を伸ばしてちょうど届くところに移動させます。近づけ過ぎないようにします。

1 「延滞」の学習

❷「開けるよ」と言って、子どもの右手を指導者の左手で援助して
ふたを外側にはらいます。ふたをはらうと同時に「あったね」と言いながら、
指導者の右手で箱を傾けて、箱の中の「電車」が子どもに見えるようにします。
ふたを撤去します。

※ふたを内側にはらうと、子どもが左手でそのふたを持って、遊んでしまうことがあります。ふたは、必ず外側にはらいます。
※ふたを置いておくと、子どもがふたを気にしたり、持って遊んでしまったりすることがあります。ふたはすぐに撤去しましょう。

●子どもの右手を援助して、ふたを外側にはらいます。

6. 箱の中のおもちゃを取る

❶「取るよ」と言って、子どもの右手を指導者の左手で援助して、箱の中から「電車」を取ります。

取ったらすぐに箱を撤去します。
※箱を置いておくと、子どもが箱を気にしたり、持って遊んでしまったりすることがあります。箱はすぐに撤去しましょう。

❷「電車であそぼう」と言って、「電車」で少し遊びます。

❸「ちょうだい」と言って「電車」を受け取ります。

※この時点で、机上面には何もない状態です。何もない状態ではじめ、何もない状態で終わることで、学習のはじめとおわりがわかるようになり、学習のメリハリがついて、少しずつ集中力が長くなります。

7. ほめる

1 「よくできました」などとことばかけをして、心からほめます。

2 「『で・き・た』するよ」と言いながら、目の前で指導者が両手を3回合わせてみせます。それから子どもの手を取って一緒に「で・き・た」と言って両手を3回合わせます。

point 課題は「視線で選ぶ」こと

　この学習は、「『電車（おもちゃ）どこ?』と聞かれて、入っている箱を見る」ことができれば、課題は達成したことになります。

　それ以外の「ふたをあける」「箱からおもちゃを取る」などは、この学習の課題ではありません。

　ふたをあけたり、箱からおもちゃを取ることを子どもに一人でやらせようとすると、時間がかかったり、間違ったことをしたりすることがあります。そうなると、本来の課題が何であるのかわからなくなってしまいます。

　課題でないところは、指導者が援助して、時間をかけずに行うようにしましょう。一連の流れをテンポよく行うことで、子どもの理解が進みます。

「何も入っていない箱」（誤選択肢）には手を触れさせないことがポイント

　「延滞の学習」では、視線で「おもちゃが入っている箱」を選んだときに、「何も入っていない箱」をすぐに撤去します。撤去が遅れて、子どもが誤選択肢の方に視線を移したり、触ったりしてしまうと、どちらを選んだのかがわからなくなってしまいます。誤選択肢には、利き手でも反利き手でも触れさせないようにします。

　指導者が、正選択肢をポインティングする前に、誤選択肢を撤去しようと誤選択肢に手を触れることがあります。そうすると、子どもは、誤選択肢の方に視線を移してしまいます。せっかく正選択肢を見たのに、指導者の手につられて「こっちだったかな」と感じてしまいます。必ず、先に正選択肢をポインティングして「そうだね」と言い、子どもが正選択肢を見ているときに、誤選択肢を撤去するようにします。

第**3**章 基礎学習の学習内容

指導者の手をすぐに引くことに留意する

箱のふたをした後の指導者の手の置き場に気をつけましょう。

● 無意識に指導者の手を箱の近くに置いてしまう。
● 箱の位置が気になったり、ふたが少しずれていることが気になったりして、それを直そうと箱やふたに触ってしまう。
● 「おもちゃは、どっち？」と言いながら、2つの箱を交互に指差ししてしまう。

上記のような様子がよく見られます。
どれも、「時間差をつけてふたをした」意味がなくなってしまう行動です。
ふたをしたあと、指導者の手は、子どもから見えないように、机上面から引いて、指導者の膝の上などに置いておくようにしましょう。

Step 4　反利き手側後出し

1. 箱の呈示

❶ 箱を2つ、机上面の左右の、子どもの手が届かないところに同時に呈示します。

箱と箱の間は、15〜20cm くらい離しておきます。「見て」と言い、見たら「見てるね」と言います。

※箱と箱の間を離しすぎると、2つの箱が子どもの視野に入りにくくなります。箱と箱の間が狭すぎると、子どもがどちらを見ているのか、指導者が判断しづらくなります。適切な距離をとるようにして呈示します。

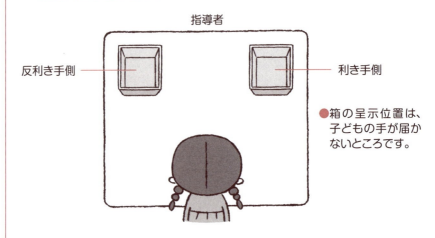

● 箱の呈示位置は、子どもの手が届かないところです。

2. おもちゃを入れる

① 「電車」の電源スイッチを入れて、モーター音がするようにします。

　左側の箱の真上に「電車」を呈示します。「見て、電車だよ」と言います。見ないときは、ポインティングして視線を誘導します。
※おもちゃは、中央ではなく、入れる箱の真上に呈示します。

② 「入れるよ」と言って、左の箱の中に入れます。

　入れるときは、箱の中が子どもに見えるように箱を傾けます。見ないときは、ポインティングして視線を誘導します。

3. ふたをする

① 右側の箱を傾けて中を見せながら、「入ってないね」と言い、ふたをします。

　ふたをしたら、指導者の手は、机上面から引いておきます。
※ふたをした後に、指導者の手が箱の近くにあると、子どもは指導者の手につられてそちらの方を見てしまいます。指導者の手は、机上面に置かないようにしましょう。

1 「延滞」の学習

❷ 左側の箱を傾けて中を見せながら、「入ってるね」と言って、ふたをします。

※このとき、子どもが、おもちゃが入っている箱を見ていることが大切です。見ないときは箱をポインティングして、視線を引きつけます。ふたをしたら、指導者の手は、机上面から引いておきます。

※ふたをした後に、指導者の手が箱の近くにあると、子どもは指導者の手につられてそちらの方を見てしまいます。指導者の手は、机上面に置かないようにしましょう。

4. 入っている箱を視線で選ぶ

❶ 「電車どこ？」と聞きます。

※箱が2つになると、「どっち？」と聞きたくなりますが、箱が2つになっても「どこ？」と聞くようにします。「1対1」の学習のときのことばかけと同じことばを使う方が、子どもにわかりやすいです。

❷ 子どもが「電車が入っている箱」を見た瞬間、「そうだね」と言いながら、指導者の右手で箱をトントンたたいて視線を引きつけるようにします。

※最初に「電車が入っている箱」を見たとき（初発の反応）を見逃さないで「そうだね」と言うことが大切です。迷っているときや見ないときは、すぐに「電車が入っている箱」をポインティングしながら、「ここ見て」と言います。待たないことが大切です。「電車が入っている箱」を見た瞬間、「そうだね」と言います。

❸ 子どもが、「電車が入っている箱」を見ているタイミングで、すぐに「何も入っていない箱」を指導者の左手で撤去します。

※指導者が撤去のことに気を取られていると、「電車が入っている箱」をポインティングする前に、「何も入っていない箱」を撤去してしまうことがあります。そうすると、子どもは、「何も入っていない箱」の方に視線を移してしまいます。必ず、先に「電車が入っている箱」をポインティングして「そうだね」と言い、子どもが「電車が入っている箱」を見ているときに、「何も入っていない箱」を撤去することが大切です。

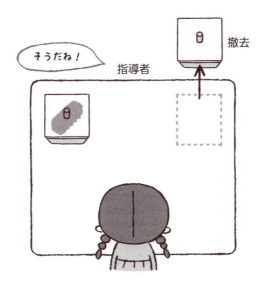

5. ふたを開ける

① 「電車が入っている箱」を、子どもの右手が届くところに移動させます。

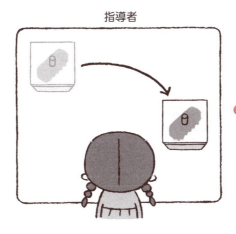

- 子どもの利き手側に移動します。子どもが手を伸ばしてちょうど届く位置です。
近づけ過ぎないようにします。

② 「開けるよ」と言って、子どもの右手を指導者の左手で援助してふたを外側にはらいます。ふたをはらうと同時に「あったね」と言いながら、指導者の右手で箱を傾けて、箱の中の「電車」が子どもに見えるようにします。ふたを撤去します。

※ふたを内側にはらうと、子どもが左手でそのふたを持って、遊んでしまうことがあります。ふたは、必ず外側にはらいます。
※ふたを置いておくと、子どもがふたを気にしたり、持って遊んでしまったりすることがあります。ふたはすぐに撤去しましょう。

1 「延滞」の学習

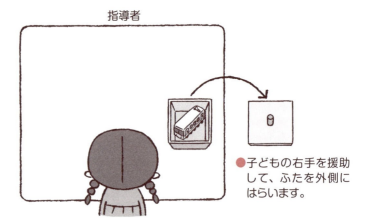

● 子どもの右手を援助して、ふたを外側にはらいます。

6. 箱の中のおもちゃを取る

①「取るよ」と言って、子どもの右手を指導者の左手で援助して、箱の中から「電車」を取ります。

取ったらすぐに箱を撤去します。
※箱を置いておくと、子どもが箱を気にしたり、持って遊んでしまったりすることがあります。箱はすぐに撤去しましょう。

②「電車であそぼう」と言って、「電車」で少し遊びます。

③「ちょうだい」と言って「電車」を受け取ります。

※この時点で、机上面には何もない状態です。何もない状態ではじめ、何もない状態で終わることで、学習のはじめとおわりがわかるようになり、学習のメリハリがついて、少しずつ集中力が長くなります。

7. ほめる

①「よくできました」などとことばかけをして、心からほめます。

②「『で・き・た』するよ」と言いながら、目の前で指導者が両手を3回合わせてみせます。それから子どもの手を取って一緒に「で・き・た」と言って両手を3回合わせます。

Step 5　利き手側先出し

1. 箱の呈示

❶ 箱を2つ、机上面の左右の、子どもの手が届かないところに同時に呈示します。

箱と箱の間は、15〜20cmくらい離しておきます。「見て」と言い、見たら「見てるね」と言います。

●箱の呈示位置は、子どもの手が届かないところです。

2. おもちゃを入れる

❶「電車」の電源スイッチを入れて、モーター音がするようにします。

右側の箱の真上に「電車」を呈示します。「見て、電車だよ」と言います。見ないときは、ポインティングして視線を誘導します。

❷「入れるよ」と言って、右の箱の中に入れます。

入れるときは、箱の中が子どもに見えるように箱を傾けます。見ないときは、ポインティングして視線を誘導します。

3. ふたをする

> ① 右側の箱を傾けて中を見せながら、「入ってるね」と言い、ふたをします。

ふたをしたら、指導者の手は、机上面から引いておきます。

> ② 左側の箱を傾けて中を見せながら、「入ってないね」と言って、ふたをします。

ふたをしたら、指導者の手は、机上面から引いておきます。

4. 入っている箱を視線で選ぶ

> ① 「電車どこ？」と聞きます。

> ② 子どもが「電車が入っている箱」を見た瞬間、「そうだね」と言いながら、指導者の左手で箱をトントンたたいて視線を引きつけるようにします。

※最初に「電車が入っている箱」を見たとき（初発の反応）を見逃さないで「そうだね」と言うことが大切です。迷っているときや見ないときは、すぐに「電車が入っている箱」をポインティングしながら、「ここ見て」と言います。待たないことが大切です。「電車が入っている箱」を見た瞬間、「そうだね」と言います。

❸ **子どもが「電車が入っている箱」を見ているタイミングで、すぐに「何も入っていない箱」を指導者の右手で撤去します。**

※指導者が撤去のことに気を取られていると、「電車が入っている箱」をポインティングする前に、「何も入っていない箱」を撤去してしまうことがあります。そうすると、子どもは、「何も入っていない箱」の方に視線を移してしまいます。必ず、先に「電車が入っている箱」をポインティングして「そうだね」と言い、子どもが「電車が入っている箱」を見ているときに、「何も入っていない箱」を撤去することが大切です。

5. ふたを開ける

❶ **「電車が入っている箱」を、子どもの右手が届くところに移動させます。**

● 子どもが手を伸ばしてちょうど届くところに移動させます。近づけ過ぎないようにします。

1 「延滞」の学習

❷「開けるよ」と言って、子どもの右手を指導者の左手で援助して**ふたを外側にはらいます。**

ふたをはらうと同時に「あったね」と言いながら、指導者の右手で箱を傾けて、箱の中の「電車」が子どもに見えるようにします。ふたを撤去します。

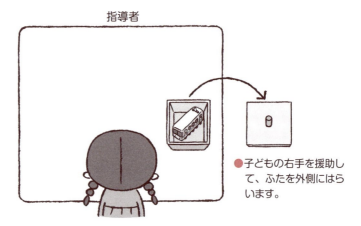

● 子どもの右手を援助して、ふたを外側にはらいます。

6. 箱の中のおもちゃを取る

❶「取るよ」と言って、子どもの右手を指導者の左手で援助して、箱の中から「電車」を取ります。

取ったらすぐに箱を撤去します。

❷「電車であそぼう」と言って、「電車」で少し遊びます。

❸「ちょうだい」と言って「電車」を受け取ります。

7. ほめる

❶「よくできました」などとことばかけをして、心からほめます。

❷「『で・き・た』するよ」と言いながら、目の前で指導者が両手を3回合わせてみせます。それから子どもの手を取って一緒に「で・き・た」と言って両手を3回合わせます。

point 子どもが「おもちゃが入っている箱」を見ないとき

「おもちゃ、どこ？」と聞いたとき、「おもちゃが入っている箱」を見ない子どもは以下のような行動をします。

1. 後からふたをした「おもちゃがはいっていない箱」の方を見る。
2. どちらの箱も見ず、よそ見をする。
3. 指導者の顔を見る。
4. 2つの箱の間を視線が往復する。

このようなときは、待たずにすぐに「おもちゃが入っている箱」をポインティングしながら「ここ見て」と言って、正しい方の箱を教えるようにします。待っていたからと言って、「おもちゃが入っている箱」がわかるようになることはほとんどありません。

すぐに教えた方が、わかるようになります。

「4」の様子を見せる子どもは、2つの箱を見比べて考えようとしている段階です。

「おもちゃが入っている箱」を1回目に見たときに「そうだね」とことばかけすることが大切です。

Step 6　反利き手側先出し

1. 箱の呈示

❶ 箱を2つ、机上面の左右の、子どもの手が届かないところに同時に呈示します。

箱と箱の間は、15〜20cmくらい離しておきます。「見て」と言い、見たら「見てるね」と言います。

●箱の呈示位置は、子どもの手が届かないところです。

2. おもちゃを入れる

① 「電車」の電源スイッチを入れて、モーター音がするようにします。

左側の箱の真上に「電車」を呈示します。「見て、電車だよ」と言います。見ないときは、ポインティングして視線を誘導します。

② 「入れるよ」と言って、左の箱の中に入れます。

入れるときは、箱の中が子どもに見えるように箱を傾けます。見ないときは、ポインティングして視線を誘導します。

3. ふたをする

① 左側の箱を傾けて中を見せながら、「入ってるね」と言い、ふたをします。

ふたをしたら、指導者の手は、机上面から引いておきます。

② 右側の箱を傾けて中を見せながら、「入ってないね」と言って、ふたをします。

ふたをしたら、指導者の手は、机上面から引いておきます。

4. 入っている箱を視線で選ぶ

1「電車どこ？」と聞きます。

2 子どもが「電車が入っている箱」を見た瞬間、「そうだね」と言いながら、指導者の右手で箱をトントンたたいて視線を引きつけるようにします。

※最初に「電車が入っている箱」を見たとき（初発の反応）を見逃さないで「そうだね」と言うことが大切です。迷っているときや見ないときは、すぐに「電車が入っている箱」をポインティングしながら、「ここ見て」と言います。待たないことが大切です。「電車が入っている箱」を見た瞬間、「そうだね」と言います。

3 子どもが「電車が入っている箱」を見ているタイミングで、すぐに「何も入っていない箱」を指導者の左手で撤去します。

※指導者が撤去のことに気を取られていると、「電車が入っている箱」をポインティングする前に、「何も入っていない箱」を撤去してしまうことがあります。そうすると、子どもは、「何も入っていない箱」の方に視線を移してしまいます。必ず、先に「電車が入っている箱」をポインティングして「そうだね」と言い、子どもが「電車が入っている箱」を見ているときに、「何も入っていない箱」を撤去することが大切です。

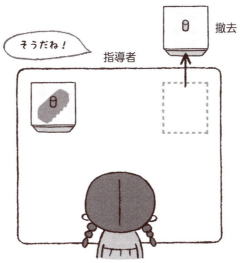

5. ふたを開ける

❶「電車が入っている箱」を、子どもの右手が届くところに移動させます。

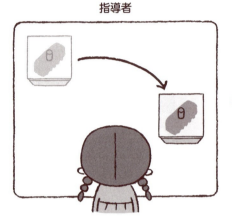

● 子どもの利き手側に移動します。子どもが手を伸ばしてちょうど届く位置です。
近づけ過ぎないようにします。

❷「あけるよ」と言って、子どもの右手を指導者の左手で援助してふたを外側にはらいます。

ふたをはらうと同時に「あったね」と言いながら、指導者の右手で箱を傾けて、箱の中の「電車」が子どもに見えるようにします。ふたを撤去します。

6. 箱の中のおもちゃを取る

❶「取るよ」と言って、子どもの右手を指導者の左手で援助して、箱の中から「電車」を取ります。

取ったらすぐに箱を撤去します。

❷「電車であそぼう」と言って、「電車」で少し遊びます。

❸「ちょうだい」と言って「電車」を受け取ります。

● 子どもの右手を援助して、ふたを外側にはらいます。

7. ほめる

① 「よくできました」などとことばかけをして、心からほめます。

② 「『で・き・た』するよ」と言いながら、目の前で指導者が両手を3回合わせてみせます。
それから子どもの手を取って一緒に「で・き・た」と言って両手を3回合わせます。

左利きの場合

※ Step 1〜 Step 6まで、「1右利きの場合」の「方法とことばかけ」に準じて行います。
※子どもが左利きの場合は、ふたを開けたり、中のおもちゃを取ったりすることを、左手
　で行います。

机上面に置いた箱を見るのが難しい場合

　視線を机上面に置いた箱に向けることが難しい場合は、箱をホワイトボード
に貼り付けて、見える位置に呈示して行うとよいです。箱の裏にマグネットシ
ートを貼り、ホワイトボードにつけたり外したりできるようにしておくと、誤
選択肢の箱の撤去も容易にできます。箱とふたは、ちょうつがいをつけるなど
して、開けたり閉めたりできるようにしておきます。

　箱2つが視野に入るよう、目からの距離は、50cmくらい離して呈示します。
このような教材の呈示位置になっても、指導者は、必ず子どもと対面し、子ど
もの目を見ながら行います。

※学習順序は、Step 1〜 Step 6まで、机上面に箱を呈示して行う場合と同様です。
※「入っている箱」を視線で選ぶ方法で学習します。
　手順やことばかけは、机上面に箱を呈示して行う場合に準じます。
　ふたを開ける操作は、指導者が行います。
　中のおもちゃを取り出す操作は、子どもの手が使える場合は一緒に行いますが、難
　しい場合は指導者が行います。
※指導者がふたを開けるときやおもちゃを取り出すときも、子どもは、よく見てい
　ることが大切です。右利きの子どもの「Step 3利き手側後出し」の場合で説明し
　ます。

第**3**章

基礎学習の学習内容

1 「延滞」の学習

1. 箱の呈示

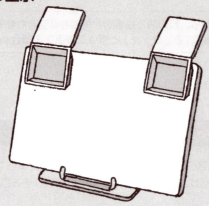

- ホワイトボードに箱を2つ貼り付けて呈示します。ふたは両方とも開けておきます。
「見て」と言い、見たら「見てるね」と言います。
見ないときはポインティングして視線を誘導します。

2. おもちゃを入れる

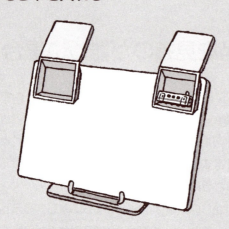

- 「入れるよ」と言って、モーター音がする電車を、右側の箱に入れます。
見ないときはポインティングして視線を誘導します。

3. ふたをする

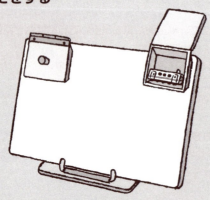

- 左側の箱をポインティングしながら「見て。入ってないね」と言います。
子どもが見たら、ふたを閉めます。
- 右側の箱をポインティングしながら「見て。入ってるね」と言います。
子どもが見たら、ふたを閉めます。

4. 入っている箱を視線で選ぶ

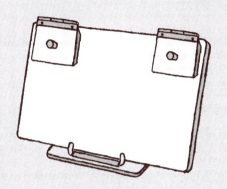

- 「電車、どこ？」と聞きます。子どもが右側の箱を見た瞬間に、右側の箱をトントンたたきながら「そうだね」と言います。
  見ないときは、待たずに「ここ見て」と言いながら、右側の箱をポインティングします。見たら「そうだね」と言います。右側の箱をポインティングして子どもの視線を引き付けている間に、左側の箱を撤去します。

5. ふたを開ける／箱の中のおもちゃを取る

- 「右側の箱のふたを開けて「あったね」と言います。
  子どもの手が届く場合は、一緒におもちゃを取ります。電車で少し遊びます。
  電車を受け取ります。

6. ほめる

教材をすべて撤去します。
「よくできました」とよくほめます。
「で・き・た」の見本を見せてから、子どもと一緒に3回手を合わせながら
「で・き・た」と言います。

視覚に障害がある場合

　視覚に障害がある場合は、視線で選ぶことができないので、手で選ぶようにします。

　第2章 14 好きな方を選ぶ学習」の、視覚に障害がある場合の学習「おもちゃがある方の手を動かして取る学習」と「好きな方を選ぶ学習」を行うことで、2つのものを両手で触って、言われたものの方を選ぶということを理解します。それが、「延滞の学習」の理解につながります。

　「延滞の学習」では、おもちゃの入っている箱を触ったことを覚えていて、「おもちゃどこ？」と聞かれたら、その箱の方に手を伸ばすという学習方法で行います。

教材　視覚に障害がある子どもの「延滞」の教材は、「同じ箱2つ」と「中に入れるおもちゃ1つ」です。ふたは使いません。

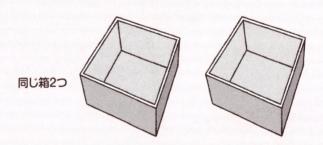

同じ箱2つ

　中に入れるおもちゃは、箱の中に入れても音や音楽が鳴り続けているものがわかりやすいです。

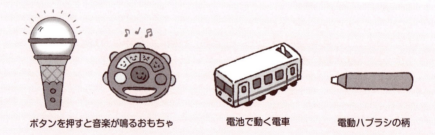

ボタンを押すと音楽が鳴るおもちゃ　　電池で動く電車　　電動ハブラシの柄

　上記のようなものがよいでしょう。特に「電動ハブラシの柄」（以下、「電動ハブラシ」と表記）は、モーター音と振動があるので、視覚に障害がある子どもにとって、どちらにあるのかが、わかりやすいです。

視覚に障害がある場合

選択肢の呈示のステップ

　この学習の難易度は、おもちゃを入れる箱の位置と、子どもがおもちゃに触る順番によって変わります。
　子どもの利き手によって、呈示のしかたが異なります。
　利き手側の箱におもちゃを入れた方がやさしいです。
　右利きの場合と、左利きの場合の呈示のステップを説明します。

右利きの場合のステップ

Step 1　1対1 利き手側

右側に呈示した箱におもちゃを入れます。
右手で箱の中のおもちゃを触ります。
右手を箱から出して子どもの方に引きます。
「おもちゃどこ？」と聞きます。
箱がある方に右手を伸ばします。
箱が1つしかないので、「おもちゃが入っている箱に手を伸ばす」という課題がわかりやすいです。
利き手側にあるのでわかりやすいです。

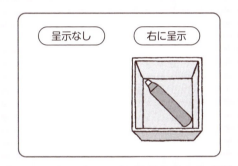

Step 2　1対1 反利き手側

左側に呈示した箱におもちゃを入れます。
左手で箱の中のおもちゃを触ります。
左手を箱から出して子どもの方に引きます。
「おもちゃどこ？」と聞きます。
箱がある方に左手を伸ばします。
箱が1つしかないので、「おもちゃが入っている箱に手を伸ばす」という課題がわかりやすいです。
反利き手側にあるので、**Step 1**より難しくなります。

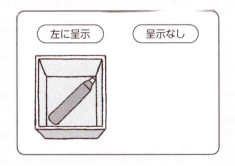

1 「延滞」の学習

Step 3　利き手側後出し

おもちゃを右側の箱に入れます。
左側の「何も入っていない箱」に、先に左手で触ります。
右側の「おもちゃが入っている箱」に後から右手で触ります。
両手を箱から出して子どもの方に引いておきます。
「おもちゃどこ？」と聞きます。
後から触ったものの方が記憶に残りやすいです。
入っている方に後から触り、手を引いてすぐに「おもちゃどこ？」と聞かれるので、「おもちゃが入っている箱」を選びやすいです。
正選択肢が利き手側にあるので、わかりやすいです。

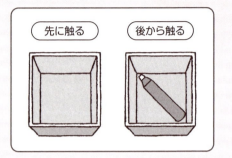

Step 4　反利き手側後出し

おもちゃを左側の箱に入れます。
右側の「何も入っていない箱」に、先に右手で触ります。
左側の「おもちゃが入っている箱」に後から左手で触ります。
両手を箱から出して子どもの方に引いておきます。
「おもちゃどこ？」と聞きます。
後からふたをしたものの方が記憶に残りやすいです。
入っている方に後から触り、手を引いてすぐに「おもちゃどこ？」と聞かれるので、「おもちゃが入っている箱」を選びやすいです。
正選択肢が反利き手側にあるので、
Step 3より難しくなります。

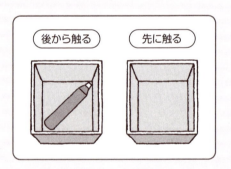

Step 5　利き手側先出し

おもちゃを右側の箱に入れます。
右側の「おもちゃが入っている箱」に、先に右手で触ります。
左側の「何も入っていない箱」に後から左手で触ります。
両手を箱から出して子どもの方に引いておきます。
「おもちゃどこ？」と聞きます。
先に触った、「おもちゃが入っている箱」を覚えている必要があります。
後から「何も入っていない箱」に触った直後に「おもちゃどこ？」と聞かれるので、「こっちではない、こっちだ」という考えが浮かばなければ、意識を「おもちゃが入っている箱」の方に移すことができません。
後から「おもちゃが入っている箱」に触るより、難しいです。
正選択肢が利き手側にあるので、わかりやすいです。

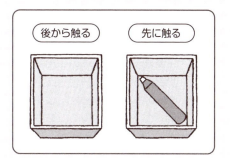

Step 6　反利き手側先出し

おもちゃを左側の箱に入れます。
左側の「おもちゃが入っている箱」に、先に左手で触ります。
右側の「何も入っていない箱」に後から右手で触ります。
両手を箱から出して子どもの方に引いておきます。
「おもちゃどこ？」と聞きます。
先に触った、「おもちゃが入っている箱」を覚えている必要があります。
後から「何も入っていない箱」に触った直後に「おもちゃどこ？」と聞かれるので、「こっちではない、こっちだ」という考えが浮かばなければ、意識を「おもちゃが入っている箱」の方に移すことができません。
後から「おもちゃが入っている箱」に触るより、難しいです。
正選択肢が反利き手側にあるので、
Step 5より難しくなります。

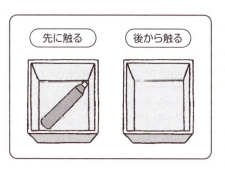

1 「延滞」の学習

左利きの場合のステップ

Step 1　1対1 利き手側

左側に呈示した箱におもちゃを入れます。
左手で箱の中のおもちゃを触ります。
左手を箱から出して子どもの方に引きます。
「おもちゃどこ？」と聞きます。
箱がある方に左手を伸ばします。
箱が1つしかないので、「おもちゃが入っている箱に手を伸ばす」という課題がわかりやすいです。
利き手側にあるのでわかりやすいです。

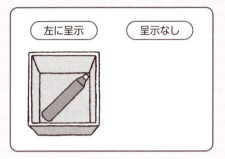

Step 2　1対1 反利き手側

右側に呈示した箱におもちゃを入れます。
右手で箱の中のおもちゃを触ります。
右手を箱から出して子どもの方に引いておきます。
「おもちゃどこ？」と聞きます。
箱がある方に右手を伸ばします。
箱が1つしかないので、「おもちゃが入っている箱に手を伸ばす」という課題がわかりやすいです。
反利き手側にあるので、**Step 1**より難しくなります。

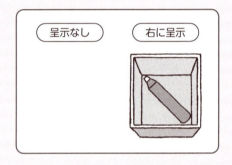

Step 3　利き手側後出し

おもちゃを左側の箱に入れます。
右側の「何も入っていない箱」に、先に右手で触ります。
左側の「おもちゃが入っている箱」に後から左手で触ります。
両手を箱から出して子どもの方に引いておきます。
「おもちゃどこ？」と聞きます。
後から触ったものの方が記憶に残りやすいです。
入っている方に後から触り、手を引いてすぐに「おもちゃどこ？」と聞かれるので、「おもちゃが入っている箱」を選びやすいです。
正選択肢が利き手側にあるので、わかりやすいです。

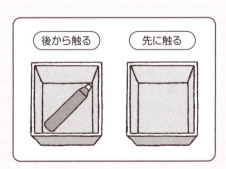

Step 4　反利き手側後出し

おもちゃを右側の箱に入れます。
左側の「何も入っていない箱」に、先に左手で触ります。
右側の「おもちゃが入っている箱」に後から右手で触ります。
両手を箱から出して子どもの方に引いておきます。
「おもちゃどこ？」と聞きます。
後から触ったものの方が記憶に残りやすいです。
入っている方に後から触り、手を引いてすぐに「おもちゃどこ？」と聞かれるので、「おもちゃが入っている箱」を選びやすいです。
正選択肢が反利き手側にあるので、
Step 3より難しくなります。

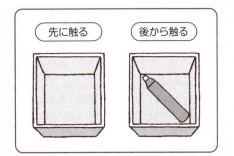

Step 5　利き手側先出し

おもちゃを左側の箱に入れます。
左側の「おもちゃが入っている箱」に、先に左手で触ります。
右側の「何も入っていない箱」に後から右手で触ります。
両手を箱から出して子どもの方に引いておきます。
「おもちゃどこ？」と聞きます。
先に触った、「おもちゃが入っている箱」を覚えている必要があります。
後から「何も入っていない箱」に触った直後に「おもちゃどこ？」と聞かれるので、「こっちではない、こっちだ」という考えが浮かばなければ、意識を「おもちゃが入っている箱」の方に移すことができません。
後から「おもちゃが入っている箱」に触るより、難しいです。
正選択肢が利き手側にあるので、わかりやすいです。

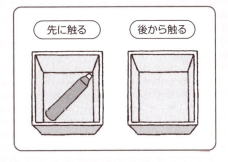

1 「延滞」の学習

Step 6　反利き手側先出し

おもちゃを右側の箱に入れます。
右側の「おもちゃが入っている箱」に、先に右手で触ります。
左側の「何も入っていない箱」に後から左手で触ります。
両手を箱から出して子どもの方に引いておきます。
「おもちゃどこ？」と聞きます。
先に触った、「おもちゃが入っている箱」を覚えている必要があります。
後から「何も入っていない箱」に触った直後に「おもちゃどこ？」と聞かれるので、「こっちではない、こっちだ」という考えが浮かばなければ、意識を「おもちゃが入っている箱」の方に移すことができません。
後から「おもちゃが入っている箱」に触るより、難しいです。
正選択肢が反利き手側にあるので、
Step 5 より難しくなります。

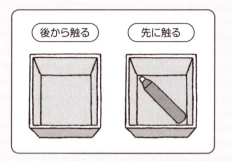

方法とことばかけ

指導者は子どもと対面して行います。
視覚に障害がある子どもの学習では、利き手側におもちゃが入っている箱を呈示した場合は、利き手で選ぶようにします。反利き手側におもちゃが入っている箱を呈示した場合は、反利き手で選ぶようにします。その方が理解しやすいです。
正選択肢に「電動ハブラシの柄」（以下、「電動ハブラシ」と表記）を用いた例で説明します。
学習のはじめに、この学習で使う「電動ハブラシ」をよく触ったり、一緒に遊んだりしておくことが大切です。

右利きの場合

Step 1　1対1 利き手側

① トントンと音を立てながら「箱を置くよ」と言い、机上面の子どもから見て右側の、子どもが手を伸ばしてちょうど届くところに呈示します。

視覚に障害がある場合

② 子どもの右ひじのあたりをタッピングして「こっちの手で箱を触るよ」と言います。

③ 子どもの右手を指導者の左手で援助して机上面をすべらせていき、箱の中に入れます。右手は、箱の中に入れたままにしておきます。

※右手を箱から出さないように、指導者の左手を添えておきます。
　以下のイラストは、指導者の手を省略しています。

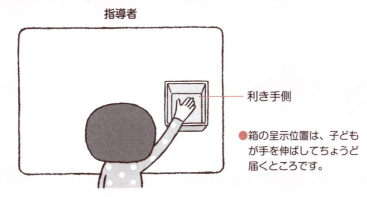

●箱の呈示位置は、子どもが手を伸ばしてちょうど届くところです。

point 視覚に障害がある場合に、物に向かって手を伸ばしていくとき

　箱や箱に入れた物に触れるために手を伸ばしていくときは、手のひらを下に向けて机の上をゆっくりすべらせていくように援助します。このことが、物がある方向や位置を理解し、探索活動をすることにつながります。

④「ブルブルを入れるよ」と言い、電源スイッチを入れた「電動ハブラシ」を箱に入れ、子どもの右手で触らせます。
「ブルブルだね」などとことばかけします。

第3章 基礎学習の学習内容

249

1 「延滞」の学習

⑤ 「手はこっちに置いておいてね」と言い、子どもの右手を箱から出し、子どもの身体の方に引いておきます。

⑥ 「ブルブルどこ？」と聞きます。

⑦ 子どもが箱の方へ右手を伸ばそうとした瞬間、箱をトントンたたきながら「そうだね」と言い、手を伸ばした方で合っていることを知らせるようにします。

⑧ 指導者の左手で子どもの右手を援助して、箱までゆっくり机上面をすべらせていき、箱の中の「電動ハブラシ」に触らせます。

point 子どもが、箱の方に手を動かさない場合

「ブルブルどこ？」と聞いて、子どもが箱の方へ手を伸ばそうとした瞬間を見逃さないで「そうだね」と言うことが大切です。

迷っているときや手を動かさないときは、すぐに箱をポインティングしてトントン音を立てながら、「ここだよ」と言います。待たないことが大切です。右手を動かしたらすぐに「そうだね」と言い、援助して箱の方へ机上面をすべらせていきます。

箱をポインティングしても手を動かさないようなら、子どもの右手をタッピングして「こっちの手の方だよ」と言いながら、右手を援助して箱までゆっくり机上面をすべらせていきます。

いつまでも待つより、援助して手をすべらせていった方が、課題を理解するようになります。

⑨ 援助して「電動ハブラシ」を一緒に握ります。

握ったらすぐに箱を撤去します。「ブルブルがあったね」「上手に持ってるね」などとことばかけし、少し遊びます。

⑩ 「とめるよ」と言って指導者の右手で「電動ハブラシ」のスイッチを切ります。

⑪ 援助して子どもの肘を伸ばし、「ちょうだい」「『ぱっ』って言ったら放してね」と言います。子どもの手の下に指導者の右の手のひらを当てて、「ぱっ」と言ってから指を開くように援助して受け取ります。

「ぱっ」のことばかけ1回で受け取ります。

視覚に障害がある場合

⑫ 「上手にできたね」などとことばかけをして、心からほめます。

⑬ 「『で・き・た』するよ」と言いながら、目の前で指導者が両手を3回合わせてみせます。それから子どもの手を取って一緒に「で・き・た」と言って両手を3回合わせます。

Step 2　1対1　反利き手側

① トントンと音を立てながら「箱を置くよ」と言い、机上面の子どもから見て左側の、子どもが手を伸ばしてちょうど届くところに呈示します。

② 子どもの左ひじのあたりをタッピングして「こっちの手で箱を触るよ」と言います。

③ 子どもの左手を指導者の右手で援助して机上面をすべらせていき、箱の中に入れます。左手は、箱の中に入れたままにしておきます。

※左手を箱から出さないように、指導者の右手を添えておきます。
　以下のイラストは、指導者の手を省略しています。

● 箱の呈示位置は、子どもが手を伸ばしてちょうど届くところです。

point　視覚に障害がある場合に、物に向かって手を伸ばしていくとき

箱や箱に入れた物に触れるために手を伸ばしていくときは、手のひらを下に向けて机の上をゆっくりすべらせていくように援助します。このことが、物がある方向や位置を理解し、探索活動をすることにつながります。

1 「延滞」の学習

④「ブルブルを入れるよ」と言い、電源スイッチを入れた「電動ハブラシ」を箱に入れ、子どもの左手で触らせます。
「ブルブルだね」などとことばかけします。

⑤「手はこっちに置いておいてね」と言い、子どもの左手を箱から出し、子どもの身体の方に引いておきます。

⑥「ブルブルどこ？」と聞きます。

⑦ 子どもが箱の方へ左手を伸ばそうとした瞬間、箱をトントンたたきながら「そうだね」と言い、手を伸ばした方で合っていることを知らせるようにします。

⑧ 指導者の右手で子どもの左手を援助して、箱までゆっくり机上面をすべらせていき、箱の中の「電動ハブラシ」に触らせます。

point 子どもが、箱の方に手を動かさない場合

　「ブルブルどこ？」と聞いて、子どもが箱の方へ手を伸ばそうとした瞬間を見逃さないで「そうだね」と言うことが大切です。
　迷っているときや手を動かさないときは、すぐに箱をポインティングしながら、「ここだよ」と言います。待たないことが大切です。左手を動かしたらすぐに「そうだね」と言い、援助して箱の方へ机上面をすべらせていきます。
　箱をポインティングしても手を動かさないようなら、子どもの左手をタッピングして「こっちの手の方だよ」と言いながら、左手を援助して箱までゆっくり机上面をすべらせていきます。
　いつまでも待つより、援助して手をすべらせていった方が、課題を理解するようになります。

視覚に障害がある場合

9 援助して「電動ハブラシ」を一緒に握ります。

握ったらすぐに箱を撤去します。「ブルブルがあったね」「上手に持ってるね」などとことばかけし、少し遊びます。

10 「とめるよ」と言って指導者の左手で「電動ハブラシ」のスイッチを切ります。

11 援助して子どもの肘を伸ばし、「ちょうだい」「『ぱっ』って言ったら放してね」と言います。子どもの手の下に指導者の右の手のひらを当てて、「ぱっ」と言ってから指を開くように援助して受け取ります。

「ぱっ」のことばかけ1回で受け取ります。

12 「上手にできたね」などとことばかけをして、心からほめます。

13 「『で・き・た』するよ」と言いながら、目の前で指導者が両手を3回合わせてみせます。それから子どもの手を取って一緒に「で・き・た」と言って両手を3回合わせます。

Step 3　利き手側後出し

1 トントンと音を立てながら「箱を2つ置くよ」と言い、箱を2つ、机上面の子どもが手を伸ばしてちょうど届くところに呈示します。

箱と箱の間は、20cmくらい離すようにします。

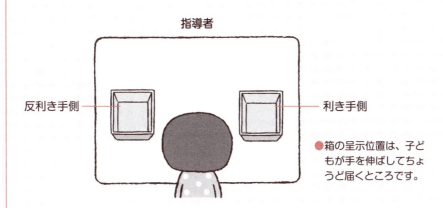

● 箱の呈示位置は、子どもが手を伸ばしてちょうど届くところです。

1 「延滞」の学習

② 「ブルブルを入れるよ」と言い、「電動ハブラシ」の電源スイッチを入れ、右側の箱に入れます。

③ 子どもの左ひじのあたりをタッピングして「こっちの手で箱を触るよ」と言います。

④ 子どもの左手を指導者の右手で援助して机上面をすべらせていき、左側の箱の中に入れます。「入ってないね」と言います。
子どもの左手は、箱の中に入れたままにしておきます。

※左手を箱から出さないように、指導者の右手を添えておきます。
　以下のイラストは、指導者の手を省略しています。

⑤ 子どもの右ひじのあたりをタッピングして「こっちの手でも箱を触るよ」と言います。

⑥ 子どもの右手を指導者の左手で援助して机上面をすべらせていき、右側の箱の中に入れます。「ブルブルが入ってるね」と言い、よく触らせます。
子どもの右手は、箱の中に入れたままにしておきます。

※右手を箱から出さないように、指導者の左手を添えておきます。

視覚に障害がある場合

7　「手はこっちに置いておいてね」と言い、子どもの両手を箱から出し、子どもの身体の方に引いておきます。

8　「ブルブルどこ？」と聞きます。

　　※箱が2つになると、「どっち？」と聞きたくなりますが、箱が2つになっても「どこ？」と聞くようにします。「1対1」の学習のときのことばかけと同じことばを使う方が、子どもにわかりやすいです。

9　子どもが右側の箱（正選択肢）の方へ右手を伸ばそうとした瞬間、箱をトントンたたきながら「そうだね」と言い、手を伸ばした方で合っていることを知らせるようにします。
と同時に誤選択肢の箱を撤去します。

10　指導者の左手で子どもの右手を援助して、箱までゆっくり机上面をすべらせていき、箱の中の「電動歯ブラシ」に触らせます。

point　子どもが、箱の方に手を動かさない場合

　「ブルブルどこ？」と聞いて、子どもが箱の方へ手を伸ばそうとした瞬間を見逃さないで「そうだね」と言うことが大切です。

　迷っているときや手を動かさないときは、すぐに箱をポインティングしながら、「ここだよ」と言います。待たないことが大切です。右手を動かしたらすぐに「そうだね」と言い、援助して箱の方へ机上面をすべらせていきます。

　箱をポインティングしても手を動かさないようなら、子どもの右手をタッピングして「こっちの手の方だよ」と言いながら、右手を援助して箱までゆっくり机上面をすべらせていきます。

　いつまでも待つより、援助して手をすべらせていった方が、課題を理解するようになります。

11　援助して「電動ハブラシ」を一緒に握ります。

　握ったらすぐに箱を撤去します。「ブルブルがあったね」「上手に持ってるね」などとことばかけし、少し遊びます。

12　「とめるよ」と言って指導者の右手で「電動ハブラシ」のスイッチを切ります。

第**3**章

基礎学習の学習内容

255

1 「延滞」の学習

⑬ 援助して子どもの肘を伸ばし、「ちょうだい」「『ぱっ』って言ったら放してね」と言います。子どもの手の下に指導者の右の手のひらを当てて、「ぱっ」と言ってから指を開くように援助して受け取ります。

「ぱっ」のことばかけ1回で受け取ります。

⑭ 「上手にできたね」などとことばかけをして、心からほめます。

⑮ 「『で・き・た』するよ」と言いながら、目の前で指導者が両手を3回合わせてみせます。それから子どもの手を取って一緒に「で・き・た」と言って両手を3回合わせます。

Step 4　反利き手側後出し

① トントンと音を立てながら「箱を2つ置くよ」と言い、箱を2つ、机上面の子どもが手を伸ばしてちょうど届くところに呈示します。

箱と箱の間は、20cmくらい離すようにします。

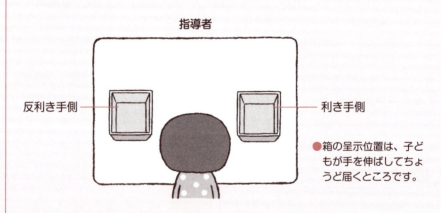

● 箱の呈示位置は、子どもが手を伸ばしてちょうど届くところです。

② 「ブルブルを入れるよ」と言い、「電動ハブラシ」の電源スイッチを入れ、左側の箱に入れます。

③ 子どもの右ひじのあたりをタッピングして「こっちの手で箱を触るよ」と言います。

視覚に障害がある場合

④ 子どもの右手を指導者の左手で援助して机上面をすべらせていき、右側の箱の中に入れます。「入ってないね」と言います。
子どもの右手は、箱の中に入れたままにしておきます。

※右手を箱から出さないように、指導者の左手を添えておきます。
以下のイラストは、指導者の手を省略しています。

⑤ 子どもの左ひじのあたりをタッピングして「こっちの手でも箱を触るよ」と言います。

⑥ 子どもの左手を指導者の右手で援助して机上面をすべらせていき、左側の箱の中に入れます。「ブルブルが入ってるね」と言い、よく触らせます。
子どもの左手は、箱の中に入れたままにしておきます。

※左手を箱から出さないように、指導者の右手を添えておきます。

第3章 基礎学習の学習内容

257

1 「延滞」の学習

7 「手はこっちに置いておいてね」と言い、子どもの両手を箱から出し、子どもの身体の方に引いておきます。

8 「ブルブルどこ？」と聞きます。

※箱が2つになると、「どっち？」と聞きたくなりますが、箱が2つになっても「どこ？」と聞くようにします。「1対1」の学習のときのことばかけと同じことばを使う方が、子どもにわかりやすいです。

9 子どもが左側の箱（正選択肢）の方へ左手を伸ばそうとした瞬間、箱をトントンたたきながら「そうだね」と言い、手を伸ばした方で合っていることを知らせるようにします。
と同時に誤選択肢の箱を撤去します。

10 指導者の右手で子どもの左手を援助して、箱までゆっくり机上面をすべらせていき、箱の中の「電動歯ブラシ」に触らせます。

※子どもが箱の方へ手を伸ばそうとした瞬間を見逃さないで「そうだね」と言うことが大切です。迷っているときや手を動かさないときは、すぐに箱をポインティングしながら、「ここだよ」と言います。待たないことが大切です。

11 援助して「電動ハブラシ」を一緒に握ります。

握ったらすぐに箱を撤去します。「ブルブルがあったね」「上手に持ってるね」などとことばかけし、少し遊びます。

12 「とめるよ」と言って指導者の左手で「電動ハブラシ」のスイッチを切ります。

13 援助して子どもの肘を伸ばし、「ちょうだい」「『ぱっ』って言ったら放してね」と言います。子どもの手の下に指導者の右の手のひらを当てて、「ぱっ」と言ってから指を開くように援助して受け取ります。

「ぱっ」のことばかけ1回で受け取ります。

14 「上手にできたね」などとことばかけをして、心からほめます。

15 「『で・き・た』するよ」と言いながら、目の前で指導者が両手を3回合わせてみせます。それから子どもの手を取って一緒に「で・き・た」と言って両手を3回合わせます。

視覚に障害がある場合

Step 5　利き手側先出し

① トントンと音を立てながら「箱を2つ置くよ」と言い、箱を2つ、机上面の子どもが手を伸ばしてちょうど届くところに呈示します。

箱と箱の間は、20cmくらい離すようにします。

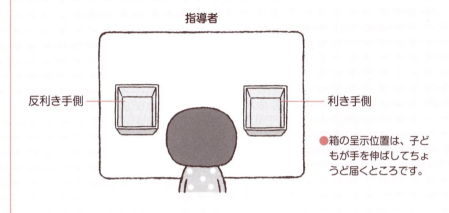

●箱の呈示位置は、子どもが手を伸ばしてちょうど届くところです。

②「ブルブルを入れるよ」と言い、「電動ハブラシ」の電源スイッチを入れ、右側の箱に入れます。

③ 子どもの右ひじのあたりをタッピングして「こっちの手で箱を触るよ」と言います。

④ 子どもの右手を指導者の左手で援助して机上面をすべらせていき、右側の箱の中に入れます。「入ってるね」と言います。
子どもの右手は、箱の中に入れたままにしておきます。

※右手を箱から出さないように、指導者の左手を添えておきます。
　以下のイラストは、指導者の手を省略しています。

1 「延滞」の学習

5 子どもの左ひじのあたりをタッピングして「こっちの手でも箱を触るよ」と言います。

6 子どもの左手を指導者の右手で援助して机上面をすべらせていき、左側の箱の中に入れます。「入ってないね」と言います。
子どもの左手は、箱の中に入れたままにしておきます。

※左手を箱から出さないように、指導者の右手を添えておきます。

7 「手はこっちに置いておいてね」と言い、子どもの両手を箱から出し、子どもの身体の方に引いておきます。

8 「ブルブルどこ？」と聞きます。

9 子どもが右側の箱（正選択肢）の方へ右手を伸ばそうとした瞬間、箱をトントンたたきながら「そうだね」と言い、手を伸ばした方で合っていることを知らせるようにします。
と同時に誤選択肢の箱を撤去します。

10 指導者の左手で子どもの右手を援助して、箱までゆっくり机上面をすべらせていき、箱の中の「電動歯ブラシ」に触らせます。

※子どもが箱の方へ手を伸ばそうとした瞬間を見逃さないで「そうだね」と言うことが大切です。迷っているときや手を動かさないときは、すぐに箱をポインティングしながら、「ここだよ」と言います。待たないことが大切です。

11 援助して「電動ハブラシ」を一緒に握ります。

握ったらすぐに箱を撤去します。「ブルブルがあったね」「上手に持ってるね」などとことばかけし、少し遊びます。

12 「とめるよ」と言って指導者の右手で「電動ハブラシ」のスイッチを切ります。

13 援助して子どもの肘を伸ばし、「ちょうだい」「『ぱっ』って言ったら放してね」と言います。子どもの手の下に指導者の右の手のひらを当てて、「ぱっ」と言ってから指を開くように援助して受け取ります。

「ぱっ」のことばかけ1回で受け取ります。

14 「上手にできたね」などとことばかけをして、心からほめます。

15 「『で・き・た』するよ」と言いながら、目の前で指導者が両手を3回合わせてみせます。それから子どもの手を取って一緒に「で・き・た」と言って両手を3回合わせます。

視覚に障害がある場合

Step 6　反利き手側先出し

① トントンと音を立てながら「箱を2つ置くよ」と言い、箱を2つ、机上面の子どもが手を伸ばしてちょうど届くところに呈示します。

箱と箱の間は、20cmくらい離すようにします。

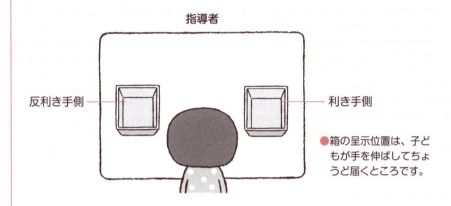

● 箱の呈示位置は、子どもが手を伸ばしてちょうど届くところです。

② 「ブルブルを入れるよ」と言い、「電動ハブラシ」の電源スイッチを入れ、左側の箱に入れます。

③ 子どもの左ひじのあたりをタッピングして「こっちの手で箱を触るよ」と言います。

④ 子どもの左手を指導者の右手で援助して机上面をすべらせていき、左側の箱の中に入れます。「入ってるね」と言い、よく触らせます。
子どもの左手は、箱の中に入れたままにしておきます。

※左手を箱から出さないように、指導者の右手を添えておきます。
　以下のイラストは、指導者の手を省略しています。

第3章　基礎学習の学習内容

261

1 「延滞」の学習

5 子どもの右ひじのあたりをタッピングして「こっちの手でも箱を触るよ」と言います。

6 子どもの右手を指導者の左手で援助して机上面をすべらせていき、右側の箱の中に入れます。「入ってないね」と言います。子どもの右手は、箱の中に入れたままにしておきます。

※右手を箱から出さないように、指導者の左手を添えておきます。

7 「手はこっちに置いておいてね」と言い、子どもの両手を箱から出し、子どもの身体の方に引いておきます。

8 「ブルブルどこ？」と聞きます。

9 子どもが左側の箱（正選択肢）の方へ左手を伸ばそうとした瞬間、箱をトントンたたきながら「そうだね」と言い、手を伸ばした方で合っていることを知らせるようにします。と同時に誤選択肢の箱を撤去します。

10 指導者の右手で子どもの左手を援助して、箱までゆっくり机上面をすべらせていき、箱の中の「電動歯ブラシ」に触らせます。

※子どもが箱の方へ手を伸ばそうとした瞬間を見逃さないで「そうだね」と言うことが大切です。迷っているときや手を動かさないときは、すぐに箱をポインティングしながら、「ここだよ」と言います。待たないことが大切です。

11 援助して「電動ハブラシ」を一緒に握ります。

握ったらすぐに箱を撤去します。「ブルブルがあったね」「上手に持ってるね」などとことばかけし、少し遊びます。

12 「とめるよ」と言って指導者の右手で「電動ハブラシ」のスイッチを切ります。

13 援助して子どもの肘を伸ばし、「ちょうだい」「『ぱっ』って言ったら放してね」と言います。子どもの手の下に指導者の右の手のひらを当てて、「ぱっ」と言ってから指を開くように援助して受け取ります。

「ぱっ」のことばかけ1回で受け取ります。

14 「上手にできたね」などとことばかけをして、心からほめます。

15 「『で・き・た』するよ」と言いながら、目の前で指導者が両手を3回合わせてみせます。それから子どもの手を取って一緒に「で・き・た」と言って両手を3回合わせます。

視覚に障害がある場合

左利きの場合

※ Step 1 から Step 6 まで、「右利きの場合」の「方法とことばかけ」に準じて行います。

point 誤選択肢に触れさせないことが大切

　「〇〇どこ？」と聞いたとき、子どもが、両手を伸ばし、「おもちゃが入っている箱（正選択肢）」と、「何も入っていない箱（誤選択肢）」の両方を触ってしまうことがあります。

　これでは、どちらを選んだのか、わかりません。正選択肢のみ、触るようにすることが大切です。

　子どもが誤選択肢の方に手を動かしかけたときには、箱に触る前に、子どもの手を指導者の手で軽く止めるようにし、誤選択肢には触れさせないようにします。

　と同時に、正選択肢をポインティングして「ここだよ」と言い、正選択肢の方に意識を向けるようにします。

　正選択肢のポインティングだけではわからない場合は、正選択肢の側の手をタッピングして「こっちの手の方だよ」と言います。

正選択肢に、利き手を伸ばそうとする場合

　正選択肢が利き手側にあっても反利き手側にあっても、子どもによっては、利き手を伸ばして来ることがあります。

　しかし、利き手をただ中央の方に伸ばすだけでは、わかっているとは言えません。正選択肢が右側にある場合、そこに向かって右手をまっすぐ伸ばすことができていることが前提です。

　そのうえで、正選択肢が左側にある場合、右手を左側に伸ばそうとしているときは、わかってきていると思います。左手で取らせようとしなくてもよいでしょう。

　ただし、この判断は、かなり慎重に行わなければなりません。

第3章 基礎学習の学習内容

263

「形の弁別」の学習

　私たちの身の回りには、様々な形が存在しています。それらの形の基本は○と△と□と考えています。

　したがって、○△□がわかるということは、身の回りのものをより正確に認知することにつながります。

　形の弁別ができることは、視覚認知の力と深くかかわっています。

　「形の弁別の学習」は、「延滞の学習」と並んで、「考える力を育てる」最も基本的な学習です。

　この学習も、よく見て、見比べて、正しいものを視線で選ぶ方法で学習します。

教材　「○△□のはめ板」と「○△□の形」

○、△、□の形がくり抜いてある板を「はめ板」、はめ板に入れるものを「形」と呼びます。

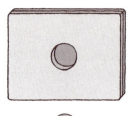  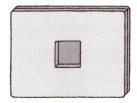

それぞれ、上が「はめ板」、下が「形」

■「形」について

・木材で作るのが望ましいです。持ったときに適度な重みがあり、はめ板に入れたときに「パチン」と音がして、入れたことがわかりやすいです。

・○は正円、△は正三角形、□は正方形にします。

・○、△、□は、3つとも同じ色にします（表も裏も同じ色を付けます）。「形」以外の要素をすべて同じにすることで、「形」のみに注目して弁別する力をつけることができるからです。

・「凹図形の底の色」と「形」とは違う色にします。「凹図形の底の色」と「形」が同じ色だと、視力の弱い子どもにとって、入っているのかいないのか、わかりにくいです。「形」は赤がよいでしょう（赤が好きな子どもが多く、注目しやすいです）。

・「形」は、対応する「はめ板の凹図形」にのみ、入るように作成します。例えば、□の中に○の形が入ってしまったり、○の中に△の形が入ってしまったりすることのないようにします。対応する形以外のところに入る教材は、間違えさせることにつながります。

■「はめ板」について

・木材で作るのが望ましいです。安定感があり、くり抜いたところ（以下、「凹図形」と表記）に形を入れたときに「パチン」と音がして、入れたことがわかりやすいです。
・板の大きさは、Ａ４サイズくらいが適切です。形を凹図形の横に置くことができるスペースが必要です。
・○、△、□について、それぞれ１枚ずつ作成します（１枚の板に、○△□が入るようにはしません）。
・○、△、□のはめ板の、板の色は、３枚とも同じにします。木材の場合は、木材そのままの色、その他の材料で作る場合は、クリーム色など、目に優しい色がよいです（黒は望ましくありません）。
凹図形の底の色も、３枚とも同じにします。青や緑がよいでしょう。「形」以外の要素をすべて同じにすることで、「形」のみに注目して弁別する力をつけることができるからです。

教材の適切なサイズは、子どもの手の大きさ等によって違いますが、例として、小学部の子どもが扱いやすいサイズを載せます。これを参考にして、子どもに合わせて作成してください。

※対応する「はめ板の凹図形」にのみ、「形」が入るように考えてあるため、細かいサイズになっています。

● ○△□とも、形をはめたときに、形がはめ板から２～３ｍｍ出るようにします。凹図形の深さは約６ｍｍです。

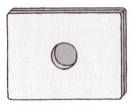
凹図形の直径
6.0cm

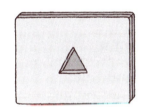
凹図形の一辺
7.1cm

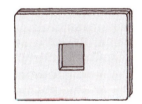
凹図形の一辺
5.4cm

●「形」の厚みは全て９ｍｍです。

形の直径5.9cm

形の一辺7.0cm

形の一辺5.3cm

第３章　基礎学習の学習内容

2 「形の弁別」の学習

選択肢の呈示のステップ

「形の弁別の学習」の難易度は、形を呈示する位置と、呈示する順番によって変わります。
呈示のステップを、やさしい順に書きました。
子どもの利き手によって、呈示のしかたが異なります。
ほとんどの子どもは、利き手側の方が視空間が優位です。
したがって、正選択肢を利き手側に呈示したほうがやさしいです。
右利きの場合と、左利きの場合の呈示のステップを説明します。

※子どもの実態によっては、順番が入れ替わることがあります。
　ここでは、正選択肢を○、誤選択肢を△として説明します。

右利きの場合のステップ

Step 1　1対1 利き手側

はめ板の上の右側に○を呈示します。
はめ板の凹図形を指さしして「ここに入るのどれ？」と聞きます。
形が1つしかないので、「凹図形に入る形を見る」という課題がわかりやすいです。
利き手側にあるので見やすいです。

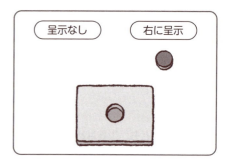

Step 2　1対1 反利き手側

はめ板の上の左側に○を呈示します。
はめ板の凹図形を指さしして「ここに入るのどれ？」と聞きます。
形が1つしかないので、「凹図形に入る形を見る」という課題がわかりやすいです。
反利き手側にあるので、Step 1 より難しくなります。

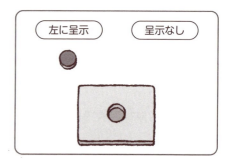

Step 3　利き手側後出し

はめ板の上の左側に△を呈示します。
はめ板の上の右側に○を呈示します。
はめ板の凹図形を指さしして「ここに入るのどれ？」と聞きます。
後から呈示したものの方が記憶に残りやすいです。
後から呈示して、すぐに「ここに入るのどれ？」と聞かれるので、○を選びやすいです。
正選択肢が利き手側にあるので、見やすいです。

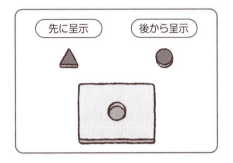

Step 4　反利き手側後出し

はめ板の上の右側に△を呈示します。
はめ板の上の左側に○を呈示します。
はめ板の凹図形を指さしして「ここに入るのどれ？」と聞きます。
後から呈示したものの方が記憶に残りやすいです。
後から呈示して、すぐに「ここに入るのどれ？」と聞かれるので、○を選びやすいです。
正選択肢が反利き手側にあるので、
Step 3より難しくなります。

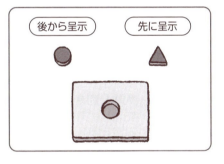

Step 5　利き手側先出し

はめ板の上の右側に○を呈示します。
はめ板の上の左側に△を呈示します。
はめ板の凹図形を指さしして「ここに入るのどれ？」と聞きます。
先に呈示した○を覚えている必要があります。
後から△を見た直後に「ここに入るのどれ？」と聞かれるので、「こっちではない、こっちだ」という考えが浮かばなければ、視線を○の方に移すことができません。
後から○を呈示するより、難しいです。
正選択肢が利き手側にあるので、見やすいです。

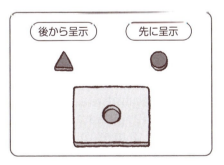

第3章　基礎学習の学習内容

2 「形の弁別」の学習

Step 6　反利き手側先出し

はめ板の上の左側に○を呈示します。
はめ板の上の右側に△を呈示します。
はめ板の凹図形を指さしして「ここに入るのどれ？」と聞きます。
先に呈示した○を覚えている必要があります。
後から△を見た直後に「ここに入るのどれ？」と聞かれるので、「こっちではない、こっちだ」という考えが浮かばなければ、視線を○の方に移すことができません。
後から○を呈示するより、難しいです。
正選択肢が反利き手側にあるので、
Step 5より難しくなります。

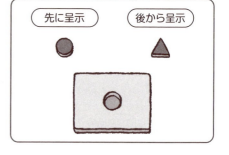

左利きの場合のステップ

Step 1　1対1 利き手側

はめ板の上の左側に○を呈示します。
はめ板の凹図形を指さしして「ここに入るのどれ？」と聞きます。
形が1つしかないので、「凹図形に入る形を見る」という課題がわかりやすいです。
利き手側にあるので見やすいです。

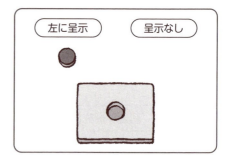

Step 2　1対1 反利き手側

はめ板の上の右側に○を呈示します。
はめ板の凹図形を指さしして「ここに入るのどれ？」と聞きます。
形が1つしかないので、「凹図形に入る形を見る」という課題がわかりやすいです。
反利き手側にあるので、Step 1より難しくなります。

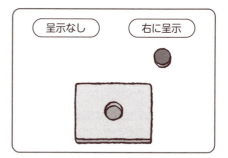

Step 3　利き手側後出し

はめ板の上の右側に△を呈示します。
はめ板の上の左側に○を呈示します。
はめ板の凹図形を指さしして「ここに入るのどれ？」と聞きます。
後から呈示したものの方が記憶に残りやすいです。
後から呈示して、すぐに「ここに入るのどれ？」と聞かれるので、○を選びやすいです。
正選択肢が利き手側にあるので、見やすいです。

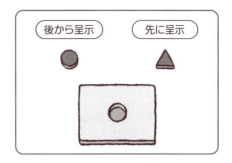

Step 4　反利き手側後出し

はめ板の上の左側に△を呈示します。
はめ板の上の右側に○を呈示します。
はめ板の凹図形を指さしして「ここに入るのどれ？」と聞きます。
後から呈示したものの方が記憶に残りやすいです。
後から呈示して、すぐに「ここに入るのどれ？」と聞かれるので、○を選びやすいです。
正選択肢が反利き手側にあるので、Step 3より難しくなります。

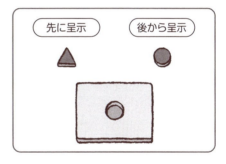

Step 5　利き手側先出し

はめ板の上の左側に○を呈示します。
はめ板の上の右側に△を呈示します。
はめ板の凹図形を指さしして「ここに入るのどれ？」と聞きます。
先に呈示した○を覚えている必要があります。
後から△を見た直後に「ここに入るのどれ？」と聞かれるので、「こっちではない、こっちだ」という考えが浮かばなければ、視線を○の方に移すことができません。
後から○を呈示するより、難しいです。
正選択肢が利き手側にあるので、見やすいです。

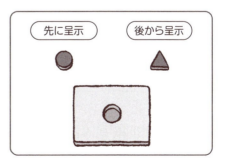

2 「形の弁別」の学習

Step 6　反利き手側先出し

はめ板の上の右側に○を呈示します。
はめ板の上の左側に△を呈示します。
はめ板の凹図形を指さしして「ここに入るのどれ？」と聞きます。
先に呈示した○を覚えている必要があります。
後から△を見た直後に「ここに入るのどれ？」と聞かれるので、「こっちではない、こっちだ」という考えが浮かばなければ、視線を○の方に移すことができません。
後から○を呈示するより、難しいです。
正選択肢が反利き手側にあるので、
Step 5より難しくなります。

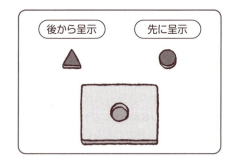

point　どの形から学習するか

　○、△、□には、それぞれ特徴があります。
　○は、頂点が無限です。どの向きに入れようとしても、凹図形に入ります。心理的にも安定感を感じる形です。
　△は、頂点が3つです。凹図形に入れるためには、頂点を合わせる必要があります。正三角形の1つの角は60度、正方形の1つの角は90度です。正三角形の方が角度が狭いので、はめ板に入れるのに、△の方が□より難しいです。心理的にも、最も不安定な形です。
　□は、頂点が4つです。凹図形に入れるためには、頂点を合わせる必要がありますが、正方形の方が正三角形より角度が広いので、△よりは、やさしいです。心理的には、安定感を感じさせる形です。
　○、△、□の中で、○の形の学習がもっともやさしいです。
　初めて「形の弁別」の学習を行う場合は、○の学習から行います。
　○の学習ができなければ、△や□の学習はできません。
　「○で学習してみたけれど、できなかったので、明日は△で学習してみよう」というのは、やめましょう。学習理論に基づいて、やさしい課題から段階を追って、丁寧に行っていきましょう。

選択肢の組み合わせの難易度について

　○、△、□のうち、学習するうえで最もやさしいのは○です。
　したがって、2つの形のうちから、どちらかを選択する学習に入る場合も、正選択肢を○にして学習を始めます。

○が正選択肢の場合、誤選択肢を△にするのと□にするのとでは、どちらの方が○を選びやすいでしょうか。

　正選択肢と誤選択肢の違いが大きいほど、正選択肢を選ぶのがやさしくなります。

　□は、△に比べて、○と面積が近く、安定感も似ています。

　△は、□に比べて、○より面積が小さく、角が鋭角にとがっているので、○とは見た目もだいぶ違います。

　「○と△」の組み合わせと、「○と□」の組み合わせでは、「○と△」の組み合わせの方が、違いが大きいです。

　初めて選択の課題に入るときは、正選択肢を○、誤選択肢を△にして学習します。

**方法と
ことばかけ**

指導者は、子どもと対面し、常に子どもの目を見ながら学習します。
子どもは、正選択肢を視線で選択します。
選んだ形を凹図形に入れるのは、利き手のみで行うようにします。
正選択肢を○、誤選択肢を△にした例で説明します。

point

子どもの手が届かないところに選択肢の「形」を呈示することが大切

　一般的に、2つのものから正しい方を選ぶ学習では、子どもの手が届くところに選択肢を呈示し、子どもが手で触って選ぶ方法で行われています。

　「形の弁別」が課題となる段階の子どもは、呈示されたものをよく見て、見比べてから選ぶという力が十分に身についていません。

　子どもの手が届くところに「形」を呈示すると、よく見ないで、利き手で触りやすい方の「形」を触ったり、両手で両方の「形」を触ったりしてしまいます。

　これでは、子どもにとって何を学習しているのかわかるようになりませんし、いつまでたっても課題を達成することができません。

　選択肢の「形」は、子どもの手が届かないところに呈示し、子どもの「手」ではなく、「視線」で正しい方を選ぶ方法で学習します。

　子どもがいつも使っている児童机や、車いすの天板の上に呈示したのでは、手が届いてしまいます。

　「第2章 2 対象物を見て、持ったり放したりすることがわかる学習」の34〜35ページ」にある、「机上面を広くするための工夫」を参考にして、「形」を子どもの手が届かないところに呈示するようにして学習しましょう。

2 「形の弁別」の学習

> 右利きの場合

Step 1　1対1 利き手側

1. はめ板の呈示

> ① 「見て」と言いながら、「○のはめ板」を、机上面の、子どもが手を伸ばして凹図形にちょうど届くあたりに呈示します。

見たら「見てるね」と言います。

● はめ板の呈示位置は、子どもが手を伸ばしてちょうど届くあたりです。

2. 凹図形のふちをなぞる

> ① 「手を出して」と言って、子どもの両手を持ちます。

> ② 「ぐるぐるするよ」と言って、子どもの左手の人差し指を指導者の右手で援助して、○の凹図形のふちの1点に触れるように置きます。

子どもの指がふちから離れないように、指導者の手をずっと添えておきます。

❸ 子どもの右手の人差し指を指導者の左手で援助して、子どもの左手の人差し指を置いているところを始点として、右回りにふちをなぞります。

「ぐるぐるぐる……」と言いながら、２周程度、ゆっくりなぞります。
最後は、子どもの左手の人差し指のところで止めるようにし、「まる」とことばかけします。

※このとき、子どもが凹図形のふちをなぞっている指を見ていることが大切です。見ないでなぞっていても、形がわかるようにはなりません。なぞっている途中で視線が外れたときは、そのまま続けず、いったん指の動きを止めます。「見て」と言い、なぞっている指をタッピングして視線を誘導し、視線が戻ってきたら、「見てるね」と言い、なぞるのを再開します。

いつも同じところから、同じ方向になぞる

　凹図形のふちをなぞるとき、子どもの左手の人差し指を置いている位置から始め、その位置で終わるようにします。自分の指を置いているところは、視線を向けやすいので、始めと終わりがわかりやすいです。

　子どもの左手の人差し指は、いつも同じところに置くことが大切です。

　なぞる方向は、いつも同じ（右回り）にします。「今日は右回り」「明日は左回り」では、学習がなかなか定着しません。

始点及び終点

●指の使い方がわかりやすいように、子どもの左手に添えている指導者の援助の手は省略してあります。

　いつも同じように行っていると、子どもはどのようにすればよいのかを理解し、「ぐるぐるするよ」と言っただけで、自分から指を置こうとしたり、なぞろうとしたりするようになります。

❹ 子どもの両手を、はめ板の上から外し、子どもの身体の方に引いておきます。

3. 形を呈示する

> ① 「見て」と言いながら、はめ板の右上の、子どもの手が届かないところに、指導者の左手で○の形を呈示します。

子どもが見たら、すぐに「まる」と言います。

※子どもから見て右側の空間に教材を呈示するとき、指導者の右手を使うと、子どもの学習空間を指導者の手がさえぎることになります。子どもの右空間に教材を呈示するときは指導者の左手で、子どもの左空間に教材を呈示するときは、指導者の右手で行うようにしましょう。

※見たら、「見てるね」と言うのが原則ですが、「見てるね」とことばかけしている間に○から視線がそれてしまいます。○を見ている間に「まる」とことばかけすることで○を認識することにつながるので、ここでは「見てるね」のことばかけは省略し、「まる」と言います。

※○の形を呈示して、子どもが見た後は、指導者の左手をすぐに引いて、机上面に置かないようにします。

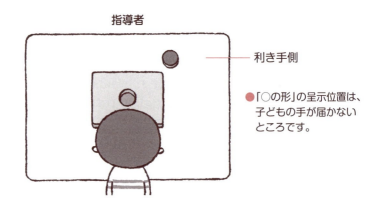

指導者

利き手側

●「○の形」の呈示位置は、子どもの手が届かないところです。

4. 凹図形に入る形を見る

> ① ○の凹図形を、指導者の右手でポインティングしながら、「ここに入るの、どれ？」と聞きます。

※正選択肢が子どもから見て右空間にある場合、指導者の左手で凹図形をポインティングすると、正選択肢の○が指導者の腕で隠れてしまいます。正選択肢が隠れない方の手を使うようにしましょう。

※「ここに入るの、どれ？」とポインティングして、子どもが見た後は、指導者の右手をすぐに引いて、机上面に置かないようにします。

❷ 子どもが○の形を見た瞬間に、「そうだね」と言いながら、指導者の左手で○の形の近くをトントンたたいて視線を引きつけるようにします。

※最初に○を見たとき（初発の反応）を見逃さないで「そうだね」と言うことが大切です。迷っているときや見ないときは、すぐに○をポインティングしながら、「ここ見て」と言います。待たないことが大切です。○を見た瞬間、「そうだね」と言います。

5. 凹図形に形を入れる

❶ ○を、はめ板の、○の凹図形の右横に置きます。

❷ 「入れるよ」と言って、子どもの右手を指導者の左手で援助して、○の形をすべらせて○の凹図形に入れます。

※このとき、子どもが○の形を見ていることが大切です。すべらせて入れることで、追視をしやすくなります。

2 「形の弁別」の学習

6. 凹図形に入れた形の輪郭をなぞる

① 「手を出して」と言って、子どもの両手を持ちます。

② 「ぐるぐるするよ」と言って、子どもの左手の人差し指を指導者の右手で援助して、〇の形の輪郭の1点に触れるように置きます。

はめ板の凹図形のふちをなぞるときに置いた位置と同じ位置に置くと、子どもが理解しやすいです。
子どもの指が輪郭から離れないように、指導者の手をずっと添えておきます。

③ 子どもの右手の人差し指を指導者の左手で援助して、子どもの左手の人差し指を置いているところを始点として、右回りに輪郭をなぞります。

「ぐるぐるぐる……」と言いながら、2周程度、ゆっくりなぞります。
最後は、子どもの左手の人差し指のところで止めるようにし、「まる」とことばかけします。
※このとき、子どもが〇の形の輪郭をなぞっている指を見ていることが大切です。見ないでなぞっていても、形がわかるようにはなりません。なぞっている途中で視線が外れたときは、そのまま続けず、いったん指の動きを止めます。「見て」と言い、なぞっている指をタッピングして視線を誘導し、視線が戻ってきたら、「見てるね」と言い、なぞるのを再開します。

④ 机上から、教材をすべて撤去します。

※この時点で、机上面には何もない状態です。何もない状態ではじめ、何もない状態で終わることが、学習のはじめとおわりがわかるようになり、学習のメリハリがついて、少しずつ集中力が長くなります。

7. ほめる

① 「よくできました」などとことばかけをして、心からほめます。

② 「『で・き・た』するよ」と言いながら、目の前で指導者が両手を3回合わせてみせます。それから子どもの手を取って一緒に「で・き・た」と言って両手を3回合わせます。

point 課題は「視線で選ぶ」こと

この学習は、「『ここに入るの、どれ？』と聞かれて、〇の形を見る」ことができれば、課題は達成したことになります。
それ以外の「凹図形のふちや形の輪郭をなぞる」、「〇の形を凹図形に入れる」などは、この学習の課題ではありません。

このような動作を子どもに一人でやらせようとすると、時間がかかったり、間違ったことをしたりすることがあります。そうなると、本来の課題が何であるのかわからなくなってしまいます。

　課題でないところは、指導者が援助して、時間をかけずに行うようにしましょう。

　一連の流れをテンポよく行うことで、子どもの理解が進みます。

Step 2　1対1 反利き手側

1. はめ板の呈示

> ❶「見て」と言いながら、「○のはめ板」を、机上面の、子どもが手を伸ばして凹図形にちょうど届くあたりに呈示します。

見たら「見てるね」と言います。

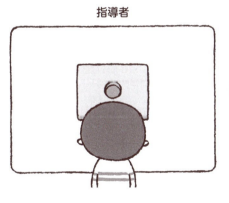

●はめ板の呈示位置は、子どもが手を伸ばしてちょうど届くあたりです。

2. 凹図形のふちをなぞる

> ❶「手を出して」と言って、子どもの両手を持ちます。

2 「形の弁別」の学習

❷ 「ぐるぐるするよ」と言って、子どもの左手の人差し指を指導者の右手で援助して、○の凹図形のふちの１点に触れるように置きます。

子どもの指がふちから離れないように、指導者の手をずっと添えておきます。

❸ 子どもの右手の人差し指を指導者の左手で援助して、子どもの左手の人差し指を置いているところを始点として、右回りにふちをなぞります。

「ぐるぐるぐる……」と言いながら、２周程度、ゆっくりなぞります。
最後は、子どもの左手の人差し指のところで止めるようにし、「まる」とことばかけします。

※このとき、子どもが凹図形のふちをなぞっている指を見ていることが大切です。見ないでなぞっていても、形がわかるようにはなりません。なぞっている途中で視線が外れたときは、そのまま続けず、いったん指の動きを止めます。「見て」と言い、なぞっている指をタッピングして視線を誘導し、視線が戻ってきたら、「見てるね」と言い、なぞるのを再開します。

❹ 子どもの両手を、はめ板の上から外し、子どもの身体の方に引いておきます。

3.形を呈示する

❶ 「見て」と言いながら、はめ板の左上の、子どもの手が届かないところに、指導者の左手で○の形を呈示します。

子どもが見たら、すぐに「まる」と言います。

※子どもから見て左側の空間に教材を呈示するとき、指導者の左手を使うと、子どもの学習空間を指導者の手がさえぎることになります。子どもの右空間に教材を呈示するときは指導者の左手で、子どもの左空間に教材を呈示するときは、指導者の右手で行うようにしましょう。

※見たら、「見てるね」と言うのが原則ですが、「見てるね」とことばかけしている間に○から視線がそれてしまいます。○を見ている間に「まる」とことばかけすることで○を認識することにつながるので、ここでは「見てるね」のことばかけは省略し、「まる」と言います。

※○の形を呈示して、子どもが見た後は、指導者の右手をすぐに引いて、机上面に置かないようにします。

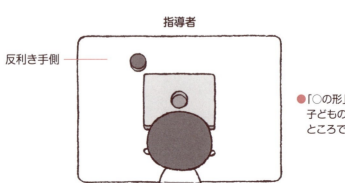

● 「○の形」の呈示位置は、子どもの手が届かないところです。

4. 凹図形に入る形を見る

① ○の凹図形を、指導者の左手でポインティングしながら、「ここに入るの、どれ？」と聞きます。

※正選択肢が子どもから見て左空間にある場合、指導者の右手で凹図形をポインティングすると、正選択肢の○が指導者の腕で隠れてしまいます。正選択肢が隠れない方の手を使うようにしましょう。

※「ここに入るの、どれ？」とポインティングして、子どもが見た後は、指導者の左手をすぐに引いて、机上面に置かないようにします。

② 子どもが○の形を見た瞬間に、「そうだね」と言いながら、指導者の右手で○の形の近くをトントンたたいて視線を引きつけるようにします。

※最初に○を見たとき（初発の反応）を見逃さないで「そうだね」と言うことが大切です。迷っているときや見ないときは、すぐに○をポインティングしながら、「ここ見て」と言います。待たないことが大切です。○を見た瞬間、「そうだね」と言います。

5. 凹図形に形を入れる

① を、はめ板の、○の凹図形の右横に置きます。

※正選択肢が左側（反利き手側）にある場合でも、利き手で入れるようにします。
　○の形を移動するときは、凹図形の上を横切らないようにして移動させます。

②「入れるよ」と言って、子どもの右手を指導者の左手で援助して、○の形をすべらせて○の凹図形に入れます。

※このとき、子どもが○の形を見ていることが大切です。すべらせて入れることで、追視をしやすくなります。

2 「形の弁別」の学習

6. 凹図形に入れた形の輪郭をなぞる

1 「手を出して」と言って、子どもの両手を持ちます。

2 「ぐるぐるするよ」と言って、子どもの左手の人差し指を指導者の右手で援助して、〇の形の輪郭の1点に触れるように置きます。

はめ板の凹図形のふちをなぞるときに置いた位置と同じ位置に置くと、子どもが理解しやすいです。

子どもの指が輪郭から離れないように、指導者の手をずっと添えておきます。

3 子どもの右手の人差し指を指導者の左手で援助して、子どもの左手の人差し指を置いているところを始点として、右回りに輪郭をなぞります。

「ぐるぐるぐる……」と言いながら、2周程度、ゆっくりなぞります。

最後は、子どもの左手の人差し指のところで止めるようにし、「まる」とことばかけします。

※このとき、子どもが〇の形の輪郭をなぞっている指を見ていることが大切です。見ないでなぞっていても、形がわかるようにはなりません。なぞっている途中で視線が外れたときは、そのまま続けず、いったん指の動きを止めます。「見て」と言い、なぞっている指をタッピングして視線を誘導し、視線が戻ってきたら、「見てるね」と言い、なぞるのを再開します。

4 机上から、教材をすべて撤去します。

※この時点で、机上面には何もない状態です。何もない状態ではじめ、何もない状態で終わることが、学習のはじめとおわりがわかるようになり、学習のメリハリがついて、少しずつ集中力が長くなります。

7. ほめる

1 「よくできました」などとことばかけをして、心からほめます。

2 「『で・き・た』するよ」と言いながら、目の前で指導者が両手を3回合わせてみせます。それから子どもの手を取って一緒に「で・き・た」と言って両手を3回合わせます。

280

Step 3　利き手側後出し

1. はめ板の呈示

❶「見て」と言いながら、「○のはめ板」を、机上面の、子どもが手を伸ばして凹図形にちょうど届くあたりに呈示します。

見たら「見てるね」と言います。

● はめ板の呈示位置は、子どもが手を伸ばしてちょうど届くあたりです。

2. 凹図形のふちをなぞる

❶「手を出して」と言って、子どもの両手を持ちます。

❷「ぐるぐるするよ」と言って、子どもの左手の人差し指を指導者の右手で援助して、○の凹図形のふちの1点に触れるように置きます。

子どもの指がふちから離れないように、指導者の手をずっと添えておきます。

❸ 子どもの右手の人差し指を指導者の左手で援助して、子どもの左手の人差し指を置いているところを始点として、右回りにふちをなぞります。

「ぐるぐるぐる……」と言いながら、2周程度、ゆっくりなぞります。
最後は、子どもの左手の人差し指のところで止めるようにし、「まる」とことばかけします。

※このとき、子どもが凹図形のふちをなぞっている指を見ていることが大切です。見ないでなぞっていても、形がわかるようにはなりません。なぞっている途中で視線が外れたときは、そのまま続けず、いったん指の動きを止めます。「見て」と言い、なぞっている指をタッピングして視線を誘導し、視線が戻ってきたら、「見てるね」と言い、なぞるのを再開します。

❹ 子どもの両手を、はめ板の上から外し、子どもの身体の方に引いておきます。

3.形を呈示する

①「見て」と言いながら、はめ板の左上の、子どもの手が届かないところに、指導者の右手で△の形を呈示します。

子どもが見たら、「見てるね」と言います。

②「見て」と言いながら、はめ板の右上の、子どもの手が届かないところに、指導者の左手で○の形を呈示します。

子どもが見たら、すぐに「まる」と言います。

※子どもの左空間に教材を呈示するときは、指導者の右手で、子どもの右空間に教材を呈示するときは指導者の左手で行うようにしましょう。

※見たら、「見てるね」と言うのが原則ですが、「見てるね」とことばかけしている間に○から視線がそれてしまいます。○を見ている間に「まる」とことばかけすることで○を認識することにつながるので、ここでは「見てるね」のことばかけは省略し、「まる」と言います。

※△や○の形を呈示して、子どもが見た後は、指導者の手をすぐに引いて、机上面に置かないようにします。

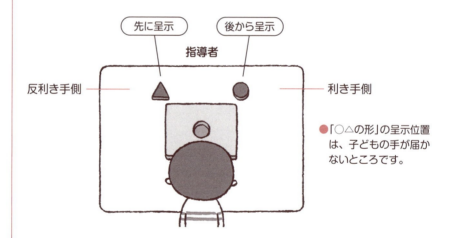

● 「○△の形」の呈示位置は、子どもの手が届かないところです。

point 三角の呈示の向きについて

三角を呈示するとき、子どもから見た向きを考えず、無造作に置いたり、頂点を下向きに置いたりする場合があります。三角は「▼」の向きに呈示すると、心理的に不安定です。「三角」の形の認識も持ちにくいです。必ず子どもから見て頂点を上にした「▲」のような向きで呈示しましょう。

4.凹図形に入れる形を見る

1 ○の凹図形を、指導者の右手でポインティングしながら、「ここに入るの、どれ？」と聞きます。

※正選択肢が子どもから見て右空間にある場合、指導者の左手で凹図形をポインティングすると、正選択肢の○が指導者の腕で隠れてしまいます。正選択肢が隠れない方の手を使うようにしましょう。

※形が2つになると、「どっち？」と聞きたくなりますが、形が2つになっても「どれ？」と聞くようにします。「1対1」の学習のときのことばかけと同じことばを使う方が、子どもにわかりやすいです。

※「ここに入るの、どれ？」とポインティングして、子どもが見た後は、指導者の右手をすぐに引いて、机上面に置かないようにします。

point 指導者の手の使い方について

「ここに入るの、どれ？」と言いながら、凹図形をポインティングするときの指導者の手で、正選択肢が隠れないようにします。

正選択肢が子どもから見て右にあるときは指導者の左手でポインティングすると、正選択肢が隠れてしまいます。指導者の右手でポインティングするようにします。

正選択肢が子どもから見て左側にあるときは、指導者の左手でポインティングするようにします。細かいことですが、このようなところにも細心の注意を払うことが、子どもの理解につながります。

●正選択肢が置いてある側の手でポインティングする

●正選択肢が置いてない側の手でポインティングする

正選択肢が指導者の手で隠れてしまいます

正選択肢がよく見えます

第3章 基礎学習の学習内容

2 「形の弁別」の学習

❷ 子どもが○の形を見た瞬間に、「そうだね」と言いながら、指導者の左手で○の形の近くをトントンたたいて視線を引きつけるようにします。

※最初に○を見たとき（初発の反応）を見逃さないで「そうだね」と言うことが大切です。迷っているときや見ないときは、すぐに○をポインティングしながら、「ここ見て」と言います。待たないことが大切です。○を見た瞬間、「そうだね」と言います。

❸ 子どもが○の形を見ているタイミングで、すぐに△を指導者の右手で撤去します。

※指導者が撤去のことに気を取られていると、○をポインティングする前に、△を撤去してしまうことがあります。そうすると、子どもは、△の方に視線を移してしまいます。必ず、先に○をポインティングして「そうだね」と言い、子どもが○を見ているときに、△を撤去することが大切です。

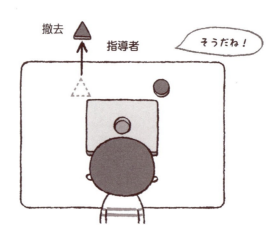

5. 凹図形に形を入れる

① ○を、はめ板の、○の凹図形の右横に置きます。

② 「入れるよ」と言って、子どもの右手を指導者の左手で援助して、○の形をすべらせて○の凹図形に入れます。

※このとき、子どもが○の形を見ていることが大切です。すべらせて入れることで、追視をしやすくなります。

6. 凹図形に入れた形の輪郭をなぞる

① 「手を出して」と言って、子どもの両手を持ちます。

② 「ぐるぐるするよ」と言って、子どもの左手の人差し指を指導者の右手で援助して、○の形の輪郭の1点に触れるように置きます。

はめ板の凹図形のふちをなぞるときに置いた位置と同じ位置に置くと、子どもが理解しやすいです。
子どもの指が輪郭から離れないように、指導者の手をずっと添えておきます。

③ 子どもの右手の人差し指を指導者の左手で援助して、子どもの左手の人差し指を置いているところを始点として、右回りに輪郭をなぞります。

「ぐるぐるぐる……」と言いながら、2周程度、ゆっくりなぞります。
最後は、子どもの左手の人差し指のところで止めるようにし、「まる」とことばかけします。

※このとき、子どもが○の形の輪郭をなぞっている指を見ていることが大切です。見ないでなぞっていても、形がわかるようにはなりません。なぞっている途中で視線が外れたときは、そのまま続けず、いったん指の動きを止めます。「見て」と言い、なぞっている指をタッピングして視線を誘導し、視線が戻ってきたら、「見てるね」と言い、なぞるのを再開します。

2 「形の弁別」の学習

4 机上から、教材をすべて撤去します。

※この時点で、机上面には何もない状態です。何もない状態ではじめ、何もない状態で終わることが、学習のはじめとおわりがわかるようになり、学習のメリハリがついて、少しずつ集中力が長くなります。

7. ほめる

1 「よくできました」などとことばかけをして、心からほめます。

2 「『で・き・た』するよ」と言いながら、目の前で指導者が両手を3回合わせてみせます。それから子どもの手を取って一緒に「で・き・た」と言って両手を3回合わせます。

point 誤選択肢には手を触れさせないことがポイント

「**形の弁別の学習**」では、視線で「○の形」を選んだときに、「△の形」をすぐに撤去します。撤去が遅れて、子どもが誤選択肢の方に視線を移したり、触ったりしてしまうと、どちらを選んだのかがわからなくなってしまいます。誤選択肢には、利き手でも反利き手でも触れさせないようにします。

指導者が、正選択肢をポインティングする前に、誤選択肢を撤去しようと誤選択肢に手を触れることがあります。そうすると、子どもは、誤選択肢の方に視線を移してしまいます。せっかく正選択肢を見たのに、指導者の手につられて「こっちだったかな」と感じてしまいます。

必ず、先に正選択肢をポインティングして「そうだね」と言い、子どもが正選択肢を見ているときに、誤選択肢を撤去するようにします。

Step 4 反利き手側後出し

1. はめ板の呈示

1 「見て」と言いながら、「○のはめ板」を、机上面の、子どもが手を伸ばして凹図形にちょうど届くあたりに呈示します。

見たら「見てるね」と言います。

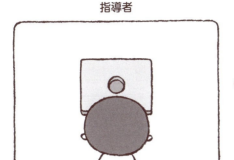

●はめ板の呈示位置は、子どもが手を伸ばしてちょうど届くあたりです。

2. 凹図形のふちをなぞる

❶「手を出して」と言って、子どもの両手を持ちます。

❷「ぐるぐるするよ」と言って、子どもの左手の人差し指を指導者の右手で援助して、○の凹図形のふちの1点に触れるように置きます。

子どもの指がふちから離れないように、指導者の手をずっと添えておきます。

❸ 子どもの右手の人差し指を指導者の左手で援助して、子どもの左手の人差し指を置いているところを始点として、右回りにふちをなぞります。

「ぐるぐるぐる……」と言いながら、2周程度、ゆっくりなぞります。
最後は、子どもの左手の人差し指のところで止めるようにし、「まる」とことばかけします。

❹ 子どもの両手を、はめ板の上から外し、子どもの身体の方に引いておきます。

3. 形を呈示する

❶「見て」と言いながら、はめ板の右上の、子どもの手が届かないところに、指導者の左手で△の形を呈示します。

子どもが見たら、「見てるね」と言います。

2 「形の弁別」の学習

❷ 「見て」と言いながら、はめ板の左上の、子どもの手が届かないところに、指導者の右手で○の形を呈示します。

子どもが見たら、すぐに「まる」と言います。

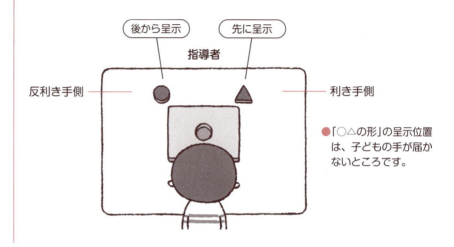

● 「○△の形」の呈示位置は、子どもの手が届かないところです。

4.凹図形に入れる形を見る

❶ ○の凹図形を、指導者の左手でポインティングしながら、「ここに入るの、どれ？」と聞きます。

❷ 子どもが○の形を見た瞬間に、「そうだね」と言いながら、指導者の右手で○の形の近くをトントンたたいて視線を引きつけるようにします。

※迷っているときや見ないときは、すぐに○をポインティングしながら、「ここ見て」と言います。待たないことが大切です。○を見た瞬間、「そうだね」と言います。

❸ 子どもが○の形を見ているタイミングで、すぐに△を指導者の左手で撤去します。

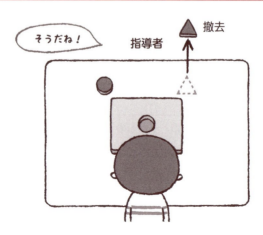

5. 凹図形に形を入れる

① ○を、はめ板の、○の凹図形の右横に置きます。

※正選択肢が左側（反利き手側）にある場合でも、利き手で入れるようにします。
　○の形を移動するときは、凹図形の上を横切らないようにして移動させます。

② 「入れるよ」と言って、子どもの右手を指導者の左手で援助して、○の形をすべらせて○の凹図形に入れます。

6. 凹図形に入れた形の輪郭をなぞる

① 「手を出して」と言って、子どもの両手を持ちます。

② 「ぐるぐるするよ」と言って、子どもの左手の人差し指を指導者の右手で援助して、○の形の輪郭の1点に触れるように置きます。

はめ板の凹図形のふちをなぞるときに置いた位置と同じ位置に置くと、子どもが理解しやすいです。
子どもの指が輪郭から離れないように、指導者の手をずっと添えておきます。

③ 子どもの右手の人差し指を指導者の左手で援助して、子どもの左手の人差し指を置いているところを始点として、右回りに輪郭をなぞります。

「ぐるぐるぐる……」と言いながら、2周程度、ゆっくりなぞります。
最後は、子どもの左手の人差し指のところで止めるようにし、「まる」とことばかけします。

④ 机上から、教材をすべて撤去します。

7. ほめる

①「よくできました」などとことばかけをして、心からほめます。

②「『で・き・た』するよ」と言いながら、目の前で指導者が両手を3回合わせてみせます。それから子どもの手を取って一緒に「で・き・た」と言って両手を3回合わせます。

Step 5　利き手側先出し

1. はめ板の呈示

①「見て」と言いながら、「○のはめ板」を、机上面の、子どもが手を伸ばして凹図形にちょうど届くあたりに呈示します。

見たら「見てるね」と言います。

● はめ板の呈示位置は、子どもが手を伸ばしてちょうど届くあたりです。

2. 凹図形のふちをなぞる

①「手を出して」と言って、子どもの両手を持ちます。

②「ぐるぐるするよ」と言って、子どもの左手の人差し指を指導者の右手で援助して、○の凹図形のふちの1点に触れるように置きます。

子どもの指がふちから離れないように、指導者の手をずっと添えておきます。

③ 子どもの右手の人差し指を指導者の左手で援助して、子どもの左手の人差し指を置いているところを始点として、右回りにふちをなぞります。

「ぐるぐるぐる……」と言いながら、2周程度、ゆっくりなぞります。
最後は、子どもの左手の人差し指のところで止めるようにし、「まる」とことばかけします。

④ 子どもの両手を、はめ板の上から外し、子どもの身体の方に引いておきます。

3. 形を呈示する

① 「見て」と言いながら、はめ板の右上の、子どもの手が届かないところに、指導者の左手で○の形を呈示します。

子どもが見たら、「見てるね」と言います。
※「1対1」「後出し」のステップでは、○の形を呈示したときに「まる」とことばかけしていましたが、「先出し」のステップになったら、名称を言わなくても、見た情報だけで、凹図形に入る形が選べるようにします。

② 「見て」と言いながら、はめ板の左上の、子どもの手が届かないところに、指導者の右手で△の形を呈示します。

子どもが見たら、「見てるね」と言います。

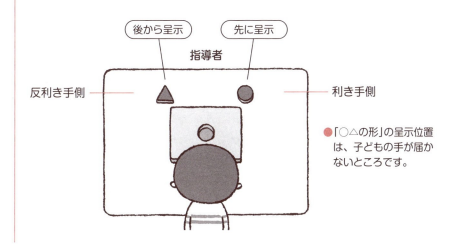

●「○△の形」の呈示位置は、子どもの手が届かないところです。

2 「形の弁別」の学習

4. 凹図形に入れる形を見る

❶ ○の凹図形を、指導者の右手でポインティングしながら、「ここに入るの、どれ？」と聞きます。

❷ 子どもが○の形を見た瞬間に、「そうだね」と言いながら、指導者の左手で○の形の近くをトントンたたいて視線を引きつけるようにします。

※迷っているときや見ないときは、すぐに○をポインティングしながら、「ここ見て」と言います。待たないことが大切です。○を見た瞬間、「そうだね」と言います。

❸ 子どもが○の形を見ているタイミングで、すぐに△を指導者の右手で撤去します。

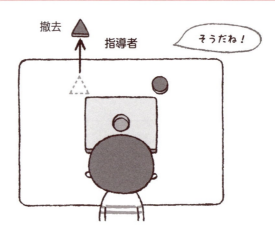

5. 凹図形に形を入れる

❶ ○を、はめ板の、○の凹図形の右横に置きます。

❷ 「入れるよ」と言って、子どもの右手を指導者の左手で援助して、○の形をすべらせて○の凹図形に入れます。

6. 凹図形に入れた形の輪郭をなぞる

1 「手を出して」と言って、子どもの両手を持ちます。

2 「ぐるぐるするよ」と言って、子どもの左手の人差し指を指導者の右手で援助して、○の形の輪郭の1点に触れるように置きます。

> はめ板の凹図形のふちをなぞるときに置いた位置と同じ位置に置くと、子どもが理解しやすいです。
> 子どもの指が輪郭から離れないように、指導者の手をずっと添えておきます。

3 子どもの右手の人差し指を指導者の左手で援助して、子どもの左手の人差し指を置いているところを始点として、右回りに輪郭をなぞります。

> 「ぐるぐるぐる……」と言いながら、2周程度、ゆっくりなぞります。
> 最後は、子どもの左手の人差し指のところで止めるようにし、「まる」とことばかけします。

4 机上から、教材をすべて撤去します。

7. ほめる

1 「よくできました」などとことばかけをして、心からほめます。

2 「『で・き・た』するよ」と言いながら、目の前で指導者が両手を3回合わせてみせます。それから子どもの手を取って一緒に「で・き・た」と言って両手を3回合わせます。

---

point 子どもが「○の形」を見ないとき

「ここに入るの、どれ？」と聞いたとき、「○の形」を見ない子どもは以下のような行動をします。

1 後から呈示した「△の形」の方を見る。
2 どちらの形も見ず、よそ見をする。
3 はめ板の凹図形から視線が離れない。
4 指導者の顔を見る。
5 ○と△の間を視線が往復する。

2 「形の弁別」の学習

　このようなときは、待たずにすぐに「○の形」をポインティングしながら「ここ見て」と言って、正しい方を教えるようにします。待っていたからと言って、正選択肢がわかるようになることはほとんどありません。すぐに教えた方が、わかるようになります。
　「5」の様子を見せる子どもは、2つの形を見比べて考えようとしている段階です。
　「○の形」を1回目に見たときに「そうだね」とことばかけすることが大切です。

Step 6　反利き手側先出し

1. はめ板の呈示

① 「見て」と言いながら、「○のはめ板」を、机上面の、子どもが手を伸ばして凹図形にちょうど届くあたりに呈示します。

見たら「見てるね」と言います。

● はめ板の呈示位置は、子どもが手を伸ばしてちょうど届くあたりです。

2. 凹図形のふちをなぞる

① 「手を出して」と言って、子どもの両手を持ちます。

❷ 「ぐるぐるするよ」と言って、子どもの左手の人差し指を指導者の右手で援助して、○の凹図形のふちの1点に触れるように置きます。

　子どもの指がふちから離れないように、指導者の手をずっと添えておきます。

❸ 子どもの右手の人差し指を指導者の左手で援助して、子どもの左手の人差し指を置いているところを始点として、右回りにふちをなぞります。

　「ぐるぐるぐる……」と言いながら、2周程度、ゆっくりなぞります。
　最後は、子どもの左手の人差し指のところで止めるようにし、「まる」とことばかけします。

❹ 子どもの両手を、はめ板の上から外し、子どもの身体の方に引いておきます。

3.形を呈示する

❶ 「見て」と言いながら、はめ板の左上の、子どもの手が届かないところに、指導者の右手で○の形を呈示します。

　子どもが見たら、「見てるね」と言います。
　※「1対1」「後出し」のステップでは、○の形を呈示したときに「まる」とことばかけしていましたが、「先出し」のステップになったら、名称を言わなくても、見た情報だけで、凹図形に入る形が選べるようにします。

❷ 「見て」と言いながら、はめ板の左上の、子どもの手が届かないところに、指導者の右手で△の形を呈示します。

　子どもが見たら、「見てるね」と言います。

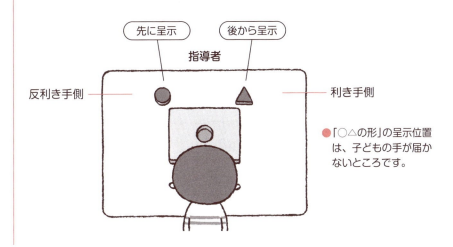

●「○△の形」の呈示位置は、子どもの手が届かないところです。

2 「形の弁別」の学習

4. 凹図形に入れる形を見る

❶ ○の凹図形を、指導者の左手でポインティングしながら、「ここに入るの、どれ？」と聞きます。

❷ 子どもが○の形を見た瞬間に、「そうだね」と言いながら、指導者の右手で○の形の近くをトントンたたいて視線を引きつけるようにします。

※迷っているときや見ないときは、すぐに○をポインティングしながら、「ここ見て」と言います。待たないことが大切です。○を見た瞬間、「そうだね」と言います。

❸ 子どもが○の形を見ているタイミングで、すぐに△を指導者の左手で撤去します。

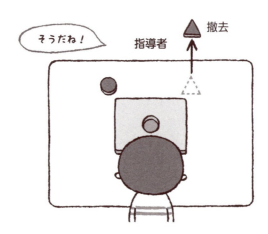

5. 凹図形に形を入れる

❶ ○を、はめ板の、○の凹図形の右横に置きます。

※正選択肢が左側（反利き手側）にある場合でも、利き手で入れるようにします。
　○の形を移動するときは、凹図形の上を横切らないようにして移動させます。

② 「入れるよ」と言って、子どもの右手を指導者の左手で援助して、○の形を
すべらせて○の凹図形に入れます。

6. 凹図形に入れた形の輪郭をなぞる

① 「手を出して」と言って、子どもの両手を持ちます。

② 「ぐるぐるするよ」と言って、子どもの左手の人差し指を指導者の右手で援助して、
○の形の輪郭の1点に触れるように置きます。

はめ板の凹図形のふちをなぞるときに置いた位置と同じ位置に置くと、子どもが
理解しやすいです。
子どもの指が輪郭から離れないように、指導者の手をずっと添えておきます。

③ 子どもの右手の人差し指を指導者の左手で援助して、子どもの左手の人差し指を
置いているところを始点として、右回りに輪郭をなぞります。

「ぐるぐるぐる……」と言いながら、2周程度、ゆっくりなぞります。
最後は、子どもの左手の人差し指のところで止めるようにし、「まる」とことば
かけします。

④ 机上から、教材をすべて撤去します。

7. ほめる

① 「よくできました」などとことばかけをして、心からほめます。

② 「『で・き・た』するよ」と言いながら、目の前で指導者が両手を3回合わせてみせます。
それから子どもの手を取って一緒に「で・き・た」と言って両手を3回合わせます。

左利きの場合

※ Step 1〜 Step 6まで、「1右利きの場合」の「方法とことばかけ」に準じて行います。

視覚に障害がある場合

　視覚に障害がある場合は、視線で選ぶことができないので、手で選ぶようにします。

　ここで行う「形の弁別の学習」は、２つの形を触って、はめ板のくり抜いてあるところ（以下、「凹図形」と表記）と同じ形を選ぶ学習です。

　「第２章 14 好きな方を選ぶ学習」でも、２つのものを触って選ぶ学習を行いましたが、「好きな方を選ぶ」に比べ、「（凹図形と）同じ形を選ぶ」は、より高度な「考える力」が必要になります。

　ここで扱う教材の「形」は○△□とも材質が同じなので、「形」の特徴をじっくりと手で触って確かめ、「凹図形」と同じものを選ばなければなりません。「好きな方を選ぶ学習」より、はるかに難しくなります。

教材

　視覚に障害がある子どもの「形の弁別」の教材は、視覚に障害がない子どもの教材と同じですが、特に以下のことに留意して作成しましょう。

　△や□の角が丸くなっていると、手で触って、○との違いがわかりにくいです。

　△や□は、角を落とさないようにして作成しましょう。

□の形の例

角が丸く、○なのか□なのか、触ってわかりにくい

角がきちんとあるので、○ではないことが、触ってわかりやすい

視覚に障害がある場合

> **選択肢の呈示のステップ**

この学習の難易度は、形の位置と、子どもが形に触る順番によって変わります。
子どもの利き手によって、呈示のしかたが異なります。
利き手側に正選択肢を呈示した方がやさしいです。
右利きの場合と、左利きの場合の呈示のステップを説明します。

右利きの場合のステップ

Step 1　1対1 利き手側

凹図形をなぞります。
右側に○を呈示します。
右手でよく触ります。
右手を○から放して子どもの方に引きます。
はめ板の凹図形をポインティングして音を立て「ここに入るのどれ？」と聞きます。
○がある方に右手を伸ばします。
形が1つしかないので、「凹図形に入る形を触って選ぶ」という課題がわかりやすいです。
利き手側にあるのでわかりやすいです。

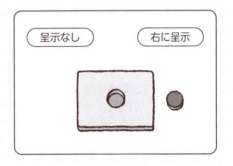

Step 2　1対1 反利き手側

凹図形をなぞります。
左側に○を呈示します。
左手でよく触ります。
左手を○から放して子どもの方に引きます。
はめ板の凹図形をポインティングして音を立て「ここに入るのどれ？」と聞きます。
○がある方に左手を伸ばします。
形が1つしかないので、「凹図形に入る形を触って選ぶ」という課題がわかりやすいです。
反利き手側にあるので **Step 1** より難しくなります。

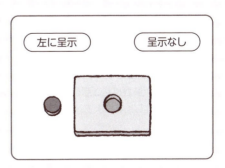

2 「形の弁別」の学習

Step 3　利き手側後出し

凹図形をなぞります。
左側に△を呈示します。
左手でよく触ります。
右側に○を呈示します。
右手でよく触ります。
両手を形から放して子どもの方に引きます。
はめ板の凹図形をポインティングして音を立て「ここに入るのどれ？」と聞きます。
○がある方に右手を伸ばします。
後から触ったものの方が記憶に残りやすいです。
正選択肢に後から触り、手を引いてすぐに「ここに入るのどれ？」と聞かれるので、正選択肢を選びやすいです。
正選択肢が利き手側にあるのでわかりやすいです。

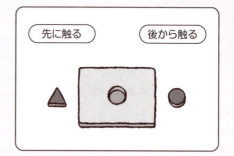

Step 4　反利き手側後出し

凹図形をなぞります。
右側に△を呈示します。
右手でよく触ります。
左側に○を呈示します。
左手でよく触ります。
両手を形から放して子どもの方に引きます。
はめ板の凹図形をポインティングして音を立て「ここに入るのどれ？」と聞きます。
○がある方に左手を伸ばします。
後から触ったものの方が記憶に残りやすいです。
正選択肢に後から触り、手を引いてすぐに「ここに入るのどれ？」と聞かれるので、正選択肢を選びやすいです。
正選択肢が反利き手側にあるので Step 3 より難しくなります。

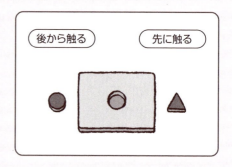

Step 5 　利き手側先出し

凹図形をなぞります。
右側に○を呈示します。
右手でよく触ります。
左側に△を呈示します。
左手でよく触ります。
両手を形から放して子どもの方に引きます。
はめ板の凹図形をポインティングして音を立て「ここに入るのどれ？」と聞きます。
○がある方に右手を伸ばします。
先に触った○を覚えている必要があります。
後から△を触った直後に「ここに入るのどれ？」と聞かれるので、「こっちではない、こっちだ」という考えが浮かばなければ、意識を○の方に移すことができません。
後から○を呈示するより、難しいです。
正選択肢が利き手側にあるのでわかりやすいです。

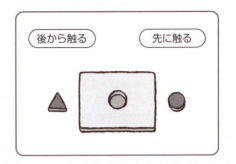

Step 6 　反利き手側先出し

凹図形をなぞります。
左側に○を呈示します。
左手でよく触ります。
右側に△を呈示します。
右手でよく触ります。
両手を形から放して子どもの方に引きます。
はめ板の凹図形をポインティングして音を立て「ここに入るのどれ？」と聞きます。
○がある方に左手を伸ばします。
先に触った○を覚えている必要があります。
後から△を触った直後に「ここに入るのどれ？」と聞かれるので、「こっちではない、こっちだ」という考えが浮かばなければ、意識を○の方に移すことができません。
後から○を呈示するより、難しいです。
正選択肢が反利き手側にあるので Step 5 より難しくなります。

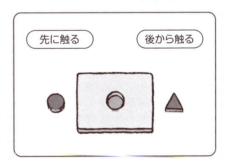

2 「形の弁別」の学習

左利きの場合のステップ

Step 1　1対1 利き手側

凹図形をなぞります。
左側に○を呈示します。
左手でよく触ります。
左手を子どもの方に引きます。
はめ板の凹図形をポインティングして音を立て「ここに入るのどれ？」と聞きます。
○がある方に左手を伸ばします。
形が1つしかないので、「凹図形に入る形を触って選ぶ」という課題がわかりやすいです。
利き手側にあるのでわかりやすいです。

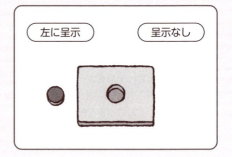

Step 2　1対1 反利き手側

凹図形をなぞります。
右側に○を呈示します。
右手でよく触ります。
右手を子どもの方に引きます。
はめ板の凹図形をポインティングして音を立て「ここに入るのどれ？」と聞きます。
○がある方に右手を伸ばします。
形が1つしかないので、「凹図形に入る形を触って選ぶ」という課題がわかりやすいです。
反利き手側にあるのでStep 1より難しくなります。

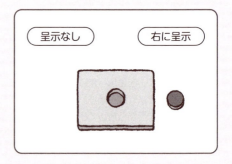

Step 3　利き手側後出し

凹図形をなぞります。
右側に△を呈示します。
右手でよく触ります。
左側に○を呈示します。
左手でよく触ります。
両手を子どもの方に引きます。
はめ板の凹図形をポインティングして音を立て「ここに入るのどれ？」と聞きます。
○がある方に左手を伸ばします。
後から触ったものの方が記憶に残りやすいです。
正選択肢に後から触り、手を引いてすぐに「ここに入るのどれ？」と聞かれるので、正選択肢を選びやすいです。
正選択肢が利き手側にあるのでわかりやすいです。

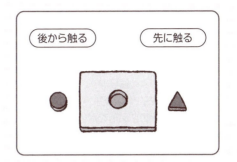

Step 4　反利き手側後出し

凹図形をなぞります。
左側に△を呈示します。
左手でよく触ります。
右側に○を呈示します。
右手でよく触ります。
両手を子どもの方に引きます。
はめ板の凹図形をポインティングして音を立て「ここに入るのどれ？」と聞きます。
○がある方に右手を伸ばします。
後から触ったものの方が記憶に残りやすいです。
正選択肢に後から触り、手を引いてすぐに「ここに入るのどれ？」と聞かれるので、正選択肢を選びやすいです。
正選択肢が反利き手側にあるので Step 3 より難しくなります。

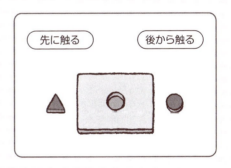

2 「形の弁別」の学習

Step 5　利き手側先出し

凹図形をなぞります。
左側に○を呈示します。
左手でよく触ります。
右側に△を呈示します。
右手でよく触ります。
両手を子どもの方に引きます。
はめ板の凹図形をポインティングして音を立て「ここに入るのどれ？」と聞きます。
○がある方に左手を伸ばします。
先に触った○を覚えている必要があります。
後から△を触った直後に「ここに入るのどれ？」と聞かれるので、「こっちではない、こっちだ」という考えが浮かばなければ、意識を○の方に移すことができません。
後から○を呈示するより、難しいです。
正選択肢が利き手側にあるのでわかりやすいです。

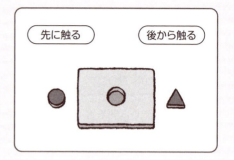

Step 6　反利き手側先出し

凹図形をなぞります。
右側に○を呈示します。
右手でよく触ります。
左側に△を呈示します。
左手でよく触ります。
両手を子どもの方に引きます。
はめ板の凹図形をポインティングして音を立て「ここに入るのどれ？」と聞きます。
○がある方に右手を伸ばします。
先に触った○を覚えている必要があります。
後から△を触った直後に「ここに入るのどれ？」と聞かれるので、「こっちではない、こっちだ」という考えが浮かばなければ、意識を○の方に移すことができません。
後から○を呈示するより、難しいです。
正選択肢が反利き手側にあるので Step 5 より難しくなります。

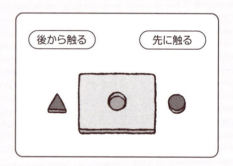

視覚に障害がある場合

 どの形から学習するか

　○、△、□には、それぞれ特徴があります。

　○は、頂点が無限です。どの向きに入れようとしても、凹図形に入ります。心理的にも安定感を感じる形です。

　△は、頂点が3つです。凹図形に入れるためには、頂点を合わせる必要があります。正三角形の1つの角は60度、正方形の1つの角は90度です。正三角形の方が角度が狭いので、はめ板に入れるのに、△の方が□より難しいです。心理的にも、最も不安定な形です。

　□は、頂点が4つです。凹図形に入れるためには、頂点を合わせる必要がありますが、正方形の方が正三角形より角度が広いので、△よりは、やさしいです。心理的には、安定感を感じさせる形です。

　○、△、□の中で、○の形の学習がもっともやさしいです。

　初めて「形の弁別」の学習を行う場合は、○の学習から行います。

　○の学習ができなければ、△や□の学習はできません。

　「○で学習してみたけれど、できなかったので、明日は△で学習してみよう」というのは、やめましょう。学習理論に基づいて、やさしい課題から段階を追って、丁寧に行っていきましょう。

選択肢の組み合わせの難易度について

　視覚に障害がある子どもの場合、形を触って判断するので、○と△、あるいは、○と□は違いがわかりやすいです。

　しかし、△と□は、どちらも角があるので、区別がつきづらいです。

　まず、「○と△の組み合わせで、正選択肢が○」で学習し、次に「○と□の組み合わせで、正選択肢が○」で学習します。次に○と△、また、○と□で、正選択肢が△や□で学習します。それができるようになってから、△と□の組み合わせで学習します。

　△と□の組み合わせに進んだら、どちらもよく形を握り込んだり、形を立てて触ったりして、違いを理解することが大切です。

●このように形を立てて触ることで、△と□の形の違いがわかりやすくなります。

2 「形の弁別」の学習

方法とことばかけ

指導者は子どもと対面して行います。
視覚に障害がない子どもの場合は、視線で正解を選ぶため、選択肢を子どもの手の届かないところに呈示しましたが、視覚に障害がある子どもの場合は、選択肢を子どもが手を伸ばしてちょうど届くあたりに呈示し、正選択の方へ手を伸ばしていって選ぶようにします。そして、利き手側に正選択肢を呈示した場合は、利き手で選び、反利き手側に正選択肢を呈示した場合は、反利き手で選ぶようにします。その方が理解しやすいです。
以下、正選択肢に「○の形」、誤選択肢に「△の形」を用いた例で説明します。

右利きの場合

Step 1　1対1　利き手側

1. はめ板の呈示

① 「これから、まるの勉強をするよ」と言いながら、「○のはめ板」を、机上面の、子どもが手を伸ばして凹図形にちょうど届くあたりに呈示します。

● はめ板の呈示位置は、子どもが手を伸ばしてちょうど届くあたりです。

2. 凹図形のふちをなぞる

① 「手を出して」と言って、子どもの両手を持ちます。

視覚に障害がある場合

② 「ぐるぐるするよ」と言って、子どもの左手の人差し指を指導者の右手で援助して、○の凹図形のふちの１点に触れるように置きます。

子どもの指がふちから離れないように、指導者の手をずっと添えておきます。

③ 子どもの右手の人差し指を指導者の左手で援助して、子どもの左手の人差し指を置いているところを始点として、右回りにふちをなぞります。

「ぐるぐるぐる……」と言いながら、２周程度、ゆっくりなぞります。
最後は、子どもの左手の人差し指のところで止めるようにし、「まる」とことばかけします。

point いつも同じところから、同じ方向になぞる

　凹図形のふちをなぞるとき、子どもの左手の人差し指を置いている位置から始め、その位置で終わるようにします。自分の指を置いているところは、意識を向けやすいので、始めと終わりがわかりやすいです。
　子どもの左手の人差し指は、いつも同じところに置くことが大切です。
　なぞる方向は、いつも同じ（右回り）にします。「今日は右回り」「明日は左回り」では、学習がなかなか定着しません。

●指の使い方がわかりやすいように、子どもの左手に添えている指導者の援助の手は省略してあります。

始点及び終点

　いつも同じように行っていると、子どもはどのようにすればよいのかを理解し、「ぐるぐるするよ」と言っただけで、自分から指を置こうとしたり、なぞろうとしたりするようになります。

④ 子どもの両手を、はめ板の上から外し、子どもの身体の方に引いておきます。

第3章 基礎学習の学習内容

2 「形の弁別」の学習

3. 形を触る

① はめ板の右横に、○の形を呈示します。

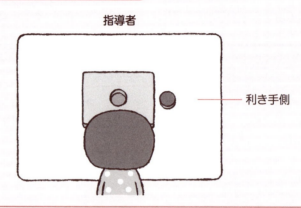

② 子どもの右ひじのあたりをタッピングして、「こっちの手で触るよ」と言います。

③ 子どもの右手を指導者の左手で援助して机上面をすべらせていき、○の形に触れさせます。
「ぐるぐるだね、まるだね」と言いながら、○の形を握り込ませたり、指先や指の腹で輪郭をよく触らせたりします。

point　視覚に障害がある場合に、物に向かって手を伸ばしていくとき

　形を触るために手を伸ばしていくときは、手のひらを下に向けて机の上をゆっくりすべらせていくように援助します。このことが、物がある方向や位置を理解し、探索活動をすることにつながります。形を触るときに机上面をすべらせていくことで○がある位置を覚えることができ、「ここに入るの、どれ？」と聞いたときに、○がある方向に手を伸ばしていくことができるのです。

●子どもが形を触っている様子がよくわかるように、指導者の手は省略してあります。実際は、指導者が援助して触らせます。

「ぐるぐるだね。まるだね」

308

❹ 子どもの右手を○から放し、子どもの身体の方に引いておきます。

4. 凹図形に入る形を選ぶ

❶ ○の凹図形を、指導者の右手でポインティングしながら、「ここに入るの、どれ？」と言います。

❷ 子どもが右手を○の形の方へ動かした瞬間、○の形の近くをトントンたたきながら「そうだね」と言い、手を伸ばした方で合っていることを知らせるようにします。

❸ 指導者の左手で子どもの右手を援助して、ゆっくり机上面をすべらせていき、○の形に触れさせます。
「あったね、まるだね」とことばかけします。

5. 凹図形に形を入れる

❶ ○の形を、はめ板の、○の凹図形の右横に一緒に置きます。

❷ 子どもの左手の人差し指を指導者の右手で援助して凹図形のふちに触れさせます。

※このようにすることで、入れる位置がわかりやすくなります。

❸ 「入れるよ」と言って、子どもの右手を指導者の左手で援助して、○の形をすべらせて○の凹図形に入れます。

※「シュー、パチン」などとことばかけしながら行うと、入ったことがわかりやすいです。

2 「形の弁別」の学習

6. 凹図形に入れた形の輪郭をなぞる

❶ 「手を出して」と言って、子どもの両手を持ちます。

❷ 「ぐるぐるするよ」と言って、子どもの左手の人差し指を指導者の右手で援助して、○の形の輪郭の１点に触れるように置きます。

はめ板の凹図形のふちをなぞるときに置いた位置と同じ位置に置くと、子どもが理解しやすいです。
子どもの指が輪郭から離れないように、指導者の手をずっと添えておきます。

❸ 子どもの右手の人差し指を指導者の左手で援助して、子どもの左手の人差し指を置いているところを始点として、右回りに輪郭をなぞります。

「ぐるぐるぐる……」と言いながら、２周程度、ゆっくりなぞります。
最後は、子どもの左手の人差し指のところで止めるようにし、「まる」とことばかけします。

❹ 机上から、教材をすべて撤去します。

7. ほめる

❶ 「よくできました」などとことばかけをして、心からほめます。

❷ 「『で・き・た』するよ」と言いながら、目の前で指導者が両手を３回合わせてみせます。それから子どもの手を取って一緒に「で・き・た」と言って両手を３回合わせます。

---

point 子どもが、○の形の方に手を動かさない場合

「ここに入るの、どれ？」と聞いて、子どもが○の形の方へ手を伸ばそうとした瞬間を見逃さないで「そうだね」と言うことが大切です。
迷っているときや手を動かさないときは、すぐに○の形の近くをポインティングしてトントン音を立てながら、「ここだよ」と言います。待たないことが大切です。右手を動かしたらすぐに「そうだね」と言い、援助して○の形の方へ机上面をすべらせていきます。
ポインティングしても手を動かさないようなら、子どもの右手をタッピングして「こっちの手の方だよ」と言いながら、右手を援助して○の形までゆっくり机上面をすべらせていきます。
いつまでも待つより、援助して手をすべらせていった方が、課題を理解するようになります。

視覚に障害がある場合

point Step 1のやり方で、できるようにならない場合には

　○の形をポインティングして「ここだよ」と教える方法を何度か繰り返しても、なかなか○の方へ手を動かすようにならない場合には、次のように行うとよいでしょう。いずれも子どもの右手で行う場合で説明します。

方法：その1

①はめ板に、○の形を入れたまま呈示します。
②○の形の輪郭を援助してなぞります。
③子どもと一緒に○の形を外し、すべらせながら、はめ板の**上**、凹図形の右横に置き、形をよく触らせます。
　子どもの手はそのまま○の形の上にのせておきます。
④凹図形をポインティングして「ここに入るのどれ？」と聞きます。
⑤子どもが右手を動かします。
⑥「そうだね」と言って、子どもの右手を援助して○の形をすべらせながら凹図形に入れます。
⑦○の形の輪郭を援助してなぞります。
⑧よくほめます。
※○の形を指導者と一緒に外して凹図形のすぐ右横に置き、そのまま手をのせておくので、学習の方法としては、最もわかりやすいです。

方法：その2

①はめ板に、○の形を入れたまま呈示します。
②○の形の輪郭を援助してなぞります。
③子どもと一緒に○の形を外し、すべらせながら、はめ板の**外**、右側に置き、形をよく触らせます。
　子どもの手はそのまま○の形の上にのせておきます。
④凹図形をポインティングして「ここに入るのどれ？」と聞きます。
⑤子どもが右手を動かします。

第3章 基礎学習の学習内容

❻「そうだね」と言って、子どもの右手を援助して○の形を
　すべらせながら凹図形に入れます。
❼○の形の輪郭を援助してなぞります。
❽よくほめます。
※○の形を指導者と一緒に外してそのまま手をのせておくので、わかりやすいです。○の
　形をはめ板の外に置くので、「方法その１」より難しくなります。

方法：その３

❶はめ板を呈示します。（○の形は入っていません）
❷凹図形のふちを援助してなぞります。
❸はめ板の右側に○の形を呈示します。
❹援助して○の形まで右手をすべらせていき、よく触らせます。
　子どもの手はそのまま○の形の上にのせておきます。
❺凹図形をポインティングして「ここに入るのどれ？」と聞きます。
❻子どもが、右手で触っている○の形を持ち上げます。
※○の形に手をのせたままなので、わかりやすいです。凹図形に入った○の形をはじめに
　触らないので、「方法その１」「方法その２」より難しくなります。

Step 2　1対1 反利き手側

1. はめ板の呈示

❶「これから、まるの勉強をするよ」と言いながら、「○のはめ板」を、机上面の、子どもが手を伸ばして凹図形にちょうど届くあたりに呈示します。

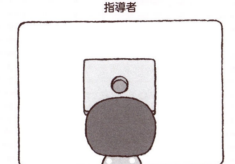

● はめ板の呈示位置は、子どもが手を伸ばしてちょうど届くあたりです。

2. 凹図形のふちをなぞる

❶「手を出して」と言って、子どもの両手を持ちます。

❷「ぐるぐるするよ」と言って、子どもの左手の人差し指を指導者の右手で援助して、○の凹図形のふちの1点に触れるように置きます。

　子どもの指がふちから離れないように、指導者の手をずっと添えておきます。

❸ 子どもの右手の人差し指を指導者の左手で援助して、子どもの左手の人差し指を置いているところを始点として、右回りにふちをなぞります。

　「ぐるぐるぐる……」と言いながら、2周程度、ゆっくりなぞります。
　最後は、子どもの左手の人差し指のところで止めるようにし、「まる」とことばかけします。

❹ 子どもの両手を、はめ板の上から外し、子どもの身体の方に引いておきます。

3. 形を触る

❶ はめ板の左横に、○の形を呈示します。

2 「形の弁別」の学習

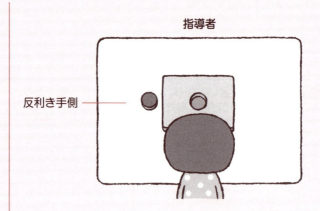

指導者
反利き手側

❷ 子どもの右ひじのあたりをタッピングして、「こっちの手で触るよ」と言います。

❸ 子どもの右手を指導者の左手で援助して机上面をすべらせていき、○の形に触れさせます。
「ぐるぐるだね、まるだね」と言いながら、○の形を握り込ませたり、指先や指の腹で輪郭をよく触らせたりします。

point 視覚に障害がある場合に、物に向かって手を伸ばしていくとき

　形を触るために手を伸ばしていくときは、手のひらを下に向けて机の上をゆっくりすべらせていくように援助します。このことが、物がある方向や位置を理解し、探索活動をすることにつながります。形を触るときに机上面をすべらせていくことで○がある位置を覚えることができ、「ここに入るの、どれ？」と聞いたときに、○がある方向に手を伸ばしていくことができるのです。

● 子どもが形を触っている様子がよくわかるように、指導者の手は省略してあります。実際は、指導者が援助して触らせます。

ぐるぐるだね。まるだね

視覚に障害がある場合

④ 子どもの右手を○から放し、子どもの身体の方に引いておきます。

4. 凹図形に入る形を選ぶ

① ○の凹図形を、指導者の左手でポインティングしながら、「ここに入るの、どれ？」と言います。

② 子どもが左手を○の形の方へ動かした瞬間、○の形の近くをトントンたたきながら「そうだね」と言い、手を伸ばした方で合っていることを知らせるようにします。

③ 指導者の右手で子どもの左手を援助して、ゆっくり机上面をすべらせていき、○の形に触れさせます。「あったね、まるだね」とことばかけします。

point 反利き手側に正選択肢を呈示したときは、反利き手で選ぶ

　視覚に障害がある子どもの場合、○の形（正選択肢）をはめ板の左側に呈示するときは、子どもの左手で選ぶようにします。その方が理解しやすいです。

5. 凹図形に形を入れる

① ○の形を、はめ板の、○の凹図形の左横に一緒に置きます。

② 子どもの右手の人差し指を指導者の左手で援助して凹図形のふちに触れさせます。

※このようにすることで、入れる位置がわかりやすくなります。

第**3**章

基礎学習の学習内容

315

❸ 「入れるよ」と言って、子どもの左手を指導者の右手で援助して、
○の形をすべらせて○の凹図形に入れます。

※「シュー、パチン」などとことばかけしながら行うと、入ったことがわかりやすいです。

6. 凹図形に入れた形の輪郭をなぞる

❶ 「手を出して」と言って、子どもの両手を持ちます。

❷ 「ぐるぐるするよ」と言って、子どもの左手の人差し指を指導者の右手で援助して、○の形の輪郭の1点に触れるように置きます。

　はめ板の凹図形のふちをなぞるときに置いた位置と同じ位置に置くと、子どもが理解しやすいです。
　子どもの指が輪郭から離れないように、指導者の手をずっと添えておきます。

❸ 子どもの右手の人差し指を指導者の左手で援助して、子どもの左手の人差し指を置いているところを始点として、右回りに輪郭をなぞります。

　「ぐるぐるぐる……」と言いながら、2周程度、ゆっくりなぞります。
　最後は、子どもの左手の人差し指のところで止めるようにし、「まる」とことばかけします。

❹ 机上から、教材をすべて撤去します。

7. ほめる

❶ 「よくできました」などとことばかけをして、心からほめます。

❷ 「『で・き・た』するよ」と言いながら、目の前で指導者が両手を3回合わせてみせます。
それから子どもの手を取って一緒に「で・き・た」と言って両手を3回合わせます。

視覚に障害がある場合

Step 3　利き手側後出し

1. はめ板の呈示

① 「これから、まるの勉強をするよ」と言いながら、「○のはめ板」を、机上面の、子どもが手を伸ばして凹図形にちょうど届くあたりに呈示します。

● はめ板の呈示位置は、子どもが手を伸ばしてちょうど届くあたりです。

2. 凹図形のふちをなぞる

① 「手を出して」と言って、子どもの両手を持ちます。

② 「ぐるぐるするよ」と言って、子どもの左手の人差し指を指導者の右手で援助して、○の凹図形のふちの１点に触れるように置きます。

子どもの指がふちから離れないように、指導者の手をずっと添えておきます。

③ 子どもの右手の人差し指を指導者の左手で援助して、子どもの左手の人差し指を置いているところを始点として、右回りにふちをなぞります。

「ぐるぐるぐる……」と言いながら、２周程度、ゆっくりなぞります。
最後は、子どもの左手の人差し指のところで止めるようにし、「まる」とことばかけします。

④ 子どもの両手を、はめ板の上から外し、子どもの身体の方に引いておきます。

3. 形を触る

① はめ板の左横に、△の形を呈示します。

2 「形の弁別」の学習

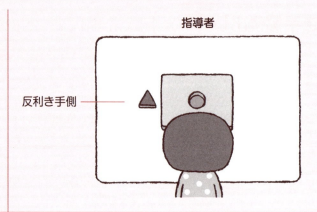

② 子どもの左ひじのあたりをタッピングして、「こっちの手で触るよ」と言います。

③ 子どもの左手を指導者の右手で援助して机上面をすべらせていき、△の形に触れさせます。
「チクチクだね」と言いながら、△の形を握り込ませたり、指先や指の腹で角の部分をよく触らせたりします。
子どもの左手は、△の形の上に置いておきます。

● 子どもが形を触っている様子がよくわかるように、指導者の手は省略してあります。実際は、指導者が援助して触らせます。

④ はめ板の右横に、○の形を呈示します。

視覚に障害がある場合

⑤ 子どもの右ひじのあたりをタッピングして、「こっちの手で触るよ」と言います。

⑥ 子どもの右手を指導者の左手で援助して机上面をすべらせていき、○の形に触れさせます。
「ぐるぐるだね、まるだね」と言いながら、○の形を握り込ませたり、指先や指の腹で輪郭をよく触らせたりします。

● 子どもが形を触っている様子がよくわかるように、指導者の手は省略してあります。実際は、指導者が援助して触らせます。

「ぐるぐるだね。まるだね」

⑦ 「手はこっちに置いておいてね」と言って、子どもの両手を同時に△と○から放し、子どもの身体の方に引いておきます。

※両手を同時に引いて、○を選ぶことができない場合は、△にのせた手を先に引き、後から○にのせた手を引くようにすると、○が記憶に残り、○を選びやすくなります。

4. 凹図形に入る形を選ぶ

① ○の凹図形を、指導者の右手でポインティングしながら、「ここに入るの、どれ？」と言います。

※形が2つになると、「どっち？」と言いたくなりますが、形が2つになっても「どれ？」と聞くようにします。「1対1」の学習のときのことばかけと同じことばを使う方が、子どもにわかりやすいです。

② 子どもが右手を○の形の方へ動かした瞬間、○の形の近くをトントンたたきながら「そうだね」と言い、手を伸ばした方で合っていることを知らせるようにします。
と同時に△の形を撤去します。

③ 指導者の左手で子どもの右手を援助して、ゆっくり机上面をすべらせていき、○の形に触れさせます。
「あったね、まるだね」とことばかけします。

第3章 基礎学習の学習内容

319

5. 凹図形に形を入れる

① ○の形を、はめ板の、○の凹図形の右横に一緒に置きます。

② 子どもの左手の人差し指を指導者の右手で援助して凹図形のふちに触れさせます。

※このようにすることで、入れる位置がわかりやすくなります。

③ 「入れるよ」と言って、子どもの右手を指導者の左手で援助して、○の形をすべらせて○の凹図形に入れます。

※「シュー、パチン」などとことばかけしながら行うと、入れたことがわかりやすいです。

6. 凹図形に入れた形の輪郭をなぞる

① 「手を出して」と言って、子どもの両手を持ちます。

② 「ぐるぐるするよ」と言って、子どもの左手の人差し指を指導者の右手で援助して、○の形の輪郭の1点に触れるように置きます。

はめ板の凹図形のふちをなぞるときに置いた位置と同じ位置に置くと、子どもが理解しやすいです。
子どもの指が輪郭から離れないように、指導者の手をずっと添えておきます。

③ 子どもの右手の人差し指を指導者の左手で援助して、子どもの左手の人差し指を置いているところを始点として、右回りに輪郭をなぞります。

「ぐるぐるぐる……」と言いながら、2周程度、ゆっくりなぞります。
最後は、子どもの左手の人差し指のところで止めるようにし、「まる」とことばかけします。

④ 机上から、教材をすべて撤去します。

7. ほめる

① 「よくできました」などとことばかけをして、心からほめます。

② 「『で・き・た』するよ」と言いながら、目の前で指導者が両手を3回合わせてみせます。それから子どもの手を取って一緒に「で・き・た」と言って両手を3回合わせます。

point 誤選択肢に触れさせないことが大切

「ここに入るの、どれ？」と聞いたとき、子どもが、両手を伸ばし、「○（正選択肢）」と、「△（誤選択肢）」の両方を触ってしまうことがあります。

これでは、どちらを選んだのか、わかりません。正選択肢のみ、触るようにすることが大切です。

子どもが△の方に手を動かしかけたときには、△に触る前に、子どもの手を指導者の手で軽く止めるようにし、誤選択肢には触れさせないようにします。

と同時に、正選択肢をポインティングして「ここだよ」と言い、正選択肢の方に意識を向けるようにします。

正選択肢のポインティングだけではわからない場合は、正選択肢の側の手をタッピングして「こっちの手の方だよ」と言います。

Step 4　反利き手側後出し

1. はめ板の呈示

① 「これから、まるの勉強をするよ」と言いながら、「○のはめ板」を、机上面の、子どもが手を伸ばして凹図形にちょうど届くあたりに呈示します。

● はめ板の呈示位置は、子どもが手を伸ばしてちょうど届くあたりです。

2. 凹図形のふちをなぞる

① 「手を出して」と言って、子どもの両手を持ちます。

② 「ぐるぐるするよ」と言って、子どもの左手の人差し指を指導者の右手で援助して、〇の凹図形のふちの1点に触れるように置きます。

子どもの指がふちから離れないように、指導者の手をずっと添えておきます。

③ 子どもの右手の人差し指を指導者の左手で援助して、子どもの左手の人差し指を置いているところを始点として、右回りにふちをなぞります。

「ぐるぐるぐる……」と言いながら、2周程度、ゆっくりなぞります。
最後は、子どもの左手の人差し指のところで止めるようにし、「まる」とことばかけします。

④ 子どもの両手を、はめ板の上から外し、子どもの身体の方に引いておきます。

3. 形を触る

① はめ板の右横に、△の形を呈示します。

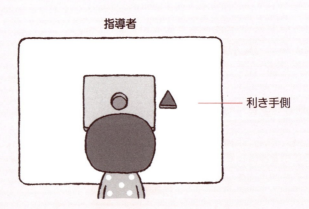

② 子どもの右ひじのあたりをタッピングして、「こっちの手で触るよ」と言います。

③ 子どもの右手を指導者の左手で援助して机上面をすべらせていき、△の形に触れさせます。
「チクチクだね」と言いながら、△の形を握り込ませたり、指先や指の腹で角の部分をよく触らせたりします。
子どもの左手は、△の形の上に置いておきます。

視覚に障害がある場合

●子どもが形を触っている様子がよくわかるように、指導者の手は省略してあります。実際は、指導者が援助して触らせます。

チクチクだね

④ はめ板の左横に、○の形を呈示します。

指導者
反利き手側

⑤ 子どもの左ひじのあたりをタッピングして、「こっちの手で触るよ」と言います。

⑥ 子どもの右手を指導者の左手で援助して机上面をすべらせていき、○の形に触れさせます。
「ぐるぐるだね、まるだね」と言いながら、○の形を握り込ませたり、指先や指の腹で輪郭をよく触らせたりします。

●子どもが形を触っている様子がよくわかるように、指導者の手は省略してあります。実際は、指導者が援助して触らせます。

ぐるぐるだね。
まるだね

2 「形の弁別」の学習

❼ 「手はこっちに置いておいてね」と言って、子どもの両手を同時に△と○から放し、子どもの身体の方に引いておきます。

※両手を同時に引いて、○を選ぶことができない場合は、△にのせた手を先に引き、後から○にのせた手を引くようにすると、○が記憶に残り、○を選びやすくなります。

4. 凹図形に入る形を選ぶ

❶ ○の凹図形を、指導者の左手でポインティングしながら、「ここに入るの、どれ？」と言います。

❷ 子どもが左手を○の形の方へ動かした瞬間、○の形の近くをトントンたたきながら「そうだね」と言い、手を伸ばした方で合っていることを知らせるようにします。と同時に△の形を撤去します。

❸ 指導者の右手で子どもの左手を援助して、ゆっくり机上面をすべらせていき、○の形に触れさせます。「あったね、まるだね」とことばかけします。

5. 凹図形に形を入れる

❶ ○の形を、はめ板の、○の凹図形の左横に一緒に置きます。

❷ 子どもの右手の人差し指を指導者の左手で援助して凹図形のふちに触れさせます。

※このようにすることで、入れる位置がわかりやすくなります。

❸ 「入れるよ」と言って、子どもの左手を指導者の右手で援助して、○の形をすべらせて○の凹図形に入れます。

※「シュー、パチン」などとことばかけしながら行うと、入れたことがわかりやすいです。

視覚に障害がある場合

6.凹図形に入れた形の輪郭をなぞる

1 「手を出して」と言って、子どもの両手を持ちます。

2 「ぐるぐるするよ」と言って、子どもの左手の人差し指を指導者の右手で援助して、
○の形の輪郭の1点に触れるように置きます。

　はめ板の凹図形のふちをなぞるときに置いた位置と同じ位置に置くと、子どもが
理解しやすいです。
　子どもの指が輪郭から離れないように、指導者の手をずっと添えておきます。

3 子どもの右手の人差し指を指導者の左手で援助して、子どもの左手の人差し指を
置いているところを始点として、右回りに輪郭をなぞります。

　「ぐるぐるぐる……」と言いながら、2周程度、ゆっくりなぞります。
　最後は、子どもの左手の人差し指のところで止めるようにし、「まる」とことば
かけします。

4 机上から、教材をすべて撤去します。

7.ほめる

1 「よくできました」などとことばかけをして、心からほめます。

2 「『で・き・た』するよ」と言いながら、目の前で指導者が両手を3回合わせてみせます。
それから子どもの手を取って一緒に「で・き・た」と言って両手を3回合わせます。

Step 5　利き手側先出し

1.はめ板の呈示

1 「これから、まるの勉強をするよ」と言いながら、「○のはめ板」を、机上面の、
子どもが手を伸ばして凹図形にちょうど届くあたりに呈示します。

第**3**章

基礎学習の学習内容

325

2 「形の弁別」の学習

指導者

● はめ板の呈示位置は、子どもが手を伸ばしてちょうど届くあたりです。

2. 凹図形のふちをなぞる

❶ 「手を出して」と言って、子どもの両手を持ちます。

❷ 「ぐるぐるするよ」と言って、子どもの左手の人差し指を指導者の右手で援助して、○の凹図形のふちの1点に触れるように置きます。

子どもの指がふちから離れないように、指導者の手をずっと添えておきます。

❸ 子どもの右手の人差し指を指導者の左手で援助して、子どもの左手の人差し指を置いているところを始点として、右回りにふちをなぞります。

「ぐるぐるぐる……」と言いながら、2周程度、ゆっくりなぞります。
最後は、子どもの左手の人差し指のところで止めるようにし、「まる」とことばかけします。

❹ 子どもの両手を、はめ板の上から外し、子どもの身体の方に引いておきます。

3. 形を触る

❶ はめ板の右横に、○の形を呈示します。

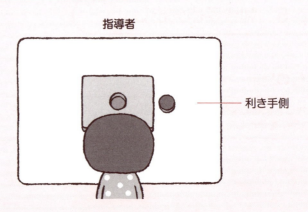

指導者

利き手側

視覚に障害がある場合

❷ 子どもの右ひじのあたりをタッピングして、「こっちの手で触るよ」と言います。

子どもの右手を指導者の左手で援助して机上面をすべらせていき、○の形に触れさせます。

❸ 「ぐるぐるだね、まるだね」と言いながら、○の形を握り込ませたり、指先や指の腹で輪郭をよく触らせたりします。
子どもの右手は、○の形の上に置いておきます。

●子どもが形を触っている様子がよくわかるように、指導者の手は省略してあります。実際は、指導者が援助して触らせます。

❹ はめ板の左横に、△の形を呈示します。

❺ 子どもの左ひじのあたりをタッピングして、「こっちの手で触るよ」と言います。

❻ 子どもの左手を指導者の右手で援助して机上面をすべらせていき、△の形に触れさせます。
「チクチクだね」と言いながら、△の形を握り込ませたり、指先や指の腹で角の部分をよく触らせたりします。

2 「形の弁別」の学習

● 子どもが形を触っている様子がよくわかるように、指導者の手は省略してあります。実際は、指導者が援助して触らせます。

チクチクだね

7 「手はこっちに置いておいてね」と言って、子どもの両手を△と○から放し、子どもの身体の方に引いておきます。

4. 凹図形に入る形を選ぶ

1 ○の凹図形を、指導者の右手でポインティングしながら、「ここに入るの、どれ？」と言います。

2 子どもが右手を○の形の方へ動かした瞬間、○の形の近くをトントンたたきながら「そうだね」と言い、手を伸ばした方で合っていることを知らせるようにします。と同時に△の形を撤去します。

3 指導者の左手で子どもの右手を援助して、ゆっくり机上面をすべらせていき、○の形に触れさせます。「あったね、まるだね」とことばかけします。

5. 凹図形に形を入れる

1 ○の形を、はめ板の、○の凹図形の左横に一緒に置きます。

2 子どもの左手の人差し指を指導者の右手で援助して凹図形のふちに触れさせます。

※このようにすることで、入れる位置がわかりやすくなります。

視覚に障害がある場合

❸「入れるよ」と言って、子どもの右手を指導者の左手で援助して、○の形をすべらせて○の凹図形に入れます。

※「シュー、パチン」などとことばかけしながら行うと、入れたことがわかりやすいです。

指導者

6. 凹図形に入れた形の輪郭をなぞる

❶「手を出して」と言って、子どもの両手を持ちます。

❷「ぐるぐるするよ」と言って、子どもの左手の人差し指を指導者の右手で援助して、○の形の輪郭の1点に触れるように置きます。

はめ板の凹図形のふちをなぞるときに置いた位置と同じ位置に置くと、子どもが理解しやすいです。
子どもの指が輪郭から離れないように、指導者の手をずっと添えておきます。

❸ 子どもの右手の人差し指を指導者の左手で援助して、子どもの左手の人差し指を置いているところを始点として、右回りに輪郭をなぞります。

「ぐるぐるぐる……」と言いながら、2周程度、ゆっくりなぞります。
最後は、子どもの左手の人差し指のところで止めるようにし、「まる」とことばかけします。

❹ 机上から、教材をすべて撤去します。

7. ほめる

❶「よくできました」などとことばかけをして、心からほめます。

❷「『で・き・た』するよ」と言いながら、目の前で指導者が両手を3回合わせてみせます。それから子どもの手を取って一緒に「で・き・た」と言って両手を3回合わせます。

2 「形の弁別」の学習

Step 6　反利き手側先出し

1. はめ板の呈示

❶ 「これから、まるの勉強をするよ」と言いながら、「○のはめ板」を、机上面の、子どもが手を伸ばして凹図形にちょうど届くあたりに呈示します。

● はめ板の呈示位置は、子どもが手を伸ばしてちょうど届くあたりです。

2. 凹図形のふちをなぞる

❶ 「手を出して」と言って、子どもの両手を持ちます。

❷ 「ぐるぐるするよ」と言って、子どもの左手の人差し指を指導者の右手で援助して、○の凹図形のふちの1点に触れるように置きます。

子どもの指がふちから離れないように、指導者の手をずっと添えておきます。

❸ 子どもの右手の人差し指を指導者の左手で援助して、子どもの左手の人差し指を置いているところを始点として、右回りにふちをなぞります。

「ぐるぐるぐる……」と言いながら、2周程度、ゆっくりなぞります。
最後は、子どもの左手の人差し指のところで止めるようにし、「まる」とことばかけします。

❹ 子どもの両手を、はめ板の上から外し、子どもの身体の方に引いておきます。

3. 形を触る

① はめ板の左横に、○の形を呈示します。

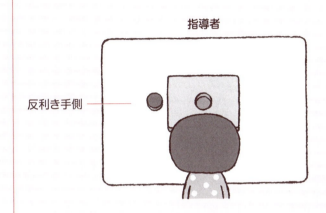

指導者
反利き手側

② 子どもの左ひじのあたりをタッピングして、「こっちの手で触るよ」と言います。

③ 子どもの左手を指導者の右手で援助して机上面をすべらせていき、○の形に触れさせます。
「ぐるぐるだね、まるだね」と言いながら、○の形を握り込ませたり、指先や指の腹で輪郭をよく触らせたりします。
子どもの左手は、○の形の上に置いておきます。

● 子どもが形を触っている様子がよくわかるように、指導者の手は省略してあります。実際は、指導者が援助して触らせます。

ぐるぐるだね。
まるだね

2 「形の弁別」の学習

④ はめ板の右横に、△の形を呈示します。

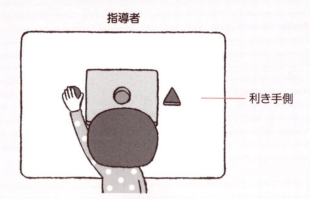

指導者

利き手側

⑤ 子どもの右ひじのあたりをタッピングして、「こっちの手で触るよ」と言います。

⑥ 子どもの右手を指導者の左手で援助して机上面をすべらせていき、△の形に触れさせます。
「チクチクだね」と言いながら、△の形を握り込ませたり、指先や指の腹で角の部分をよく触らせたりします。

● 子どもが形を触っている様子がよくわかるように、指導者の手は省略してあります。実際は、指導者が援助して触らせます。

チクチクだね

⑦ 「手はこっちに置いておいてね」と言って、子どもの両手を△と○から放し、子どもの身体の方に引いておきます。

4. 凹図形に入る形を選ぶ

① ○の凹図形を、指導者の左手でポインティングしながら、「ここに入るの、どれ？」と言います。

視覚に障害がある場合

❷ 子どもが左手を○の形の方へ動かした瞬間、○の形の近くをトントンたたきながら「そうだね」と言い、手を伸ばした方で合っていることを知らせるようにします。と同時に△の形を撤去します。

❸ 指導者の右手で子どもの左手を援助して、
ゆっくり机上面をすべらせていき、○の形に触れさせます。
「あったね、まるだね」とことばかけします。

5. 凹図形に形を入れる

❶ ○の形を、はめ板の、○の凹図形の左横に一緒に置きます。

❷ 子どもの右手の人差し指を指導者の左手で援助して凹図形のふちに触れさせます。

※このようにすることで、入れる位置がわかりやすくなります。

❸ 「入れるよ」と言って、子どもの左手を指導者の右手で援助して、○の形をすべらせて○の凹図形に入れます。

※「シュー、パチン」などとことばかけしながら行うと、入れたことがわかりやすいです。

指導者

6. 凹図形に入れた形の輪郭をなぞる

❶ 「手を出して」と言って、子どもの両手を持ちます。

❷ 「ぐるぐるするよ」と言って、子どもの左手の人差し指を指導者の右手で援助して、○の形の輪郭の1点に触れるように置きます。

はめ板の凹図形のふちをなぞるときに置いた位置と同じ位置に置くと、子どもが理解しやすいです。
子どもの指が輪郭から離れないように、指導者の手をずっと添えておきます。

③ 子どもの右手の人差し指を指導者の左手で援助して、子どもの左手の人差し指を置いているところを始点として、右回りに輪郭をなぞります。

「ぐるぐるぐる……」と言いながら、2周程度、ゆっくりなぞります。
最後は、子どもの左手の人差し指のところで止めるようにし、「まる」とことばかけします。

④ 机上から、教材をすべて撤去します。

7.ほめる

① 「よくできました」などとことばかけをして、心からほめます。

② 「『で・き・た』するよ」と言いながら、目の前で指導者が両手を3回合わせてみせます。それから子どもの手を取って一緒に「で・き・た」と言って両手を3回合わせます。

左利きの場合

※ Step 1〜 Step 6まで、「1 右利きの場合」の「方法とことばかけ」に準じて行います。

point 正選択肢に、利き手を伸ばそうとする場合

　正選択肢が利き手側にあっても反利き手側にあっても、子どもによっては、利き手を伸ばして来ることがあります。

　しかし、利き手をただ中央の方に伸ばすだけでは、わかっているとは言えません。正選択肢が右側にある場合、そこに向かって右手をまっすぐ伸ばすことができていることが前提です。

　そのうえで、正選択肢が左側にある場合、右手を左側に伸ばそうとしているときは、わかってきていると思います。左手で取らせようとしなくてもよいでしょう。

　ただし、この判断は、かなり慎重に行わなければなりません。

おわりに

　この本は、「初期学習が課題である子どもたちの学習」に、焦点を当てて書きました。

　私たちは、現在、いろいろな特別支援学校に行き、実際に個別指導をしているところを拝見し、先生方に助言をしています。

　「ことばがない子どもたち」「運動機能障害があり、手がうまく動かせない子どもたち」に何を学習させたらよいのか、どんな教材を使って、どうやって学習させたらよいのかと、悩んでいらっしゃる先生方にたくさん出会います。

　また、「うちの子は、毎日楽しく学校で過ごしてくれればいいです」とおっしゃる保護者の方にも出会います。しかし、じっくりお話を聞いていくうちに、「本当はわかること、できることが増えたらどんなに嬉しいかと思いますが、家でいくらやってみても成果が出ないので、もうあきらめています」という本音をお話ししてくださることもあります。

　そんな先生方や保護者の方々に、少しでもヒントになるようにと願って本書を書きました。

　どんなに障害が重くても、適切な学習を行えば、必ず伸びます。

　目がほとんど動かなかった子どもが、ここに書いたような、視覚認知の力を向上させる学習を継続して行った結果、対象物を呈示した方に目を動かして見るようになった……それだけでも、どんなに嬉しいことでしょう。

　子どもが、周囲のものに気づき、周囲に働きかけようとする第一歩の獲得です。

　ここから、周囲の人たちとのコミュニケーションが始まると考えています。

　今回、初期学習についての本を刊行することができ、喜びもひとしおです。

　本書の刊行にあたり、ご協力くださった方々に厚く御礼申し上げます。

多摩つばき教育研究所　所長
宇川和子

障害が重い子どもの
わかる力を育てる 初期学習
すべての学びの はじめのはじめ

2024年12月11日 第1刷発行

著者	宮城武久　宇川和子
発行人	川畑 勝
編集人	滝口勝弘
企画編集	東郷美和
編集協力	藤村秀樹(ピース)
デザイン	長谷川由美・千葉匠子
イラスト	中小路ムツヨ
校正	中西美紀
発行所	株式会社Gakken 〒141-8416 東京都品川区西五反田2-11-8
印刷所	株式会社リーブルテック

《この本に関する各種お問い合わせ先》
●本の内容については、下記サイトのお問い合わせフォームよりお願いします。
　https://www.corp-gakken.co.jp/contact/
●在庫については　Tel 03-6431-1250(販売部)
●不良品(落丁、乱丁)については　Tel 0570-000577
　学研業務センター　〒354-0045 埼玉県入間郡三芳町上富279-1
●上記以外のお問い合わせは　Tel 0570-056-710(学研グループ総合案内)

©Takehisa Miyagi, Kazuko Ukawa 2024 Printed in Japan

本書の無断転載、複製、複写(コピー)、翻訳を禁じます。
本書を代行業者等の第三者に依頼してスキャンやデジタル化することは、たとえ個人や家庭内の利用であっても、著作権法上、認められておりません。

学研グループの書籍・雑誌についての新刊情報・詳細情報は、下記をご覧ください。
学研出版サイト　https://hon.gakken.jp/
ヒューマンケアブックスのサイト　https://www.gakken.jp/human-care/